BBS TV 강의 상

활안스님

붓다를 말하다

아쇼카 왕의 석주

빔비사라왕의 아버지이며 아쇼카의 할아버지 찬드라굽타왕

아쇼카왕상

부처님 당시 마우리아 왕조시대의 인도지도

까삘라국 왕궁터

부처님 탄생도

부처님께서 탄생하신
마야당

「16세 때의 싯다르타 태자상」
불란서 루브르(Louvre)박물관 소장

룸비니공원
구룡토수

2만 6천명이 다니는 태국 마하 롱콘대학, 스님들만 15,000명이다.

알렉산더 대왕

불교의 논리로 순수이성비판
을 쓴 독일의 철학자 칸트

밀린다왕을 교화한
나가세나 스님

은빛 찬란한 히말라야, 마야부인은 늘 이 산을 바라보며 아들 낳기를 기도드렸다.

대중 공양하는 네팔 스님들

인도 델리 근교에 있는 고따마 붓다대학 현관

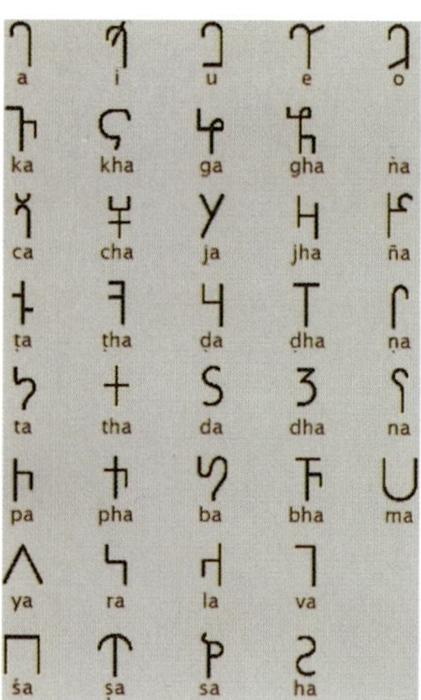

부처님께서 익혔던
64종의 문학가운데 카슬로서

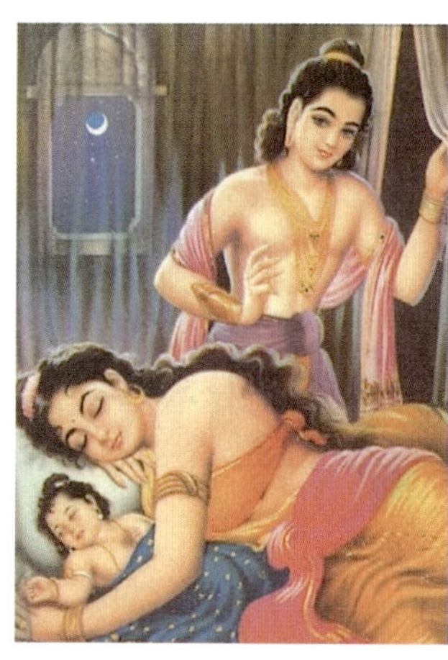

잠들어 있는 태자비 야소다라와
아들 라훌라를 두고 떠나는
태자 싯다르타

부처님을 탄생시킨 마야부인과
이모 마하 빠자빠띠(大愛道)

네문을 구경하고 생로병사를 통감하다.

성을 넘어 출가하다.

6년 고행하신 부처님 사진.
뼈만 남아있다. (파키스탄 박물관)

부처님께서 출가했던 동문

석달후엔 광명의 부처님으로 바뀐다.

인도인들은 대화 속에서 진리를 캔다. 외도들이 앉아 대화를
나누고 있다.

용의 보호를 받고 있는 부처님

보리수 밑의 금강보좌

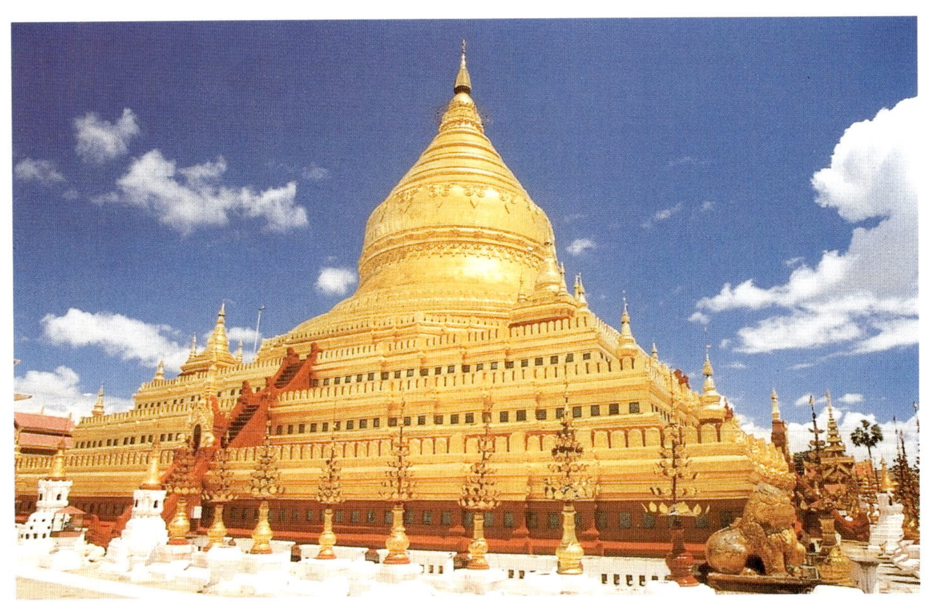

부처님 머리카락을 넣고 세운 미얀마의 쉐다곤

수자타가 부처님께 유미죽을 올리는 광경

초전법륜을 기념하여 세운 다메크탑(법륜탑)

5비구를 제도한 부처님

5비구가 부처님을 맞은 불영탑(佛迎塔)

10

1900년 새로 지어진 스리랑카 사찰. 이 분들에 의하여 녹야원이 개발되었다.

녹야원의 옛 승원터. 약 5백년 동안 대승원으로 번창하였다.

좌불난석으로 천하를 주유하였던 부처님

법을 청한
범천왕(梵天王 ; Brahma)

불법을 옹호한
제석천(帝釋天 ; Sakra-Devendra)

부처님에게 수계를 받고 있는 아들 라훌라 존자

불교의 최초 사찰 죽림정사

죽림정사 중앙에 파여져 있는 대중 스님들의 목욕탕

부처님 어머니 마야부인의 스투파(묘)

영축산 매를 닮은 바위. 그래서 영축산이다.

영축산에 올라가는 길. 빔비사라왕도 이 길을 1보 1배하며 올랐다.

영축산에서 출토된 부처님

법화경의 진리를 문수
보살을 통해 물으신
미륵보살(彌勒菩薩)

법화경 설법도

다보불과 석가모니 부처님

염화미소한 마하가섭

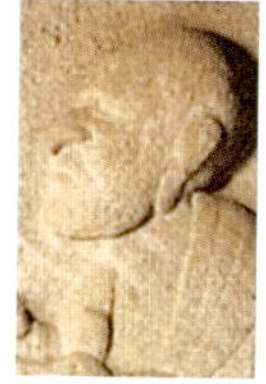

사리불과 목건련

나란다 불교대학. 사리불의 집터에 세워져 있다.

추천의 글

　불교는 석가모니 부처님께서 설하신 가르침입니다. 불교가 무엇인지 이해하는 데에는 무엇보다 먼저 불교의 교주이신 석가모니 부처님의 생애를 바로 이해하는 것이 중요합니다. 부처님의 생애를 모르고서는 불교의 진리와 정법을 알 수 없습니다. 2500년전 히말라야 샤카족의 작은 나라 카필라국에서 태어난 고따마 싯다르타 태자는 성스러운 깨달음을 얻고자 출가하고 수행하여 마침내 깨달음을 얻어 석가모니 부처님이 되셨습니다.

　석가모니 부처님은 역사적인 실존인물로서 우리와 같은 인생을 살다 가신 분입니다. 나는 누구인가? 살고 죽는다는 것은 무엇이며 인간의 고통은 어디서 시작되며 어떻게 하면 고통을 벗어날 것인가를 치열하게 연구하고 수행하신 분입니다. 석가모니 부처님의 깨달음은 온 우주의 진리로 세상을 밝게 비추는 등불이며, 강물을 건너는 배와 뗏목으로도 비유되고 있습니다. 그러나 부처님의 가르침은 너무도 신비스러운 존재로 알려져서 일반인들은 부처님을 신적인 존재처럼 생각하는 경향이 있습니다. 그래서 고단한 현실을 살아가는 보통사람들의 세상과는 동떨어진 분으로 여겨지고 있는 면도 있습니다. 세상과 우주의 이치를 깨달으신 이 인간 붓다 석가모니부처님의 생애는 많은 문헌과 유물 유적을 통해서 전해지고 있습니다.

　그렇게 방대한 자료 속에서 활안스님께서는 우리가 알기 쉽도록 아직 세상에 잘 알려지지 않은 일화를 바탕으로 이번에 책을 내셨습니다. 특히 불교방송 텔레비전인 BBS TV 프로그램인 '활안 스님의 붓다를 말하다' 방송을 통해 많은 시청자들에게 부처님의 생애와 가르침을 알기 쉽게 전달하여 호평을 받고 있습니다. 그래서 불교방송을 통해 강의되었던 내용을 정리하고 보완하여 책으로 출판을 하게 된 것입니다.

석가모니 부처님의 생애와 사상을 알기 쉽게 풀어주신 활안스님께 다시 한 번 감사드리며 많은 분들께서도 꼭 읽어보시길 권해 드립니다. 이웃에게 부처님의 가르침을 전하는 전법의 공덕은 헤아릴 수 없이 크다고 합니다. 이번에 출간된 '활안스님의 붓다를 말하다' 신간을 통한 포교와 전법이 우리 사회를 밝고 행복하게 하는 보살행이 될 것을 확신하면서 추천의 말씀을 드립니다.

감사합니다.

BBS 불교방송 사장　이 채 원

머리말

    부처님의 역사를 정리하는 데는 부처님의 유언에 따라 8상성도를 기준으로 풀어가는 방법이 있고, 시간과 공간을 따라 교학적인 면에서 정리하거나 초시간 초공간적인 면에서 선적(禪的)으로 풀이하는 방법도 있습니다.

    ① 도솔천에서 내려 오셔서
    ② 룸비니에서 탄생하시고
    ③ 네 문을 구경하시고, 생·노·병·사를 깨달아
    ④ 성을 넘어 출가하시고
    ⑤ 설산에 들어가 도를 닦고
    ⑥ 보리수 밑에서 도를 깨닫고
    ⑦ 녹야원에서 전법하시고
    ⑧ 쌍림에서 열반하셨다

하는 방법이 8상성도이고,

    ① 까삘라국에서 정반왕의 아들로 태어나
    ② 7세부터 정상적인 교육을 받고
    ③ 29세에 출가하여
    ④ 35세에 성도하시고
    ⑤ 45년간 설법하시고

⑥ 80세를 일기로 돌아가셨다

이것은 세속적인 이력을 통하여 인간 석가의 역사를 살펴본 교학적인 방법입니다. 그러나 진짜 법신 부처님의 입장에서 보면,

① 도솔천에서 한 발짝도 옮기지 않고 왕궁에 태어났으며
② 어머니 뱃속에서 태어나지 않고 일체중생을 다 제도하고
③ 49년 설법이 똥치고 제치는 방법이라, 녹야원에서 쿠시나가라까지 한 말씀도 하신 일이 없다고 한 방식으로 설법하신 것은 선적인 방법입니다.

그러면 이 가운데 어떤 방법이 옳으냐 하는 것 보다는 부처님이 이 세상에 태어나신 것은 중생을 제도하기 위한 수단과 방법이라, 하루도 의미 없이 사신 날이 없습니다. 그래서 성도 전 왕자로서의 삶은 일반적인 삶이고, 출가 후 고행정진하신 것은 수도인의 삶이나, 성도 후 45년 동안은 완전히 중생과 세상을 위해 사셨기 때문에 마흔 다섯 번의 안거를 통해서 무슨 일을 하셨는가를 불전을 통해 추적한 것이 "활안 스님의 붓다를 말하다" 입니다.

사실 아함경만 해도 100권 320경이 넘는데, 이를 다 이야기 한다는 것은 제한된 시간에 거의 불가능한 일이지만, 초기 원시근본불교를 대각불교의 정신에 입각하여 종합적으로 설명한 것이 이번 '붓다를 말하다'입니다.

그리고 대승불교경전은 후세 북인도, 파키스탄과 중국 그리고 티베트에서 조립된 것이므로 이번 강의에서는 거의 넣지 아니했으나, 특히 한국불교에서 크게 유행하고 있는 정토사상 가운데 미타정토사상과 미륵정토사상, 약사·신장 등 사상들은 근본불교의

입장에서 양념으로 조금 넣어 풀이해 보았습니다.

비록 2500여년의 세월이 흘러갔다 해도 부처님 유적지는 어떤 종교의 교주보다도 그 자취가 뚜렷하게 남아있어 지금도 계속해서 발굴되고 있습니다.

특히 인도에서는 우타르프라데시 주(州)에 있는 바라나시, 쿠시나가르, 쉬라바스티(기원정사), 상카시아가 중심이 되고, 이웃에 위치한 비하르 주에서는 보드가야, 사위성의 영축산, 나란다, 바이샬리가 중심이 되며, 국경을 넘어 네팔에서는 룸비니와 까삘라국이 중심이 되어 발굴되고 있습니다.

서양학자들은 고고학적 가치가 있는 자료를 중요시하고 있지만 부처님 당시의 생활여건을 고려해 볼 때 거대한 저택이나 대형 사찰 또는 관청건물이 아닌 이상에는 숲이나 공원, 강변이 중심이 되어 있었으므로 경전 속에 나타난 일화나 사건들은 당시의 승원이나 절·마을들을 배경으로 찾아보면 거의 확인될 수 있습니다.

45회의 안거 중 거의 20회까지는 잠시도 쉬지 않고 옮겨 다니셨기 때문에 중인도와 북인도 일대가 대부분 불교권의 영향 하에 있었다고 보아도 과언은 아닙니다. 1200명이 넘는 대중이 함께 유행했을 때는 거의 3천명에 가까운 수행원들이 따라 다녔으므로 거의 빠진 마을이 없을 정도로 포괄적이었다 볼 수 있습니다.

단지 이 글을 쓰고 연구하는데 가장 큰 애로는 지명과 인명 등을 우리말로 어떻게 표기하느냐 하는 문제였습니다. 한국은 2천년 이상을 한자 문화권 속에 들어있어 인도의 지명과 인명이 한문식으로 발음 되어 있는데 갑자기 산스크리트와 빨리어 발음으로 바꾸어 놓으면 쉽사리 이해할 수 없으므로 여기서는 적당히 배합하였습니다.

실로 부처님의 공덕은 무량합니다. 세계종교 인구의 양상으로 볼 때 불교, 이슬람교, 기독교 순으로 자리매김하고 있지만, 기독교는 이미 서양식불교에 로마의 정신사상과 이스라엘의 민족정신이 가미된 것으로 보아 그 바탕을 거의 불교에 두고 있으므로 전 세계 인구의 3분의 2가 불교 속에 있다고 보아도 과언이 아닙니다.

그런데 불교인들 자체도 내가 어느 정도의 불교 속에서 살고 있는지 조차도 깨닫지 못하고 있는 사람들이 많습니다. 그러므로 중국의 사회과학연구소에서는 50년 전부터 불교를 '우주과학'이라 판정하고, 철학적 과학적인 면에서, 사상과 학문, 정치적인 면에서까지 역사적 사실을 고증하고 인간적인 부처님을 신비 속에서 개발하고자 노력하고 있습니다.

같은 산스크리트어와 빨리어도 인도가 300년 이상 영어권에 속해 있었기 때문에 지명과 인명이 영문화된 것도 많이 있습니다. 그러므로 오랜 세월에 걸쳐 한문식으로 구전되어 온 대부분의 불전 속 지명과 인명을 한문식으로 발음 표기하면서 그 가운데서도 우리가 성지순례 때 알아두어야 할 곳은 영어와 빨리어 식으로 섞어 발음하였으니 이해해 주시기 바랍니다. 예를 들어 말씀드리면,
　① 죽림정사를 웰루와나라 한다든지
　② 가비라국을 까삘라국이라 한다든지

③ 왕사성을 라자가하

④ 사위성을 사왓티

⑤ 기수급 고독원을 제타동산 아나타삔디까라고 부르는 것 등입니다. 한편 인명에 대해서도,

① 석가모니를 쌰까무니라 한다든지

② 사리불을 싸리뿟따

③ 목건련을 목갈라나 라고 하면 얼핏 이해가 잘 아니 되는 면이 있으나 다양한 시대, 새로운 학문을 개척해가는 사회에서는 어쩔 수 없이 극복하여야 할 난제가 아닌가 생각합니다.

그동안 이런 것을 위해서 애써주신 서경수 박사님, 원의범 교수님, 이기영 박사님들께 감사드리며, 최근 들어서는 각묵스님, 최봉수 교수님, 전제성 박사님 등의 개척정신에 심히 감사드립니다.

부처님 45회 안거지 가운데 오늘날까지 확인된 20여 곳의 절들을 찾아 그곳에서 일어났던 사건들을 대강 정리해 보았습니다.

① 베나레스의 사슴동산 (鹿野園)

② 라자가하의 웰루와나 (竹林精舍)

③ 까삘라왓투의 니그로다 동산

④ 사왓티의 제타숲 아나타삔디까 (祇樹給孤獨園)

⑤ 웨살리 쿠타가라 승원 등 이름난 곳은 대강 다 찾아보았으며, 오늘날까지 원형상태로 보존되어 있는 것을 확인할 수 있었습니다.

그러나 33천의 옥좌나 바카지방의 수수마라숲, 고사가의 세 부호가 지은 세 채의 불당, 발로칼라나카의 우팔리봉토, 웨란자시 밖에 있는 님바나무숲, 늪지 속에 있었던 찰리카 승원, 안다숲의 불

탑, 알라위시의 야차동산, 직조공의 딸과 사냥꾼 쿡쿠타밋타를 제
도한 찰리동산, 승원 등 아직 찾지 못한 곳도 많이 있습니다.

그러나 오늘날 인도는 델리, 칼카타, 남부 항구도시 이외는 2,3
천년전 원시형태를 벗어나지 않고 있기 때문에 더 이상 발전하여
원시적인 촌락이 무너지기 전에는 누구나 마음만 먹으면 모두 찾
을 수 있다 생각합니다.

인도정부 자체가 문화재 보호를 위해 안간힘을 쓰고 있으나, 불
교유적지에 관한 한 고따마붓다 대학이나 뉴나란다 대학 출신만
으로는 감당할 수 없기 때문에 여러 대학에 고고학과를 개설하고
문화재 인식능력을 키워가고 있습니다. 그러나 전례로 이름 있는
해당 지방대학의 학자들이나 민속학자들의 힘을 빌리지 아니 하
고는 유적지를 찾는 인연은 그리 쉽지 않습니다.

첫째는 불교에 조예가 깊고 대장경을 열람한 학자들을 만나야
하고

둘째는 현지에 살면서 오랜 전통 속에 구전을 전해 받은 지식인
을 확보하여야 하며

셋째, 인도 고고학 학회 산하에서 일하는 불교문화재 전공학자
들을 만나야 하기 때문입니다.

저자는 열 여섯번이나 인도여행을 통해 많은 자료를 확인할 기
회를 갖기는 했지만 더 이상 유적지가 자연훼손을 시작으로 인위
적 파괴행위가 일어나고 있기 때문에 단 한 곳이라도 먼저 찾아야
되겠다는 생각 속에서 이런 말씀을 드리는 것입니다.

지금은 그래도 빨리어를 시작으로 산스크리트, 그리고 그 지방
사람들이 사용하는 힌디어 등을 깊이 있게 연구 학습한 학자들을

우리나라에서도 많이 배출하고 있기 때문에 이들의 도움으로 기초 언어라도 익혀 나갈 수 있어 큰 다행이라고 생각합니다. 이전에는 한 해에 한 곳의 새로운 유적지도 발굴할 수 없어 불자로서 안타까운 마음을 어쩌지 못한 적도 있습니다.

그 동안 인도에 가서 삶의 터전을 마련한 한국스님들과 교포들, 그리고 현지 가이드들이 깊은 관심을 가지고 탐색하고 있으니 이 방송을 시청하는 여러분께서도 물심양면으로 협력하여 우리 부처님의 역사가 사실적으로 드러나 인류사상에 큰 빛이 될 수 있도록 도와 주시기 바랍니다.

심지어 불교는 종교를 초월한 종교로 사회적 윤리도덕이며, 또한 교육적인 방법을 초월해서 사람 같은 사람을 만드는 학문이라고 평가하고 있습니다. 말하자면 부처님의 지혜가 아니고서는 명리와 사랑, 욕락의 구렁텅이에서 벗어나지 못하고 있는 인류를 구제할 수 없다고 역설하는 사람들도 있습니다. 그런데 안타깝게도 불교를 하는 사람들은 불교의 탈을 쓰고 세속의 욕망 속에서 벗어나지 못하고 있기 때문에 불교가 시대상황에 뒤떨어진 종교로 평가되고 있다고 지탄하는 사람들도 있습니다. 이것은 일선지도자들이 귀담아 들어야 할 21세기의 율문이라 생각합니다.

그 동안 여러 가지로 부족한 방송을 끊임없이 들어 주시면서 격려해 주신 여러분과 BBS불교방송국 재작진 여러분과 추천서를 써 주신 불교방송 이채원 사장님께 다시 한 번 감사를 드립니다.

불교 2557년 4월 BBS TV 강의를 시작하면서
활 안 한 정 섭

목 차

제1강 거룩하신 부처님

안녕하십니까. 활안 한정섭입니다.

오늘부터 제가 알고 있는 부처님에 대하여 시청자 여러분과 함께 공부하고자 하는데 비록 잘못된 부분이 있더라도 양해해 주시고 지도해 주시기 바랍니다.

1. 불교의 재발견

실로 불교에도 봄이 온 것 같습니다. 지난 천년 동안 숨을 제대로 쉬지 못한 인도불교가 다시 살아나고 동남아시아 불교가 부흥하고 있으며 중국·한국·일본 등 동북아시아 불교도 새롭게 발돋움하고 있습니다.

사실 이것은 아시아 불교에서 시작된 것이 아니고 서양 사람들이 불교를 연구하다보니 그 자극을 받아 덩달아 일어나는 것 같습니다. 요즘 세계적으로 일어나고 있는 붐이 물질적인 면에서는 과학의 발전과 경제 부흥이고 정신적인 면에서는 요가·위빠사나·선입니다.

첫째, 신을 능가한 지혜
둘째, 전쟁 없는 평화사회의 구현
셋째, 조건 없는 사랑으로

세계를 구하는 데는 부처님의 대자대비한 정신이 필요하기 때문입니다.

러시아에서는 일찍이 톨스토이가 불교의 자유, 평화, 해탈을 그의 저서에서 크게 강조한 바 있고 유럽에서는 칸트의 순수이성비판이 불교의 유식학(唯識學)과 심성론(心性論)을 바탕으로 하여 이루어졌는데, 야스퍼스가 석가부처님의 전기와 용수보살의 중도사상을 편찬해 내면서 반신반인(半神半人)으로 인식되던 부처님이 인류공동의 관심사로 등장하게 되었습니다.

특히 독일·프랑스·영국 등에서는 언어학·인류학·역사학을 통해 사상의 고향을 새롭게 발견하고 조상의 문화를 재인식함으로써 이란·이라크·이집트·인도사상에 대한 관심이 크게 높아졌습니다.

산스크리트어(梵語)가 영어의 아버지가 되고 팔리어가 그의 할아버지뻘이 된다고 하며 인도 언어가 티베트·한국·일본에까지 영향을 미치고 건축문화와 복장·음식 등을 탐지하다 보니 서기전 알렉산더 시대까지 소급해 그 역사를 새삼스럽게 이해하게 되었습니다.

2. 동서사상의 화해

(1) 알렉산더대왕과 헬레니즘 문화

특히 불교학에 대해서는 기원전 330년 마케도니아왕 알렉산더가 인도를 침범하였다가 갠지스강가에서 홍수를 만나 고난에 빠져 있을 때 인도의 암비왕이 황소 3천 마리와 양 1만 마리 지원군 5천명을 보내와 고난을 면하고 암비왕이 불교도인 것을 알고 피차 외교하여 그리스문화와 오리엔탈문화를 합성한 헬레니즘 문화를 개발하여 만인동포관(萬人同胞觀)에 의한 알렉산더 도시를 세계 곳곳에 건설하였던 것이 새롭게 드러나고 있습니다. 이것이 동서 문화가 격돌하지 않고 화해한 최초의 역사적 사실입니다.

(2) 아쇼카왕의 정법대관

다음으로는 인도의 아쇼카왕이 전 인도를 통일한 뒤 정법대관 일곱 명을 그리스, 이집트, 시리아, 로마 등에 보내 불교를 폈던 사실이 요즘 새롭게 고고학적 자료에 의하여 나타나고 있습니다. 유럽에서 발견된 아쇼카왕의 돌비석에 의하면 다음 다섯 가지를 크게 명시하고 있습니다.

① 동물보호 : 투우와 같은 것으로 동물을 학대하지 말라.
② 부모님에 대한 효성 : 사람들의 부모님을 하느님처럼 받들라.
③ 노인을 공경하라 : 힘없는 사람들의 의지처가 되라.
④ 수행자를 공경하라 : 바른길을 가고 있는 종교인들을 받들라.
⑤ 환자를 보호하라 : 약초를 재배하여 병자들을 보호하라.

(3) 밀란다왕과 나선비구

서양철학과 사상, 그리고 문학에 능통한 밀란다왕은 처음 인도에 파견되어 무식한 인도인들의 콧대를 꺾어주고자 데미만티 장관에게 명령하여 아유바라스님을 만났으나 만족하지 못하고 나선 비구를 만납니다.

"스님은 어떻게 하여 이 세상에 알려졌습니까?"

"저의 아버지께서 지어준 이름을 통해 알려져 있습니다. 그러나 진짜 나는 그 이름 속에 들어있지 않습니다."

"그렇다면 어느 곳에 스님이 계신단 말입니까?"

"대왕님, 대왕님께서는 여기 오실 때 무엇을 타고 오셨습니까?"

"수레를 타고 왔습니다."

"그렇다면 그 수레는 바퀴가 수레입니까? 안장이 수레입니까?"

"그 여러 가지를 합한 것을 수레라 이름 붙인 것입니다."

"나도 그렇습니다. 지·수·화·풍 4대 색신에 눈·귀·코·혀·몸이 뿌리를 뻗어 빛·소리·냄새·맛·감촉을 하여 거기서 얻어진 경험과 지식을 가지고 나와 내 것을 따지고 있지만 실제 그 속에는 내가 들어있지 않습니다."

"아. 참으로 교묘한 일입니다. 당신은 나에게 무아(無我)·공(空)사상을 일점의 의혹도 없이 밝혀 주셨습니다. 참으로 감사합니다. 내가 약속한 황금 1천냥을 상금으로 드리겠습니다. 그리고 장차 내가 왕위를 벗어놓고 나면 스님의 제자가 되겠습니다."

하고 땅바닥에 엎드려 오체투지를 하였습니다.

이것을 기록한 책이 「밀란다왕문경」이고 「나선비구경」입니다. 이 책이 네 권으로 엮어져 동·서 사람들에게 널리 읽혀짐으로써 서양에 불교가 새롭게 인식되게 되었습니다. 아울러 그 임금님은 나이 62세에 왕위를 그만두고 나선스님의 제자가 되었다고 합니다.

⑷ 예수님의 동방유학

서양에서는 예수님의 역사가 13살부터 29세까지 기록이 없는데 티베트에서 발견된 「이사스님의 역사」에 의하면 그가 곧 예수인 것이 틀림없습니다.

이 책은 1890년 봄 러시아 여행가 노토비치에 의하여 세상에 처음 알려졌습니다. 이 문서에 의하면,

첫째, 예수가 인도에 가서 인도말과 글을 배우고 우도라카에게서 의술을 전공했으며,

둘째, 베다철학과 불교를 배운 뒤 베나레스에 가서 봉사활동을 하고,

셋째, 티베트에 가서 삐자파티와 맹그스테에게서 고문서 보는 법과 신통을 배우고

넷째, 부처님의 비폭력 무저항주의로 평화운동을 하는 것을 배우고

다섯째, 쵸타라호르(현 파키스탄)에 가서 마니스트에게서 의료, 봉사, 교육적 포교방법을 배워 제자들에게
① 병든 자를 구원하고
② 문맹자를 가르치며
③ 의지 없는 자에게 의지처가 될 것을 강조하였다고 합니다.

기독교의 혁명적 전도의 3대 법칙인 교육사업과 의료사업, 그리고 복지사업이 여기서부터 눈을 뜨게 된 것입니다. 그리고 그는 독선기신하는 비구불교 보다도 자리이타(自利利他)에 충만한 보살불교에 관심을 가져 먼저 사귄 막달라 마리아에게서 3남매를 낳고, 둘째 부인 리디아와 셋째부인 마리온에게서 각각 1남 1녀를 얻

어 모두 5남매를 두었고, 십자가에서 내려져 카쉬미르에 와서 78세까지 전도하다가 선종했다는 사실이 영국 BBC방송과 인도정부에 의하여 확인된 바 있습니다.

특히 예수가 유대 바리새 교인들의 증오를 산 것은 평소 티베트 승복을 입고 다녀 조상의 가르침에 위배되기 때문에 그들의 고발에 의해 십자가형을 받게 되었으나 로마 총통은 그에게 죄가 없음을 공표하고 손을 씻은 사실이 성경에 기록되어 있습니다.

이 같은 모든 사실은 지금까지 알려지지 않았던 서양 역사를 통해 낱낱이 증명되었고 그것은 불교와 깊이 연관된 것이기 때문에 서양 여러 나라에서 불교에 대한 관심이 높아진 이유입니다.

3. 부흥하는 동양불교

(1) 옥스퍼드대학의 빨리텍스트

불멸 후 1백년 경에 수입된 스리랑카 불교는 빨리어 3장을 편찬하여 동남아시아 일대에 수출하였고 300년 동안 서양의 지배를 받으면서는 독립운동의 일환으로 불교가 기치 역할을 하였으며 드디어 적국인 영국의 옥스퍼드대학에 “빨리텍스트 연구소”를 설치하여 본경을 영역함으로써 서양불교의 이해를 크게 도왔습니다.

(2) 태국의 마하출라롱콘대학

스리랑카 불교를 계승한 태국불교는 5대왕 때부터 마하출라롱콘대학을 만들어 전국민 불자화운동에 앞장섰고 WFB (세계불교도우회)의 본부를 태국에 유치하여 세계불교운동에 앞장서고 있습니다.

한편 스리랑카의 '마하보디회'의 영향을 받은 인도불교가 전 법무부장관 암베드까르와 세계종교연합회 주역인 올코트 대위, 다르마팔바 스님의 적극적인 후원으로 불교성지 복원에 힘써 지금은 부처님의 8대성지가 유네스코에 등록되어 있는 상태입니다.

암베드까르는 4성계급의 원전인 마누법전을 가지고 국회에 나아가,

"어머니 뱃속에서 나오지 않으신 분 손들어 보시오."

하여 인간이 하느님의 창조물이 아니라 부모의 자식인 것을 분명히 하여 4민 평등을 선언하고 5천년 인도역사의 법전을 불태워 버리고 인간평등의 신헌법을 초안 했던 것입니다. 그의 힘에 의해서 새롭게 일어난 인도불교가 지금은 거의 1억 명에 가까운 신도를 확보하고 국회의원만도 18명이나 당선되었다고 합니다.

우리는 지난번까지 98명, 112명이나 되던 불자 국회의원 정각회가 몇 분의 기독교계 대통령을 맞으면서 그 숫자가 반으로 줄어 금년에는 42명에 불과하다고 하니 진실로 통탄할 일입니다.

일선 불교에서 불교를 포교하고 신도들을 선도해야 할 불교지도자들이 사찰 주지의 명예 싸움에 급급해 아침·저녁 신문과 라디오방송에 대서특필로 나오다보니 스스로 자신이 불자됨을 부끄럽게 생각하는 사람들도 적지 않다고 합니다.

늦었지만 정신 차려 자신의 정화에 앞장서야 되겠습니다. 진실로 불자의 한 사람으로서 부끄럽게 생각하며 신도 여러분께 사죄합니다.

⑶ 중국불교의 부흥

지금 중국에서는 13종 연구소를 만들어 세계의 종파불교를 연구하고 싶은 분들을 초청하고 있습니다. 1990년대 사회과학연구소 황심천 박사님께서 상태제와 공자님 문답을 인용하며 "불교는 과학이요 철학"이라고 강조하였습니다.

① 다스리지 아니하여도 어지럽지 않고(不治而治)
② 말하지 아니하여도 스스로 믿고 따르고(不言而信)
③ 가르치지 아니하여도 스스로 행하는 것(不敎而學)이 불교라고 말입니다.

그러나 실제 현재의 중국불교는 순수한 불교의 평화정책 보다는 정치적 시녀로서 56개 이민족을 거느리고 포용하기 위한 정책임을 면하지 못하고 있습니다. 이것은 티베트정책과 동북공정으로 보아서도 능히 짐작할 수 있습니다. 그러나 이제 대형 사찰이 1만개가 넘고 스님이 100만 명을 돌파하였으니 중국에서 새로운 불교운동이 일어날 것으로 생각됩니다.

그래서 지금 인도 델리에서는 고따마 붓다대학을 동국대학교보다 세 배 이상 크게 짓고 세계유학생들을 받고 있으며, 2천년전에 만들었던 나란다대학 유적지 옆에 '뉴 나란다대학'을 만들어 5천년 인도 역사를 한눈에 볼 수 있도록 가르치고 있으니 세상은 확연히 달라지고 있는 것 같습니다.

때로는 종단 차원에서 또는 학교 차원에서 몇 사람 보내고는 있지만 그들은 만족하고 있지 않습니다.

첫째는 언어에서

둘째는 학구적 열의에서

셋째는 공부 후의 진로에서 희망을 갖지 못하고 있기 때문입니다.

그러나 어쨌든 세계의 불교는 달라지고 있습니다.

(4) 한국의 템플스테이

우리나라에서도 템플스테이를 통해

① 국민의 정신건강과

② 음식문화의 개발

③ 심신단련을 위해 꼭 불교가 필요하다고 강조하고 있고 세계의 많은 사람들이 공감을 가지고 있습니다.

4. 요청되는 부처님의 지혜

요즘 부처님의 지혜가 특별히 요청되는 시대이므로 이 시간을 통해서 인간 석가의 찬란한 삶을 새롭게 조명하여 인류의 삶을 보다 풍요롭게 아름답게 가꾸어 보고자 하오니 시청자 여러분께서는 큰 관심을 가져주시기 바랍니다.

여래의 경계는 가피(加被) 속에서 움직이고

여래의 지혜는 신통력 속에서 작용하고

여래의 신행은 위덕력 속에서 움직이고

여래의 가피는 본원력 속에서 작용하고

여래의 힘은 선근력 속에서 움직이고

여래의 무외(無畏)는 섭수력 속에서 작용하고

여래의 삼매는 정신력 속에서 움직이고
여래의 자재는 청정한 몸에서 작용하고
여래의 신통력은 광대한 원력에서 움직이고
여래의 주처는 밝은 지혜의 힘 속에서 나타납니다.

나란다 불교대학 전경

제2강 부처님의 연대

오늘은 부처님의 연대에 대하여 말씀 드리겠습니다.

1. 역사적인 부처님

원래 불교는 초시간·초공간적인 것이기 때문에 시간과 공간 속에 존재하는 현실적인 역사에 대하여 말씀드린다는 것 자체가 이치에 맞지 않는 것 같으나 이 세상 모든 사람들은 시간과 공간 속에 살고 있으므로 이에 기준하여 역사적인 부처님의 인격상을 밝혀 보도록 하겠습니다.

(1) 휴우레씨의 인도방문

불란서 고고학자 휴우레씨가 1900년대 인도에 와서 세 가지 희귀한 것을 발견하였습니다.

첫째는 하루에 한 끼만 먹고 사는 수행자들이 100년 이상을 장수하고,

둘째는 발가벗은 수행자들의 입에서 종일토록 외우는 글들이 반복되지 않고 보름, 한 달을 계속된다는 사실이며,

셋째는 갠지스강가에 늘어선 거지들이 즐겁게 어린이들을 어르고 있다가 먹을 것이 생기면 다 같이 나누어 먹는다는 사실이었습니다.

첫째 사건은 적게 먹고 요가를 하여 뙤약볕에서도 건강을 잘 유지하기 때문이었고,

둘째 사건은 5천년 이상 전승해 온 송경(誦經)의 풍습에서 연유된 것인데 그 자료가 현재 힌두대학에 남아 있었으며

그리고 셋째 걸사들의 생활은 부처님의 걸사정신에 의해 얻은 것도 나누어 먹는다는데 그 뿌리가 있었습니다.

5천년 역사의 요가 모습은 지금 그 자리에서 확인할 수 있었고 또 8만송 베다문자도 힌두대학에서 확인할 수 있었으나 부처님의 걸사정신은 부처님을 만나기전에는 알 수 없었으므로 물었습니다.

"어디 가야 부처님을 만날 수 있습니까?"

"4대성지가 있는데 먼저 룸비니로 가보세요."

(2) 룸비니의 돌비석

그래서 룸비니를 갔더니 룸비니는 인도가 아니고 네팔 힌두왕국이었습니다. 그래서 정부에 간신히 요청하였더니 말했습니다.

"우리나라는 가난한 나라가 돈이 없으니 당신 나라에 가서 돈을 가져와서 개발하면 그 개발권을 당신에게 주겠습니다. 단지 거기서 얻어진 물건은 한 가지도 가져가실 수 없습니다."

"그렇다면 굳이 돈 들여 고생하고 그 자리를 개척할 필요가 있겠습니까?"

“만약 그 자리에서 세기적인 작품 하나만 나온다면 당신 이름은 영원히 역사상에 남을 것입니다.”

그래서 휴우레씨는 본국으로 돌아가 장장 3년 동안 준비하여 룸비니를 개발하였는데 그때 나왔던 자료가 “아쇼카대왕의 돌비석”이었습니다.

(3) 아쇼카대왕

아쇼카대왕은 전타 굽타왕의 손자로 일찍이 전 인도를 통일하고 법의 정치를 펴기 위하여 전 세계에 일곱 명의 전법사를 파견한 임금님입니다. 이 임금님이 알링카주를 점령했을 때 장정 10만 명을 죽이고 30만 명을 포로로 잡아갔는데 추석날 저녁 시정을 살피러 나갔다가 위패 네 개를 모시고 제사지내는 할머니를 보고 물었습니다.

“자손들은 다 어디 가고 홀로 제사를 지내십니까?”

“아쇼카란 놈 때문에 4대를 한꺼번에 잃고 며느리들까지도 다 죽었으나 나는 그 놈을 만나보기 전에는 죽을 수 없어 이렇게 살고 있습니다.”

“아. 할머니 내가 아쇼카입니다. 그때는 무조건 이겨야 하기 때문에 물불을 가리지 못하고 싸웠으나 세상에 전쟁이 이렇게 비참한 것인지를 알지 못했습니다. 용서해 주십시오.”

하니 할머니는 갑자기 달려들어

“나까지 죽여라.”

몸부림치면서 날카로운 손톱으로 온 몸을 후비고 침을 뱉어 순간 온 몸이 창병으로 돌변하였습니다.

옷도 입을 수 없고 썩어 들어가는 몸을 끌고 약수터로 나아가자

한 스님이 산에서 내려오다가 물었습니다.

"어디로 가는 길이요?"

"약수를 먹으러 갑니다."

"그대의 병은 약수 가지고 낫지 않습니다."

"그러면 무엇을 먹어야 낫습니까?"

"법수를 마셔야 치료될 수 있습니다."

"어디가면 그 법수를 마실 수 있습니까?"

"부처님 탄생지로 가서 1보1배를 하십시오."

그리하여 룸비니로 가서 1보1배를 하다 보니 온몸이 풀에 씻겨 피가 다 터지고 고름이 쏟아져 몸이 낫게 되었습니다. 그래서 그는 그곳에 비석을 세우고 선언했습니다.

"성스러운 왕 아쇼카는 부처님께서 탄생하신 성지에 와서 이 비석을 세우노니 모든 백성은 나라에 세금을 내지 말고 세금의 8분의 1만 가지고 이 자리를 보호하라."[1]

그 비석이 바로 오늘 파헤쳐진 것입니다. 그 뒤로 이 비석은 낙뢰로 인하여 쓰러져 있다가 비두(碑頭)가 부러진 채 발견된 것입니다.

이 비석으로 인해서 부처님이 서기전 556년경 이 세상에 살아계셨다는 사실을 알게 되었지만 그래도 정확한 연대를 알 수 없어 궁금해 하던 차 프랑스 루브르 박물관에서 "중성점기(衆聖點紀)"

---

1) 아쇼카왕의 역사는 상카비드라가 번역한 "아육왕"이란 책 10권과 서진 안법홍이 번역한 「아육왕권 4권」에 있음.

라 하는 책이 뜻밖에 발견되어 다시 한 번 증명하게 되었습니다.

2. 중성점기(衆聖點紀)

중성점기는 인도스님 샹카비드라가 중국에 와 선견율 비바사를 번역하고 7월 백중날 붓 뚜껑으로 점을 하나 찍었는데
"그것이 무엇이냐?"
물으니
"부처님 돌아가신 해로부터 매년 안거가 끝날 때마다 이렇게 점을 하나씩 찍어 왔다."
고 하였습니다.

제나라 영명7년 서기 489년에 그 숫자를 헤아려보니 모두 975점이 되었으므로 여기에 불수(佛壽) 80년을 보태면 부처님은 서기전 566년에 태어난 것이 틀림없다는 사실을 알게 되었습니다.

앞서 아쇼카왕의 연대는 도사, 대사, 선견율, 잡아함경, 아육왕전, 승가나찰소집경, 중경찬잡비유경, 대지도론 등에 의하면 부처님 돌아가시고 100년 뒤에 태어났다는 설과 218년 전에 태어났다는 설 두 가지로 집약되는데 이 샹카비드라 중성점기와 거의 일치되고 있기 때문에 불기연대가 3천년대를 넘어 가지 않고 2500년경으로 추산되게 된 것입니다.[2]

---

2) 중성점기는 프랑스 탐험가 펠러오가 1906년 중국 돈황 천불동에서 가져간 것으로 신라 혜초스님의 왕오천축국전과 함께 세계적인 희귀본이다. 그는 당시 베트남 원통박고학원 교수로 있다가 프랑스 정부의 명을 받고 중앙아시아 탐험에 나섰다가 러시아 오브루체프와 영국의 스타인이 지

3. 부처님 열반 2500주년 기념행사

　그런데 공교롭게도 1956년 11월부터 1957년 1월까지 3개월간 동남아시아 일대에서 부처님 돌아가신 뒤 2500주년 기념행사를 대대적으로 벌인 일이 있습니다.

　누가 미리 선전한 것도 아닌데 서기 1956년 네팔 사람들은 네팔 사람들대로 부탄, 라오스, 캄보디아, 미얀마, 태국, 스리랑카, 인도 사람들은 인도 사람들대로 모두 여러 나라에서 부처님 돌아가신 뒤 2500주년 기념행사를 대대적으로 준비하고 있었습니다.

　이에 WFB(세계불교도우의회)에서 3개월 동안 연합행사를 구상하여 이들 8개국을 낱낱이 돌면서 불멸 2500주년 기념행사를 대대적으로 하게 된 것입니다.

　우리나라에서도 그때 청담스님, 효봉스님, 동산스님 등이 동참하여 세계적인 불교행사를 처음 대하게 되었고 그 행사로 인하여 불교기가 5색기로 결정되고 부처님 탄신과 성도, 열반을 기리는 행사를 세계적으로 매년 양력 5월 15일에 하기로 결정하였던 것입니다.

　원래 불교기는 법륜이었는데 인도가 영국으로부터 해방되면서 아쇼카왕의 비석에 새겨진 법륜을 인도국기로 정하였기 때문에 할 수 없이 부처님 성도 후 부처님 가슴에서 나타난 사이트3) 현상

　나간 것을 알고 천불동 고서가에 들어가 사경류 1500여권 24상자와 회화·직물류 5상자를 사갔는데 그 가운데 이 귀중한 사본이 들어 있었다.
3) 부처님 가슴에서 오색찬란한 빛이 쏟아져 卍자형으로 돌았다.

을 '청·황·적·백·등색'의 5정색으로 하여 5색기를 불교기로 결정한 것입니다.

4. 전설적인 부처님

(1) 주서이기(周西異紀)

그러면 3천년 전의 역사는 어떻게 하여 구성된 것입니까? 주서이기에서 연유된 것입니다. '주서이기(周書異紀)'는 우리나라 '삼국유사'와 같이 여러 가지 기이한 역사를 기록한 주나라시대의 역사책 입니다.

이 책에 의하면 부처님께서 '주나라 소왕 26년 갑인 4월 초8일에 세상에 태어나셨고 돌아가신 년대에는 주목왕 53년 2월 15일이다.'라고 기록되어 있습니다. 이 학설에 의하면 부처님 탄생이 지금으로부터 3천년이 훨씬 넘고 살아계신 나이도 74세 밖에 되지 않습니다.

그리고 이 책에는 "노자화호설(老子化胡說)"이 있는데 노자께서 인도 중생들을 구제하기 위하여 인도에 환생하였다는 학설이 있는데 노자와 석가는 연대상으로 몇 살 차이가 나지 않기 때문에 그러한 논리가 적용될 수가 없다는 것입니다.

한편 중국불교의 역사에 대하여서도 다소 이상한 점이 있으므로 도교인들도 믿지 않는 사람들이 많았습니다. 말하자면 주나라의 역사를 보면 ①문 ②무 ③성 ④강 ⑤소 ⑥목 ⑦공 ⑧의 ⑨효 ⑩이 ⑪려 ⑫공⑬선 ⑭목왕 등 모두 14왕위가 있는데 소왕 가(瑕)는

BC.995~977년까지 살았고 목왕 만(滿)은 976~922년)까지 살았으므로 이 두 연대를 따져보더라도 부처님의 생존과는 관계없기 때문입니다.

(2) 한 명제의 꿈

중국불교는 한나라 명제 때 전래되었는데 한나라 명제가 꿈을 꾸니 황금 사람이 들어와 궁중의 내전에 앉으므로 이튿날 여러 사람들에게 물었으나 황금사람을 본 사람이 없었습니다. 단지 인도를 다녀온 부예가 "인도에 가면 황금사람을 모신 사당이 있는데 거기 가서 향을 사루고 기도하면 좋은 일이 생긴다 하여 많은 사람들이 모여 있는 것을 보았다." 하자

"그러면 그대가 가서 그분을 모시고 오라." 하여

왕준 등 18인에게 흰 말 한 마리와 수행원을 딸려 보냈습니다. 그런데 실크로드에서 가섭마등과 축법난 두 스님을 만났습니다.

"어디로 가십니까?"

"중국으로 불법을 전하러 가는 길입니다."

"짊어진 것이 무엇입니까?"

"부처님과 부처님 사리(舍利)이고 불경책입니다."

"그러면 우리들이 지금 인도로 부처님을 모시러 가는 길이니 이 말에 태우십시오."

하여 모시고 와 풀어보니 명제가 꿈속에서 보았던 바로 그 부처님이었습니다. 처음에는 그들이 거처할 장소가 없었으므로 외무성인 성문사에 모셨다가 절을 지어 그 이름을 백마사라 하고 천승만기로 받들어 모시니 전래로 도교를 믿어왔던 도사들이 들고 일어났습니다.

그래서 정월 대보름날 동서에 단을 차리고 도교와 불교의 영험

을 시험하여 흑지(도교), 황지(불교) 설화를 남기고[4] 사공양성 후 유준 4악도사 여혜통 등 630인이 출가하고 유부인 등 왕첩서 230 인이 출가하여 성내 외에 10개 사찰을 지어 비구니스님들은 성 내에서 살게 하고 비구스님들은 성 밖에서 살게 하였다고 합니다.

이같은 사실은 「한현종개불화법본내전」에 실려 있습니다. 이같은 자료들은 수십 가지가 있지만 그 가운데
① 아쇼카왕의 돌비석과
② 상카비드라의 중성점기
③ WFB의 불열반 2500주년 행사와
④ 주서이기 등이 중심이 되어 불기 연대가 확정된 것입니다.

사실 우리 조상의 역사를 찾을 때 4,5대만 지나도 할아버지, 할머니 이름을 찾기가 어려울 정도입니다. 하물며 80대를 지내 온 부처님 역사야 말할 것 있겠습니까!
그러나 다행히도 부처님 역사는 이같은 금석문과 서지학 그리고 사회적 관념에 의한 기념행사로서 증명하고 있으니 역시 성인 가운데 성인인 것을 알 수 있습니다. 옛사람이,
"인간으로 태어나기 어렵고 불법 만나기 어렵다."
하였는데 이 오탁악세(五濁惡世)에 불법 만난 것을 천만다행으로 생각하여야 할 것입니다.

---

4) 동단에는 도교의 서적과 신상 부적을 놓고 태우고, 서단에는 불상과 사리·경을 놓고 태웠는데 도교의 것은 새까맣게 타 그 뒤부터 도교 서적의 장정은 검정색(흑지)으로 하고 불교는 42장경 겉표지만 노랗게 그을려 노랑 표지(황지)로 쓰게 되었다 하는 전설이 있다.

제3강 석가족의 명칭과 당시 사회상

오늘은 석가족의 명칭과 부처님 당시 사회상에 대하여 말씀드리겠습니다. 석가족은 전인구 100만 정도로 로히니 강을 중심으로 몇 개의 집단이 나누어 살고 있었습니다.

1. 석가족의 기원

석가족의 기원에 대해서는 두 가지 학설이 있습니다.
첫째는 아리안 계통으로 보는 학설과
둘째는 몽골리안 계통으로 보는 학설입니다.

아리안 계통의 학설은 인도의 원주민이 BC.1000년 전부터 3000년 사이 아리안 계통 사람들에 의하여 정복되어 살았기 때문이고, 둘째 몽골리안 계통으로 보는 사람들은 그 모습과 성격이 몽골리안을 닮았기 때문이라는 것입니다.

대개 아리안(이란)계통 사람들은 정복주의적 사고 방식에 계급적 사고 방식이 많은데 석가모니 부처님은 인욕과 정진이 남다르고 평등한 마음으로 끝까지 남을 배려하는 자비심이 넓고 크기 때문입니다.

(1) 16대국

어쨌든 당시 인도에는 ①앙가 ②마가다 ③가시 ④꼬살라 ⑤발기 ⑥말라 ⑦ 반사라 ⑧밧차 ⑨소리사 ⑩아습파 ⑪아반제 ⑫건타라 ⑬겁부사⑭발사 ⑮거루 ⑯반사라 등 16대국이 널러 퍼져 살고 있었습니다.

이 가운데 앙가는 마가다국 동쪽에 있었고 가시는 실크의 왕족으로 베나레스에 있었으며 마가다족은 그 당시 인도에서 제일 큰 왕족이었습니다.

(2) 마가다국

마가다국은 왕사성을 중심으로 주위가 800마일이나 되는 큰 나라였습니다.

북쪽은 항하(Gangā),

서쪽은 바라나시(Benares),

동쪽은 히란야(Hiranya panrata ; 현, Mongir),

남쪽은 키란야(Kirana ; 현, Sinhum)

부처님께서 이 나라 가야해림(伽倻海林)에서 고행하시고

붓다가야에서 성도하신 뒤

사행외도 3가섭을 제도하고

상두산에서 연화경을 설하셨습니다.

마가다국의 왕 빔비사라왕의 귀의를 받고

죽림정사를 희사 받아
아들 라훌라를 제도하시고
이복동생 난타를 구제하였습니다.

형식적 의례에 젖어 있던 선생에게 6방예경을 설해
무지한 백성들을 깨우쳐주시니
대의왕 기바의 안내로 아버지를 죽인 아사세왕을 교화
제1회 결집이 이루어졌습니다.

세계 최초의 불교대학 나란타사가
이 나라 북쪽에 있어
중국의 현장법사가 유학함으로써
중·인 외교가 최초로 싹이 텄으며

금강지·선무외 등 밀교대학장들을 배출하여
티베트·몽골 금강승불교를 만들어낸 곳입니다.
신라 때 우리나라 혜초스님도 방문하여
왕오천축국전을 남긴 곳이며

특히 부처님께서 말년에
이곳 영축산에서 법화경을 설하여
제법실상의 도리를 설함으로써
세계 인류의 영원한 생명관을 열어 보인 곳입니다.

불멸 후 200년 경에는 전다라굽타왕이
서울을 화시성(파탈리푸트라)으로 옮겨

6만 비구가 살 수 있는 계원사를 짓고
여러 개의 보탑을 세웠으며
전 인도를 통일한 아쇼카 임금님은
8만4천 탑을 세워 세계불교의 기틀을 마련하였습니다.

그러므로 이곳은 가는 곳마다
부처님의 발자취를 보게 되고
제자들의 숨소리를 들을 수 있는 곳입니다.

(3) 꼬살라

꼬살라는 빠쎄나디왕이 거주하던 나라로 장차 기수급고독원이 지어져 300경이 넘는 경전이 이 나라에서 만들어졌습니다. 발라는 쿠시나가라국으로 장차 부처님께서 열반에 드신 곳입니다.

어쨌든 이들 대부분의 국가들은 전제 군주 국가를 형성하고 있으면서도 공화체제로 변해가는 과정에 있었습니다.

이것은 불전에 공화당 건설이야기와 낙성식 이야기가 자주 등장하고 또 지배계급에 있는 사람들이 곳곳에 모여 의회정치를 하고 있는 것으로 보아 짐작할 수 있습니다.

2. 지리적 배경

(1) 아리안 및 몽골계

또 지리학적으로 보면 아리안 계통 사람들은 히말라야 서북쪽 인더스강을 배경으로 농목지대에 많이 퍼져 있었고 몽골계 사람들은 히말라야 동남쪽 갠지스 강을 배경으로 살아왔습니다.

이것은 현재 남아있는 초창기 불상을 보아도 알 수 있습니다. 파키스탄을 중심으로 한 초기 불상들은 서구의 영향으로 대부분 라발 즉 곱슬머리 형을 하고 있고 대형박물관에 소장된 부처님 사진은 거의 몽골 사람들과 비슷한 하이칼라 머리를 하고 있습니다.

(2) 동이민족의 후손

또 언어 문자 풍습을 중심으로 연구한 사람들은 아리안이나 몽골리안이 원래는 한 가지 히말라야 동쪽에 위치한 동이민족이었는데 치우전쟁 때 이란 이라크, 아프가니스탄, 5천축국, 부탄, 네팔 등 동남아시아로 퍼져 나가게 되었고 주나라 문왕 때 강태공의 혁명정치에 의해 중국, 몽골, 소련, 만주, 한국, 일본 등으로 퍼져 나갔기 때문에 대국적인 견지에서 보면 모두가 한 종족이라 보는 사람들이 있습니다.

(3) 고따마 및 감자족

어쨌든 석가족을 종족으로 보면 "고따마족"으로 이해되고 있고 왕족으로 보면 "이쿠슈바크왕" 즉 "감자왕"의 후예로 인식되고 있습니다.

"고따마족"은 석가족 선조 가운데 농사를 지으면서도 신선 공부를 했던 "사라드바트선인"에게서 연유된 것입니다. 그가 진흙땅을 가지고 검정소를 부려 소똥으로 연료를 삼아 착하게 살아왔으므로 그 종족을

① 니토종(泥土種)
② 암우종(暗牛種)

③ 우분종(牛糞種)

④ 멸악종(滅惡種)

⑤ 지최승종(地最勝種)

이라 부르기도 하였습니다.

그러므로 불멸 후 600년경에 태어난 마명보살은 불소행찬을 지으면서 "석가무승왕은 정반왕의 후예로 감자원이라는 정사를 짓고 구담보살이 되었다."

하였습니다. 이 같은 사실은 지금도 남인도 쪽에서는 흰 소가 많고 북인도 쪽에서는 검정 소가 많으며 까삘라국 일대의 땅이 진흙땅으로 기름지고 토질이 좋은 것으로 보아 알 수 있으며 지금도 인도 사람들은 소똥을 연료로 사용하고 있습니다.

다음 '감자왕'은 범어로는 '이크슈바크왕'으로 의마(醫魔), 이마(夷魔)등으로 음역하고 일종(日種) 선생(善生)이라 번역합니다. 장아함경, 대방편경에서는

"구류손불, 구나함불, 가십불 때를 지나 금, 은, 동, 철 시대를 거쳐 사자왕까지 84대가 지나가는데 사자왕은 석가모니부처님 아버지 정반왕으로 염부제의 왕이 되었다." 하고

"구담선인이 인도하 밑 보타낙가성에 '감자원'을 짓고 도를 닦았으므로 그의 성씨를 따라 '고따마'라 부르게 되었다."

하였습니다.

부처님은 실제 크샤트리아 왕족이었지만 출가하여 도를 닦을 때는 왕족이라는 말을 쓰지 않고 구담사문 또는 고따마스님이라는 말을 많이 썼으니 이는 '농사꾼의 아들', '수행자의 자손' 이라는

말입니다.

⑷ 감자왕의 전설

감자왕의 전설로는 이쿠슈바크왕이 가난한 자손들에게 유언을 했습니다.

"내가 죽거든 화장도 매장도 하지 말고 풍장을 해달라."

그래서 그의 시체를 바구니에 넣어 나뭇가지에 달아 매어 놓았는데 그 후 얼마쯤 있다가 송장물이 썩어 뚝뚝 떨어진 곳에 푸른 풀이 생겨 40일쯤 지나니 하얀 꽃과 녹두색 꽃이 피었습니다. 구경만하고 말았는데 이쿠슈바크왕이 하루는 꿈에 나타나 '내가 너희들에게 먹을 것을 선물해 주었는데 너희들은 그것을 모르고 있구나.' 하여 그곳을 파보니 감자가 나와 그때부터 "감자종"의 자손이라 부르게 되었다"는 것입니다.

⑸ 석가족의 전설

그리고 석가족에 대한 전설도 이와 비슷합니다.

석가족은 마하삼마타 이후 54대까지 쿠사와리, 코삼비, 탁카실라시 등 수십개의 도시를 형성하여 5천축국에 크게 번성하다가 옥카카이후 16대왕이 바라나시에서 살았다고 합니다.

그런데 한 왕후가 왕자 4명과 왕녀 5명을 낳아놓고 죽자 계모가 와서 마저 한 아들을 낳아 열 명이 되었습니다. 계모가 질투하여 큰 부인의 왕자들을 죽이려 하자 대왕께서 따로 살림을 내자 제안하여 4남 5녀가 여덟 명의 대신과 4군을 거느리고 갠지스강을 건너 까삘라왓투에 자리를 잡게 되었는데 그곳은 옛날 까삘라선인이 살던 곳이었기 때문에 이름을 까삘라라 부르게 되었다 합니다.

석가족은 원래 다른 종족과 피를 섞지 않기 때문에 네 아들과 네 딸이 각각 짝을 짓고 큰딸 피야야를 어머니 삼아 살고 있었는데 베나레스에서 왕노릇을 하던 라마왕이 나병이 들어 돌아다니다가 그곳에 왔으므로 병을 치료하여 큰누나와 결혼시켜 꼴리야성에 가서 살게 하였는데 중국 사람들이 꼴리야성의 한문을 拘利城으로 표기하여 우리는 한문음으로 구이성이라 읽고 있으나 인도사람들은 꼴리야성 즉 '대추나무 마을'로 인식하고 있습니다.

그런데 이들은 쌍둥이를 열여섯 쌍이나 낳아 모두 32명이 되었으므로 일약 큰 마을로 성장하였다 합니다. 그래서 동생들이 사는 고따마족과 인척관계를 맺고 번성하게 살고 있었는데 이 이야기를 들은 아버지께서 '죽기 전에 한번 만나 보았으면 좋겠다.' 하자
"우리들이 한꺼번에 가면 새 어머니께서 나라를 빼앗으러 오는 줄 알고 놀랄 것이니 아버지께서 다녀가시는 것이 좋겠다."
하여 코끼리를 타고 와서 넓은 평야와 기름진 땅을 보고
"샤카와터 보쿠마라 파라마 샤카와터 보쿠마라"
라고 외쳐 그때부터 이들의 별명이 샤카족이라 부르게 되었다 합니다.
"샤카"란 잘했다는 뜻이고
"와터 보쿠마라"는 능력이 있다는 뜻이며,
"파라마"는 말이 없는 사람이라는 뜻입니다.

그래서 중국사람들은 "능인(能仁)", "적묵(寂默)"이라 번역하고 그 말에 "선생님", "성자"의 뜻을 더하여 "석가무니"란 말이 생기게 된 것입니다.

3. 현재의 룸비니

지금 그곳은 네팔 타라이 지방입니다. 룸비니 공원만 하더라도 100만평 대지에 아름답게 공원이 마련되어 한국 · 일본 · 중국 · 대만 · 태국 · 미얀마 등 23개국의 사찰이 지어져 있습니다.

어떤 사람들은 그곳을 "노랑머리를 가진 사람들이 살던 곳"이라 하여 황두거처(黃頭居處), 묘한 얼굴을 가진 사람들, 밝은 빛을 가진 사람들이 살던 곳이라 하여 묘덕(妙德), 창색(蒼色)이라 부르는 것으로 보면 어쩌면 우리와 같은 황인종이 아닌가 생각해보기도 합니다.

4. 까삘라국과 꼴리야국

어쨌든 이렇게 하여 까삘라성에서는 사자협왕에게서 정반왕, 백반왕, 곡반왕, 감로반왕 네 아들을 낳고 장녀 피야야와 라마왕이 세운 꼴리야성에서 아뉴샤카가 아들 숩파붓다(선각)와 딸 마야, 빠자빠티를 낳았고 숩파붓다는 야소다라를 낳고 정반왕은 마야와 빠자빠티를 취해 싯다르타와 난다를 낳았습니다.

그리고 싯다르타는 다시 야수다라를 취하여 아들 라훌라를 낳았으니 까삘라성의 사자협왕은 부계가 되고 꼴리야성의 아뉴샤카는 모계가 되는 것입니다.

또 백반왕은 아난다와 데바닷다를 낳고 곡반왕은 바디카 · 바스타, 감로반왕은 마하나마와 아니루타를 낳아 모두 출가하여 부처님의 10대 제자 내지는 20대 제자 중 한 사람이 되었습니다.

5. 성과 종족의 유래

이와 같이 옛 사람들은 지명, 관직, 사건의 실마리를 따라 성씨 종족의 이름을 붙였습니다. 박에서 빛이나 박혁거세라 부르다가 장차 그 자손들을 경주 박씨라 부르고, 배위의 함에서 나왔다고 하여 석탈해라 부르듯 중국에서는 시호를 중심으로 당(唐)·우(虞)·문(文)·무(武)라 부르고, 작봉(爵封)을 통해 왕(王)·후(候)·송(宋)·위(衛)로 나라 이름을 붙였습니다. 부처님의 종족도 땅이름, 종자, 성격 등을 따라 고따마(瞿曇)·감자(甘蔗)·석가(釋迦)·사위(舍衛)·일종(日種) 등으로 불렸던 것입니다.

당시 이들의 종교는 자연교 즉 태양을 숭배하는 배화교도(拜火敎徒) 일부였으며 바라문들이 하느님의 자손이라 최고로 자랑하듯 이들은 왕손으로서 자신들의 청정을 과시하고 있었습니다.

6. 전설과 문화

(1) 나무꾼과 선녀 이야기

그런데 네팔의 전설에 의하면 까삘라성 총각들과 꼴리야성 처녀들이 처음 사귀게 된 동기에 대하여 우리나라 "선녀와 나무꾼"의 원형이 되는 이야기가 그대로 전해지고 있습니다.

꼴리야성 처녀들이 데와다와 시내 깊은 산골짜기에서 물놀이하고 있을 때 나무 하러 갔던 까삘라성 총각이 옷을 감추어 처음 결혼을 하게 되었다는 것이 틀림없습니다.

'데와'는 주인이고 '다와'는 물놀이이니 왕족들이 목욕하던 곳에서 일어났던 사건입니다.

한가위, 견우직녀, 나무꾼의 이야기도 우리들의 이야기인 동시에 일찍이 까삘라족 인도 전역에 회자되고 있었던 이야기입니다.

(2) 한가위의 풍습

매년 7월부터 8월 보름까지 이들 모든 종족들이 베짜기 대회를 하여 그 가운데서 가장 뛰어난 여인을 뽑아 놓았다가 이듬 해 3월 문무경전대회에서 선출된 남자와 결혼을 시켰으니 말입니다.

7. 현재의 까삘라국

현재의 까삘라국은 룸비니 공원에서 버스를 타고 약 2시간 가면 노히니란 작은 강이 흐르는 곳에 20여 채의 집이 있고 약 30만평의 대지위에 아쇼카왕 당시 만들어진 붉은 벽돌터가 있습니다.

부처님께서 출가하였다는 동문과 사문유관시 죽은 자를 보았다는 서문이 현재 남아있고 서문 주위에 관리사무실과 10여 채 마을이 있습니다.

궁중 안에는 당시의 사당을 상징한 바라문교의 신당이 있고 그 신당 뒤로 세로 200m, 가로 500m 정도 되는 호수가 있습니다. 거기서 약 2km가면 부처님 어머니 아버지 묘지가 붉은 벽돌로 만들어져 있는데 아주 잘 정돈되어 있습니다.

8. 세계평화도시

인도의 역사는 대도시를 제외하고는 천년 이천년의 역사가 눈 앞에서 현실로 나타나고 있습니다. 특히 룸비니 공원은 WFB에서 세계평화시를 만들기로 작정하여 새롭게 발돋움하고 있습니다.

힌두교 왕국인 네팔에서 국책사업으로 룸비니 개발사업을 한다는 것은 참으로 놀랄 일입니다. 물론 미얀마출신 우탄트 UN사무총장이 발기하여 성역화하기 시작하였지만 세계불교도들의 신앙생활의 본거지로 평화대학을 구상하고 세계불교도서관을 만들고 세계 각국 사찰을 짓고 각 나라 불교가 가교를 맺고 있다는 것은 세계불교의 희망이며 세계평화의 구심점이 될 것이라 믿습니다.

우리나라 대각회가 중심이 되어 지은 대성석가사는 법신 스님의 헌신적인 노력으로 법당 1500평 요사 3500평을 지어 룸비니에서 제일 큰 사찰이 되어 있습니다.

달라이라마 인도 피난 이후 인도·네팔·부탄 일대가 거의 티베트 불교로 물이 들어가고 있었는데 태국·스리랑카·미얀마 등 테레바다(근본) 불교가 들어와 네팔 정통 불교로 자리 잡고 있다는 것은 장차 세계불교에 디딤돌이 되지 않을까 생각합니다.

제4강 부처님 탄생

1. 인연중생

사람의 생명은 씨앗과 같고 그 생명을 길러주는 부모는 전답과 같습니다. 생명의 씨앗은 누가 만들어 주는 게 아니고 사람 사람이 자신의 생각과 뜻을 따라 몸과 입으로 작용한 업력이 응어리져 씨앗을 형성한다고 하였습니다.

그래서 이 세상 모든 존재는 한 가지도 같은 것이 없어 사람 사람의 지문이 다르고 풀 나무의 종자가 다르게 나타나는 것입니다. 그런데 그 응어리진 씨앗은 크게 두 가지로 나누어 볼 수 있으니

첫째는 원력에 의해서 과거의 은혜와 원수에 관계없이 태어나는 보살이 있고,

둘째는 업력에 의해서 태어나는 사람이 있는데 이들은 서로 주고받는 것에 끄달려 생활하는 사람들입니다.

연어가 대천에서 알을 낳아 태평양 바다를 헤엄쳐 수천 수만km를 달리다가도 마지막 숨 거둘 때가 되면 본자리로 돌아와 숨을

거두듯 이 세상 모든 것도 인연 따라 생사를 거듭합니다.

소매 자락 한번 스쳐간 인연이 500생의 인연이라면
하루를 동행하는 인연은 천생
한 세계에 태어나면 2천생
한 나라에 태어나면 3천생
한 도에 태어나면 4천생
한 면에 태어나면 5천생
한 동네 태어나면 6천생
하룻저녁 동침할 수 있는 인연은 7천생
부부가 되어 자식을 낳고 살 수 있는 인연은 8천생
형제가 되어 한 피를 받을 수 있는 인연은 9천생
부모자식 지간이 되는 인연은 10천생 인연이어야 한다고 하였
습니다.

2. 서원의 바다

불전에 의하면 석가모니 부처님은 4아승지 10만겁 인연을 채우
고 특히 사바세계에 500번 태어나 500 가지 대원을 세워 그것을 다
시 10대원과 4홍서원으로 조련한 뒤 덕 있는 집을 간택하고자 도
솔천 내원궁에 태어나 있었다고 합니다.
① 3악도를 영원히 여의고
② 탐·진·치를 영원히 끊고
③ 불·법·승을 항상 뵙고
④ 계·정·혜를 닦아
⑤ 항상 부처님의 깨달은 법을 배우고

⑥ 깨닫는 마음에서 물러나지 않고
⑦ 결정적으로 안양국에 태어나
⑧ 속히 아미타, 영원한 생명을 뵙고
⑨ 온 세계에 분신을 나타내
⑩ 널리 모든 중생을 제도하겠습니다.

이것이 10대서원이고, 네 가지 서원은,

① 중생이 가이 없어도 맹세하고 제도하고
② 번뇌가 다함이 없어도 맹세하고 끊고
③ 법문이 한량 없어도 맹세하고 배우고
④ 불도가 위가 없어도 맹세하고 이루겠습니다.

한 것입니다. 앞의 10대서원은 자기 인격을 중심으로 한 발원이고 뒤의 4홍서원은 중생과 세계를 구제하고자 발원한 것입니다.

3. 간택의 조건

덕 있는 집의 간택은
첫째는 세계인구 가운데 다양성 · 종합성이 있는 나라이고
둘째는 국가는 건국 이래 전쟁이 없는 나라이고
셋째는 가정이 7대 이상 정통으로 내려온 청정 가족으로서 부모가 어질고 착한 사람이며
넷째는 기후 풍토가 좋아 계절에 관계없이
① 의 · 식 · 주가 걱정 없고
② 학문하는 데 장애가 없고

③ 출가수행에 걸림이 없으며

④ 구도전법에 장애가 없는 나라를 선택하는 것입니다.

전 지구를 내려다보면, 아프리카는 너무 덥고 북극은 너무 춥고 유럽은 너무 좁고, 인도와 중국이 거기 해당되나 중국은 여러 종족이 모여 장차 분열 위험이 있고, 인도는 종족도 많고 언어도 많으나 오히려 그것이 장애를 극복하는 길이 될 것 같고 히말라야를 배경으로 모든 문화가 꽃피어 5대양 6대주의 생활을 한 곳에서 체험할 수 있을 것 같았으므로 인도를 선택하기로 하였다 하였습니다.

특히 인도는 인생을 4단계로 나누어서 어려서는 학문을 하고 커서는 가정을 이루고 장성하여서는 사업을 형성하고 있다가 늙어서는 누구나 출가하여 도를 닦는 풍습이 있는 곳이었기 때문에 세계와 중생을 위해 봉사하고자 하는 일생보처로서는 가장 알맞은 곳이라 결정하였습니다.

4. 도솔천 내원궁

도솔천 내원궁 반다와나 정원에서 이렇게 생각하고 있을 때 어머니 마야부인은 여섯 개의 이빨을 가진 흰 코끼리가 도솔천으로부터 한 보살을 태우고 자신의 품안으로 들어오는 꿈을 꾸었습니다. 나이 40이 다 되도록 아이를 갖지 못해 날마다 히말라야를 바라보며 기도하는 가운데 꾼 꿈이라 매우 신비롭게 생각하면서 정반왕께 말씀드리니 곧 해몽하는 사람을 불러 물으니

"세계 인류를 위해 큰 일꾼이 태어날 태몽입니다. 흰 코끼리처

럼 순한 일꾼이 보시·지계·인욕·정진·선정·지혜 여섯 개의
이빨을 가지고 6바라밀을 실천하여 사바세계를 정토화할 일꾼인
것 같습니다.”
　“말만 들어도 기분이 좋았습니다.”

(1) 삼계 육도 중생

　도솔천이란 욕계 제4천을 말합니다. 전래로 인도사람들은 이 세
계를 욕심에 의해 사는 욕계와 색심에 의해 사는 색계, 순수한 정
신적인 면에서 생활하는 무색계 3계로 나누고 거기 사는 중생들을
지옥, 아귀, 축생, 아수라, 인간, 천상 6도로 구분하였습니다.

　욕계에는 6천이 있고, 색계는 18천 무색계에 4천이 있는데 도솔
천은 욕계 6천중 제3천에 해당됩니다.

　도솔천인들의 키는 8km, 몸무게는 1수(銖) 반, 수명은 4천세인
데 인간 4백세가 이 하늘의 일주야라고 합니다. 1수는 좁쌀알 세
개의 무게이니 1수 반이면 4개반의 무게로 안개와 같은 옷을 입고
바람과 같은 발걸음으로 아주 편안한 삶을 하고 있는 곳입니다.
호명보살은 도솔천 내원궁에 살면서 그곳 대중들을 위하여 끝없
는 진리를 토론하다가 사바세계에 태어나게 되었다는 것입니다.

5. 룸비니에서 탄생하다

　마야부인은 건강하고 비·바람까지 고루 내려 나라에는 대풍년
이 들었습니다. 모두 뱃속에 든 아이의 복덕으로 생각하였습니다.
이듬해 4월 만물이 소생하자 정반왕은 전래의 풍습을 따라 친정에
가서 아이를 낳아 가지고 오도록 하기 위하여 가다가 외할머니 별

장이 있는 룸비니에 이르러 아이를 탄생하게 되었습니다. 이 별장은 까삘라왓투와 데와다하시 중간에 있습니다.

전설에 의하면 태자는 태어날 때 어머니의 오른쪽 옆구리로 태어나 4방으로 일곱 발짝씩을 걷고 한 손은 하늘을 가리키고 한 손은 땅을 가리키며 "천상천하 유아독존"이라 외쳤다고 하는데 이는 3계 25유 중생을 제도할 징조라 하였습니다.

대왕은 산모의 건강과 아이의 안전을 위해 친정으로 돌아 가지 않고 바로 까삘라국으로 돌아왔습니다.

6. 마야부인의 운명

그런데 태자 탄생 후 제7일 되던 날 마야부인은 황금빛 찬란한 애기의 얼굴을 바라보면서

"비할 바 없이 높으신 분입니다. 사람 중에 제일 높으신 분이 될 것 같습니다." 하고

"부처님을 탄생시킨 사람은 오래 살지 못합니다. 나는 77억 부처님의 어머니로서 태자를 탄생시켰을 때마다 제7일에 이르러 운명을 달리하였으니 태자를 이모 마하파자파티에 맡겨 주십시오. 나는 도리천에 태어나 있다가 장차 태자가 성불하면 만나 53선지식의 한 사람으로 활동하게 될 것입니다."

하고 숨을 거두었습니다. 일희일비(一喜一悲)라. 나이 들어 자식을 낳아준 것으로 보아서는 진실로 기쁜 일이나 이 아이가 채 자라기도 전에 어머니가 운명을 달리했다는 것은 매우 슬픈 일이었습니다.

7. 태자의 상호와 명명(命名)

정반왕은 아버지의 정치적 고문이었던 아시타 선인을 불러 아들의 관상을 보고 이름을 짓게 하였습니다. 원래 선인의 이름은 칼라데윌라 이었는데 얼굴이 검었으므로 아시타라 불렀습니다.

"선인이시여. 당신은 오랫동안 왕자들의 여러 가지 법도와 왕궁의 전통, 그리고 국사교육을 담당하여 미래 중생들의 운명을 잘 알고 있으니 새로 태어난 우리 아기 태자의 관상을 자세히 살펴주십시오."

아시타 선인은 아기 태자를 보자마자 눈물을 흘렸습니다.

"무슨 불길한 상이라도 있습니까?"

"아닙니다. 32상 80종호를 갖추어 세상에 있으면 전륜성왕이 되고 출가하면 3계도사 4생자부가 될 상입니다. 그런데 제가 박복하여 이 분의 성불을 보지 못하고 죽을 것 같아 슬퍼서 웁니다."

다른 예언가들도

"아시타 선인의 관상이 틀림없습니다. 두뇌에 육계상이 있어서 대뇌가 발달하고 이마가 훤칠하여 조상을 빛낼 것이며 두 눈썹이 골라 중도행을 실천하고 안광이 빛나 천안통을 얻고 미간에서 흰 빛이 쏟아지니 이것이 장차 우주법계를 빛낼 징조입니다.

검은 머리는 건강의 표식이고 곧고 높고 둥근 코는 정직하고 이상이 높고 끝을 분명히 매듭지을 징조입니다. 복스러운 귀는 중생의 말을 잘 들어주고 넓고 큰 혀는 대 웅변가가 될 징조입니다.

그리고 황금색의 몸매는 청, 황, 적, 백, 흑의 모든 인종과 동서남북 중앙을 조화할 징조이니 장차 이는 모든 일을 원만히 성취하

여 세상의 고통을 없애 줄 성자 상이니 이름을 '싯다르타'라 하십
시오."

  그래서 이름을 "싯다르타" 즉 "일체 모든 것을 다 성취할 사람"이
라 지었던 것입니다.

8. 축복의 노래

  사람들이 노래를 불렀습니다.

  "하늘 위에서나 하늘 아래서나 태자 같은 이 없네
  시방세계 다 보아도 태자 같은 이 없네
  세간에 있는 것 모두 다 보아도
  어느 누구도 태자 같은 이 없습니다."

  하니 아시타 선인이 노래를 불렀습니다.

  "찰진심념가수지(剎塵心念可數知)
  대해중수가음진(大海中水可飮盡)
  허공가량풍가계(虛空可量風可繫)
  무능진설불공덕(無能盡說佛功德)

  옛사람들이 장차 이런 부처님이 탄생하시면 세상 고통을 벗어
난다 하였는데 장차 태자의 공덕은 세계의 티끌수보다도 높고 바
다의 물방울보다도 많아 허공을 헤아리고 바람을 묶는 재주가 있
는 사람이라도 태자의 그 공덕은 다 말할 수 없을 것입니다."

정반왕은 한편 기뻐하면서 걱정이 생겼습니다.

"나이 50이 넘어 난 아들이 출가하면 나의 뒤가 끊어질 것인데 누가 내 뒤를 계승할 것인가?"

그러나 여러 선인은 자신 있게 말했습니다.

"부처님이 세상에 태어나면 어두운 세계가 밝아진다 하였습니다. 일체 중생에게 여래의 지견을 열어 보여 깨달아 들게 한다 하였으니 기뻐하십시오. 태자는 반드시 5탁악세에서 진리의 수레바퀴를 굴려 부모를 구제하고 믿음이 없는 자에게 믿음을 주고 깨달음이 없는 자에게 깨달음을 줄 것입니다."

정반왕은 이 말씀을 듣고 기뻐하며 가림 없는 보시를 행하였습니다.

"모든 감옥을 활짝 열고 모든 죄인을 풀어주고 굶주리고 헐벗은 자에게 의식을 제공하고 병들어 고통 하는 자에게 의약을 주고 외롭고 쓸쓸한 사람들에게 석 달 동안 위안 잔치를 베풀도록 하라."

사람들은 칭찬하였습니다.

"복 있는 사람은 태어나면서부터 세상을 복되게 하는구나. 우리 다 같이 왕비의 명복을 빌고 태자의 수명장원을 기리자."

하고 다 같이 착한 마음으로 어른들을 모시고 어린 아이들을 보살폈습니다.

이웃나라 꼴리야성에서도 야소다라 공주가 태어나 큰 잔치가 벌어졌고 찬다대신의 집과 칼루다인의 집에서도 귀한 아들을 낳고 정반왕이 타고 다니던 푸른 갈기의 말도 새끼를 낳아 더욱더 기뻐하게 되었습니다.

제5강 부처님 재가생활

1. 호강스러운 유년생활

부처님의 재가 생활은 명자 그대로 호강스러운 생활이었습니다. 친어머니가 일찍 돌아가셔서 다소 쓸쓸한 점이 없지 않았으나 유모를 중심으로 세탁, 음식, 옷, 안아주고 업어주며 같이 놀아주는 주위 시봉자가 백여 명이 넘었으니 걱정할 것이 없었습니다.

경전에 보면 "천상의 옷을 입고 산과 바다 그리고 들에서 나는 진귀한 음식을 먹었다."고 기록하고 장차 성장하면서는 "같은 나이 또래의 아이들이 함께 모여 온갖 오락과 놀이를 넓은 궁전과 깨끗한 개울 속에서 하였다."고 기록하였습니다.

2. 춘경재

그런데 나이 일곱 살에 나라에서 농경제라는 큰 행사가 있어 아버지 정반왕을 따라가게 되었습니다. 궁 내외 모든 관료들과 시민들이 함께 가서 임금님께서 직접 쟁기질 하는 모습을 보며 하느님께 제사를 올려 그 해의 풍년을 기원했습니다.

바라문들은 하느님 머리로 태어났기 때문에 제사의 주인이 되고, 찰제리 왕족과 바이샤 평민들은 제물을 준비해 올리고, 수드라들은 심부름하였습니다.

시민들이 농악을 울리고, 가수들은 노래를 부르고, 무용수들이 춤을 추어 식전행사가 무르익었을 때 임금님께서 쟁기를 챙겨 가지고 논을 가는데, 흙속에 잠들어있던 벌레들이 쟁기에 깔려 나오면 날새들이 쫓아 다니며 쪼아 먹었습니다.

그때 싯다르타는 자기도 모르는 사이에 외쳤습니다.
"아, 이 세상은 생존경쟁이요, 약육강식이로다. 어떻게 해야 저들 중생들을 보호해 줄 수 있을까!"
생각하면서 나무 밑에 앉아 깊은 사색에 잠겼습니다. 그런데 사람들은 오후 4시까지 즐겨 노느라 정신없이 태자의 거처도 잊어버리고 있다가 돌아올 시간에 이르러서야 찾아보니 주위의 모든 풀들이 그를 향해 고개를 숙이고 있고, 큰 나무는 그늘을 옮기지 않고 태자를 보호하고 있었습니다.
"참으로 희한한 일입니다. 어떻게 모든 나무가 그늘을 옮기지 않으며, 풀들이 저렇게 고개를 숙이고 있다는 말인가."

정반왕은 자신도 모르는 사이에 이 광경을 보고 태자에게 큰 절을 하였습니다. 그리고 가슴이 철렁 내려앉았습니다. 아시타 선인의 예언이 생각났기 때문입니다.
"3계도사, 사생자부가 된다."
하신 마야부인과 아시타 선인의 예언이 눈앞에 선연히 떠올랐기 때문입니다.

3. 스승의 간택

대왕은 환궁하자마자 국무대신들께 물었습니다.

"아직 공부를 시키기에는 조금 이른 나이지만 좋은 스승을 구해 공부를 시키고자 하니 스승을 간택해 보시오."

"우리 바라문 가운데서는 비사바 밀다라 바라문과 찬제 예바 바라문이 가장 재능이 뛰어나니 잘 가르칠 수 있을 것입니다."

하여 학교를 만들고 석가족 500동자들을 모아 함께 글을 가르치게 하였습니다.

정반왕은 두 스승에게 부탁드렸습니다.

첫째, 인연 있는 사람들을 성숙시키고

둘째, 지도력과 선근력을 키우고

셋째, 여러 사람들의 오락기구를 즐기게 하고

넷째, 악도중생들의 마음을 살피게 하고

다섯째, 깊은 삼매 속에서 세상의 일을 관찰하게 하고

여섯째, 지난 세상에 인연 있던 중생들을 만족시키고

일곱째, 부모 친척들의 소원을 채워주고

여덟째, 풍요 속에서 묘법행을 내어 여래들을 공양하고

아홉째, 갖가지 훈련을 통해서 평화스럽게 사는 법을 가르치고

열째, 갖가지 깨닫는 법을 따라 수호하는 능력을 가르치기 위한 것이니 혹 가다가 싫증이 나더라도 나태심을 내지 말고 잘 가르쳐 주십시오."

"예. 훌륭한 인격이 도야될 수 있도록 최선을 다 하겠습니다."

4. 어문학과 무예수업

(1) 50문자와 우리말의 뿌리

당시 인도에는 64종의 문예와 29종의 무예가 있었는데, 우선 64종의 문예를 배우기 위해서 기초문자부터 배우기 시작하였습니다.

"아·이·우·에·오, 가·기·구·게·고, …

다·라·마·바·사…하"

50문자를 배우고 베다공부를 위한 기초지식으로 베다당가분의 일부인 자소학, 어원학, 사전학, 문법학, 순세파학, 대인상학 등을 배우며, 우파니샤드의 철학 등을 익혔습니다. 이것은 후에 부처님께서 불교경전을 설하실 때 상주관(常住觀), 열반관(涅槃觀), 해탈관(解脫觀) 등 전문적인 용어를 사용하여 불교를 설명한 데서 이해할 수 있습니다.

사실 나는 산스크리트의 원음인 50문자를 접하면서 한글의 28자와 일본 가나가 너무나도 흡사하다는 것을 느꼈는데, 법주사 복천암 신미스님의 기초한 원각선종석보(圓覺禪宗釋譜)를 보고 우리말 가·나·다·라와 일본말 아·이·우·에·오가 산스크리트에서 연유된 것을 확실하게 알게 되었습니다.

가카나 口盖音 입천장소리

자카나 舌音 혀소리

타다나 半屈折音 반굴림말

타다나 齒音 치아소리

파바마 脣音 입술소리

여기에다 야·다·라·바의 공명음(共鳴音), 나·마 등 비음(鼻音)을 합하면 한글의 ㄱ·ㅋ·ㅇ 의 어금닛소리와 ㄴ·ㄷ·ㅌ·ㄹ 의 혓소리, ㅁ·ㅂ·ㅍ 의 입술소리, ㅅ·ㅈ·ㅊ 의 잇소리, ㅇ·ㅎ 의 목구멍소리가 어디서 나왔겠습니까.

홀소리 17자 자음과 닿소리 11자 모음이 모두 산스크리트의 산물입니다.

(2) 세계의 언어 세미틱어와 알파베트

뿐만 아니라 세계의 모든 언어를 윌리암 존스는 이란, 이라크 중동지방의 언어인 세미틱말과 영국과 기타 유럽피안의 영어 알파벳 두 가지로 분류하였는데, 그 가운데 유럽피안 잉글리쉬 랭귀지가 모두 산스크리트에서 나왔다 하니 그 어원이 한국 및 일본말과 다를 리가 있겠습니까!

그러므로 영국 옥스포드 사전에는 '사랑·섹스'를 한국말 '사랑과 색시'에서 근원을 찾고 있는데, '사랑'은 살아간다는 말이고, '색시'는 새로 시집온 여자 신부를 말한다 하였습니다.

애비는 바깥 보호자
에미는 안 보호자
딸은 에미 따라가는 여자라 하였습니다.

이로써 보면 부처님 공부하신 것이 우리의 훈민정음과 별로 다른 게 없었습니다.

어떻든 부처님은 이 외에도 앙구리서(指書)와 지니굴서(隋書),

아수라서(不飲酒), 가루라서(금시조), 긴나라서(非人) 등 64종의 문예와 천문, 지리, 수학 등을 익히고, 다음에는 코끼리 타고 수레 끌고 함정을 뛰어 넘고 말을 타는 등 29종의 무예를 익혀 문자 그대로 문무양반(文武兩班)에 통달하게 되었습니다. 이 같은 실력을 후세 각술쟁혼(㧓術爭婚) 때 그 우열이 저절로 드러나게 되는데 부처님은 16(혹은 19)세 때에 왕세자의 자리에 나아가게 됩니다.

5. 각술쟁론

당시 인도에서는 매년 7월 보름부터 한가위라 하여 궁중의 여인들을 중심으로 모든 처녀들이 베짜는 대회를 하여 1등·2등·3등을 가려 놓고 이듬해 3월이 되면 한 달 동안 전국의 청소년들이 문무경연대회를 하여 그 가운데서 1등한 사람이 전 해에 1등한 여인의 손을 잡고 2등과 3등도 마찬 가지였습니다.

이것이 각술경연대회인데, 먼저 문예대회에 나아가 범서 50문자와 카를술타서(驢脣書), 연화서(蓮華書), 아가라서(節念), 맹가라서(吉祥), 야매니서(大秦國書) 등 64서에 대한 시험을 치르고, 다음 자소학, 어원학, 사전, 문법 등을 거쳐 29종의 무예를 시험하는데, 특히 화살경연대회가 볼 만하였습니다.

싯다르타는 홍옥의 의상에 다면체의 관을 쓰고 칠보 허리띠를 두른 뒤 산호빛 줄이 매어져있는 초승달 같은 활을 가지고 푸른 빛깔의 화살통을 어깨에 맨 뒤 번갯불 속에서 동물의 깃털을 떨어뜨리는 재주를 가진 궁사들과 같이 활시합을 하였습니다.

먼저 멀리 세워놓은 바나나 나무와 포도넝쿨형, 누각형, 계단형,

천막형, 4각형 표적을 맞추고, 먼저 쏜 화살을 뒤 화살로 맞추는 사라와싸 궁술 등 12 가지 궁술과 번갯불 속에서 쏘고, 깃털을 맞추며, 눈감고 쏘아 표적을 맞추는 등 갖가지 화살을 쏘아 박수갈채를 받고 작년 한가위 때 제1인자로 뽑힌 야소다라의 손을 잡았습니다.

야소다라의 원래 이름은 밧다캇차나인데, 순결한 명성과 많은 시종을 갖추었다하여 야소다라라 부르게 된 것입니다. 야소다라는 숩바붓다왕과 아미타왕비 사이에서 태어나 황금빛 피부에 아름다운 몸매를 갖추고 있었기 때문에 많은 사람들의 동경의 대상이 되었습니다.

경전에는

"천상의 요정처럼 몸에서 광채가 났고 피부, 정맥, 뼈, 머리카락이 매력이 있어 백번 정도 자아낸 솜과 같이 탄력이 있었다."

고 설명하고 있습니다.

6. 왕자 즉위식과 3시전

싯다르타는 야소다라와 손을 잡고 8만명의 친족들이 보는 가운데 왕가의 우산 위에 물을 뿌리며 왕세자 즉위식을 가졌습니다. 수백 명의 공주들과 귀족 자녀들이 에워싼 가운데 황금옥좌에 앉아 대관식을 갖고 왕과 왕족의 사랑을 받았기 때문에 마치 하늘사람들이 천인들의 음악을 들으며 무도회를 가지는 것 같았습니다.

정반왕께서는 아들과 며느리를 위하여 겨울에 지내는 람마궁전과 여름에 지내는 수람마궁전, 그리고 우기에 지내는 수바궁전을 지어 층층이 뾰족탑을 세우고 달콤한 꽃향기 속에서 산해진미를 맛보고 살게 하여 이 세상에 그리운 것은 한 가지도 없었습니다.

그런데도 정반왕은 아들을 위해 궁전 옆에 천 평이 넘는 호수를 만들어 강물을 끌어들여 배를 타고 놀며 많은 사람들과 함께 물놀이를 즐기게 하였습니다. 거기에 나오는 노래가 어기어차 뱃노래입니다.

아가야! 야이 아차 뱃놀이 가잔다
아가야! 야이 아차 뱃놀이 가잔다

조선 태학원 강상원 박사는 이렇게 해설하였습니다.

사랑하는 님과 함께 손에 손을 맞잡고
아초다호반(요지)으로 성큼 달라가서
수정호수 위에 배 띄우고
아귀야(애기씨) 아호다(수정처럼 맑은 물)
노 저으며, 하 하, 소리쳐 노래 부르면
사랑의 기쁨 넘쳐 흐르리.

말하자면

찬란한 수평선 위를 물살을 가르면
수정 같은 이랑이여, 아름다워라
뱃전에 부서지는 구슬 같은 물방울이여!

하고 말입니다. '아리'는 연인이고, '랑'은 남자이니, 우리말 '아리랑'은 곧 산스크리트의 '사랑하는 남자'입니다. 한강물을 '아리수'라 부르지 않습니까. '근원을 알 수 없는 물', '사랑의 물'이라는 뜻인데, '사랑하는 님'은 한 방에서 한 베개를 베고 자고 있지만 그 속을 알 수 없으므로 '아리랑'이라 한다 하였습니다.

역사책에는 6천년전 동이민족이 해체되면서 불러오던 이별의 노래라 부르고 있습니다만 까삘라국에서는 실달태자를 떠나보내며 부른 노래라 합니다.

이렇게 싯다르타는 환락에 빠져 세상 가는 줄 모르고 살았는데, 이 광경을 지켜보던 대신들이 자신의 딸들을 싯다르타에게 시집보내겠다고 청해왔습니다. 그래서 둘째 부인은 '마노다라'가 되고, 셋째는 '고타미'가 되었습니다.

모두가 수 천석 부자에 노비만도 만 명이 넘는 거부 장자들이었습니다. 정반왕은 이들에게 알맞은 궁전을 세우고 초야에는 야소다라가 모시게 하고, 중야에는 마노다라가 모시게 하며, 후야에는 고타미가 모시게 하여 까삘라성 일대가 불야성을 이루었다 합니다.

그러나 그것이 비온 뒤 먹구름이 될 줄은 누구도 알지 못했습니다. 날마다 이렇게 채녀들의 노래 소리와 춤추는 것, 자는 것, 노는 것에 팔려 있던 싯다르타는 갑자기 짜증이 났습니다.

"야, 이것이 무엇인가? 이것 밖에 또 다른 인생은 없는가? 바깥 세계를 구경하고 싶다."

고 혼자 중얼거렸습니다. 여기서 싯다르타태자는 인생에 대한 반성을 철저히 하게 됩니다.

"아, 이것이 인생이냐? 날마다 먹고 놀고, 결국은 도살장을 향해 보보등단하는 인생. 소, 돼지는 고기로 식량이나 되어 주지만 사람은 죽으면 돈으로 묶어 땅 속에 파묻든지, 불속에 던지든지, 숲 속에 팽개쳐지는 인생, 뼈다귀 같은 인생, 고기 조각 같은 인생, 잿불더미와 같은 인생, 열매가 달린 가시나무 같은 인생, 도살장 같은 인생, 칼날 같은 인생, 독사머리와 같은 인생, 어떻게 이 애욕에서 벗어난단 말이냐?" 고민하다가,
"바깥 구경을 하고 싶다"
하여 여기서 구상된 것이 사문유관입니다.

7. 사문유관

말이 떨어지기가 바쁘게 정반왕은 시종들에게 길을 평정하고 수레를 장엄하여 바깥구경을 시키도록 합니다.

첫날 태자는 동문에 이르렀다가 허리가 구부러지고 이가 빠졌으며 귀 밑에 수염이 서리같이 흰 사람이 추적추적 걸음을 걸어오는 것을 보았습니다.
"저게 무엇이냐?"
"늙은 사람입니다."
"어떤 것을 늙었다고 하느냐?"
"몸이 쇠약해지고, 눈이 멀어 혼미하므로 마음대로 걷지도 못하고 보지도 못합니다."
"그러면 이 사람 혼자만 그러한가, 다른 사람들도 그러한가?"

"일체 모든 생명의 운명입니다."

"그렇다면 장차 이 몸도 그렇게 된단 말이냐?"

"예, 그렇습니다. 늙는 데는 남녀노소가 없고, 빈부귀천의 차별이 없습니다."

"아 슬프다 인생이여. 무슨 재미로 문밖 구경을 더 할 수 있겠느냐. 돌아가자"

누구라도 어찌할 수 없는 일이라 고개를 푹 숙이고 돌아오니

"다음날부터는 주위를 더욱 청결하게 하고 늙고 힘없는 사람은 눈에 뜨이지 않게 하라." 하고 주의를 주었습니다.

그런데 이튿날 남문에 나갔다가는 병자를 보게 되었습니다. 배가 장구처럼 붓고 얼굴은 바싹 말라 숨도 제대로 쉬지 못하는 사람이 언덕 위에서 신음하고 있었습니다.

"저자는 누구인가?"

"병든 사람입니다."

"어떤 것을 병들었다고 하는가?"

"사대 육신이 무너져 제 마음대로 움직일 수 없는 사람입니다. 밥이 있어도 먹을 수 없고, 옷이 있어도 입을 수 없으며, 밤낮 없이 통증이 심하여 어찌 할 수 없게 된 사람을 병자라 합니다."

"저 사람만 그러한가?"

"생명을 받은 모든 존재는 늙고 병드는 것을 피할 수 없습니다."

"아, 사람들은 참으로 어리석구나. 어디에는 늙고 병드는 사람이 없겠는가마는 살 줄만 알았지 죽을 줄을 모르고 사는구나. 가자. 더 이상 즐길 것이 무엇이 있겠느냐."

그날도 돌아와서 밥도 먹지 않고 고민하고 있었기 때문에 궁중의 모든 사람들이 걱정하였습니다.

　그래서 다음 날은 거리를 청소하고 홍안청년들만을 거리에 배치하여 일체의 잡된 것들은 보지 못하게 하였습니다. 그런데 이상하게도 어디에서 상여 소리가 났습니다.

“어어노 어어노 어야리 넘자 어어노”

“저게 무슨 소리냐?”

“죽은 사람을 메고 가는 소리입니다. 어제 아파 누웠던 사람이 죽어 화장장으로 가는 것 같습니다.”

“죽는다는 것은 무엇이며, 화장장은 무엇 하는 곳이냐?”

“죽는다는 것은 숨 쉬던 사람의 숨이 끊어져 나무 등걸과 같이 되는 것으로, 무정물에 가깝게 됩니다. 그것을 그대로 놓아두면 벌레가 생기고 궂은 냄새가 나며, 병을 전염시킬 염려가 있으므로 불에 태워 아주 없애는 것이 화장입니다.”

“그러면 다시는 보고 싶어도 보지 못하고, 말해도 듣지 못하겠구나.”

“그렇습니다. 마치 차디찬 돌덩어리와 같아 의식이 전혀 없습니다.”

“알았다, 가자. 세상 사람들은 정말로 무정하구나. 이렇게 엄청난 죽음의 함정을 앞에 놓고도 옳고 그름을 따지고, 예쁘고 미움을 가리다니. 무슨 재미로 이 세상을 산다는 말이냐.”

“그렇기 때문에 죽기 전에 잘 먹고, 보고, 듣기 위해 사람들은 몸부림을 치고 있는 것입니다.”

“진실로 세상 사람들은 어리석구나. 더 먹고, 더 입고, 더 산다고 하더라도 그것이 우리의 삶에 무슨 도움이 된다는 말이냐! 궁으로 돌아가 죽음이 없는 세계를 연구해 보자꾸나.”

　그리하여 어자는 태자를 수레에 싣고 돌아 왔습니다. 그런데 그 이튿날은 북쪽문에 나갔다가 한 사문을 보게 되었습니다. 태자가 직접 수레에서 내려 예를 올리고 물었습니다.

"그대는 머리를 깎고, 법복을 입고 지팡이를 짚고 발우를 들고 있어 보통사람과는 그 모습이 다른데, 무슨 일을 주로 하고 계십니까?"

"아무 것도 하는 일 없이 하루에 한 때 밥을 얻어먹고, 생로병사의 고통을 벗어나고자 수행하는 수행자입니다."

"그런 모습을 하고 수행하면 생사에서 벗어날 수 있습니까?"

"확실히는 모르지만 도를 닦아 깨달음을 얻으면 생사대해(生死大海)를 건너갈 수 있다고 하였습니다."

"그렇습니다. 생사의 어두운 감옥은 등불이 있어야 밝힐 수 있고, 고해의 깊은 파도는 진리의 배를 타야만 건널 수 있을 것입니다."

태자는 공손히 수행자를 배송하고 속으로 생각하였습니다.

"나도 속히 그 길에 들어가서 저 분과 같이 도를 닦아야지…"

그래서 이 날은 기분 좋게 강가에 이르러 목욕하고는 자신을 따르는 종자들과 함께 즐겨 먹고 놀았습니다. 정반왕은 만족한 기분이었으나 만약에 대비하여 경비를 소홀히 하지 말 것을 당부하였습니다.

8. 발심 출가

아니나 다를까 싯다르타는 정반왕궁에 이르러 그동안 사문유관에 대한 소감을 소상히 말씀드리고 출가하여 도를 닦겠다고 말씀드리니 정반왕은 펄쩍 뛰었습니다.

"내 나이 80이 넘어 이제 기대할 것은 오직 태자 한 사람뿐인데 출가한다는 말이 무슨 말이냐?"

“내 밑에는 동생 난다가 있고, 또 영리하고 뛰어난 사촌들도 있으니 걱정하시지 마시고 저를 놓아 주십시오.”

“안 된다. 우리 집안은 80대를 넘어 오면서도 장자의 맥이 끊어지지 않았다. 정히 그렇다면 자식 하나만 낳아 달라.”

“아버님, 자식을 낳아 드리는 것은 어렵지 않으나 이 세상 태어나는 것은 모두 늙고 병들어 죽으니 죽지 않는 물건을 낳기는 어렵습니다.”

“죽을 물건이라도 좋으니 자식 하나만 낳아다오.”

그리하여 싯다르타는 아버님의 말씀을 거스르지 않기 위하여 아들 라훌라를 낳을 때까지 꼭 10년을 기다렸습니다.

9. 라훌라의 탄생

사실 꿈을 꾸는 자가 꿈을 깨기란 쉽지 않습니다. 그래서 이렇게 몸부림치고 기다리고 있을 때 기쁜 소식이 왔습니다.

“태자님, 아이가 탄생하였습니다.”

이때 니연선하에서 목욕을 하고 있던 실달태자가, “아 파하기 어려운 장애물” 하고 소리를 질렀습니다. 그래서 그 아이의 이름이 ‘라훌라’가 된 것입니다. ‘라훌라’란 장애물이라는 뜻입니다.

그러니까 오랫동안 출가의 장애가 될 장애물이 출산되었다는 말을 하게 되었는데, 그 이름이 라훌라가 되어 나중에는 부모를 귀찮게 하는 자식을 라훌라라 부르는 풍습이 생기게 되었습니다.

어찌 되었든 그날은 즐겁게 놀았습니다. 그런데 돌아오는데 한 여인이 노래를 불렀습니다.

행복한 남자여
행복한 왕자여
행복한 아버지여

하고 말입니다. 그래서 태자는 자신의 목걸이를 벗어서 그 여인에게 걸어 주었습니다. 행복이란 말이 인도 말로는 '니르바나' 즉 열반이었기 때문입니다.

첫째는 선조(先祖) 혈맥을 잇고
둘째는 아버지의 뜻을 만족시켜주고
셋째는 야소다라에게 마지막 의지처를 마련해 줄 자식을 낳아주었기 때문입니다.

태자의 마음은 날아갈 것과 같았습니다. 부모, 처자, 권속의 올가미에서 벗어나고 명예, 지위, 재산 일체 표반으로 부터 벗어나게 되었으니 말입니다. 그러나 실달태자가 출가하려는 것은,

첫째, 부모가 싫어서가 아니고
둘째, 처자가 미워서가 아니라
셋째, 오직 하나의 생사해탈을 위한 거룩한 행위였기 때문입니다.

그래서 태자는 며칠 동안 아버지와 라훌라를 위해 대대적 축복 행사를 열기로 하였습니다.
① 굶주린 자에게 먹을 것을 주고
② 헐벗은 자에게 옷을 주고

③ 병자에게 약을 주고
④ 감금된 자에게 자유를 주고
⑤ 헤어진 자에게 만남을 주고

실컷 먹고 놀고 뛰고, 노래하고 춤추고 대 연회가 베풀어졌습니다. 그래서 모든 사람들이 깊은 잠에 빠졌을 때 출가하기로 계획하였습니다.

부처님께서 말타고 출가하는 장면

제6강 발심출가(發心出家)

1. 불사동경심(不死憧憬心)

부처님께서 네 문을 구경하고 나서 세속적인 생활은 거의 백지에 가까울 정도로 외면하고 출 세속적인 면에 관심을 가졌습니다. 당시 사람들 가운데는,

신선이 되어 하늘을 날고 물속을 기는 재주를 가진다든가,
큰 나무가 되어 백년천년 죽지 않고 산다든가,
아니면 풀·나무·산·바위가 되어 억겁을 살아가는
공상 과학적인 생각을 가지고 뜬 구름을 잡고 있는 사람들이 많이 있었습니다.

"사람들은 오늘만 알고 내일은 모르고 있구나. 그저 먹는 것, 입는 것, 자고 노는 것 밖에 별다른 관심을 갖고 있지 않으니 한번 먹어보고 입어보고 자본 사람이라면 그 속에서 큰 관심을 가지고 살 수 없게 될 것이다. 그런데 그것 가지고 인생의 근본문제를 풀 수 있는 것처럼 매달리고 있으니 참으로 답답하다."

틈만 나면 나무 밑에 앉아 명상(冥想)하고 요가를 하지만 역시 이것만 가지고는 해결되지 않았습니다. 정반왕은 아들의 이 같은 모습을 보고 여성들만 다그쳤습니다.

"이 많은 여성들이 태자 한 사람의 마음을 움켜잡지 못한단 말이냐?"

"태자에게는 먹는 것과 자는 것이 마치 비온 뒤 먹구름처럼 소용이 없습니다."

"허허. 그렇다면 어떻게 해야 좋다는 말이냐!"

"사회와 인생 그 자체가 달라지기 전에는 해결될 것 같지가 않습니다."

2. 사회적 깨달음

당시 사회는 정치적, 경제적, 종교적, 문화적 모든 면에서 많은 변화를 가져오고 있었습니다.

정치적인 면에서는 대·소공화국들이 전제군주화되어 가면서 크고 작은 나라들이 병합되고 또 전쟁의 위기가 항상 감돌고 있었습니다. 까삘라국은 그래도 인도에서 제일 큰 마가다국과 혼척관계를 맺고 있어 일종의 보호국이 되어 전쟁의 위험은 없었지만 당시 사람들의 이상적인 희망이 전륜성왕에 두고 있음을 보아 알 수 있습니다.

전륜성왕이란 위대한 통치자는 하늘로부터 보배바퀴를 물려받아 금, 은, 동, 철륜(鐵輪)을 굴려 코끼리, 거사, 대신, 옥녀, 군대를 많이 가지고 세계를 통치하는 임금님을 말합니다. 전쟁을 하지 않고도 세계평화를 유지하며 세상의 가난과 재앙을 물리치고 평화로운 삶을 이끌어가는 이상적인 인간왕을 말합니다. 사람들은 전륜성왕만 나오면 세상은 저절로 풍요로워지고 중생의 고통이 없어진다고 생각하였으나 부처님의 생각은 달랐습니다. 이 세상 모든 사람들의 욕심은 한이 없기 때문에 그 욕심을 버리기 전에는 이 문제가 해결될 수 없다고 생각했습니다.

둘째 경제적인 면에서도 전통적인 바라문이나 찰제리가 농·공·상 제3계급에 의하여 점점 약해지고 있었다는 사실입니다. 그동안 인도사회는 절대계급인 바라문사상과 정치적인 주권을 쥐고 있는 찰제리들이 주권을 쥐고 있었는데 농·공·상인들이 세력을 확대해감으로써 지배계급들이 힘을 쓸 수 없었습니다. 아직까지 까삘라국은 그런 면에서는 크게 흔들리는 것은 없었지만 다른 나라의 예로 볼 때 까삘라국도 영원히 그러한 힘을 지속해 갈 수 없는 것은 눈앞에서 불을 보는 것과 같았습니다. 그런데도 바라문과 찰제리들은 거사·장자들 앞에서 큰소리만 치고 있었습니다.

셋째 종교적인 면에서는 전통적인 경서사상(經書思想)이 소멸되어가고 있었습니다. 바라문들의 독경이나 점·부적, 이것만 가지고는 사람들의 마음을 만족시킬 수 없었습니다. 경전을 읽어주고 약간의 어려운 낱말을 해설해 주는 것만으로는 믿는 사람들이 만족할 수 없었습니다. 그런데도 종교인들은 자기 종교만이 제일이라고 하면서 갖가지 제의식만을 복잡하게 열거하였기 때문에 사람들은 종교를 두려워하고 무서워하였습니다. 업과 윤회의 운명론, 천지자연의 숙명론, 모든 일은 하느님만이 해결시켜 줄 수 있다고 믿는 천명론이 극성을 부리고 있었습니다.

그런데 이민족과 이민족이 물밀듯이 밀려오면서 새로운 문화가 창조되고 갖가지 놀이가 유행하여 어리석은 백성들로서는 가히 담당할 능력이 없었습니다. 마치 천당과 극락을 강요하는 현대 종교에 TV, 라디오, 핸드폰이 생겨 언어·기술의 홍수가 사람의 머리를 능가하고 있는 것 같았습니다. 그래서 사람들은 염세주의적 사고방식을 가지고 집을 떠나는 사람들이 많았습니다. 사리불, 목건련, 마하가섭, 야사 등 모두 이러한 사람들이 부처님과 관계없이 집을 떠나 유행하고 있었던 사람들이었습니다.

"인생은 짧고 근심은 많다. 늙고 병들어 죽는 것에 전전하여 인생의 고통은 끝이 없다. 영세의 사념을 버리고 현실의 득실에만 급급하는 인간들! 아. 3계는 괴로움의 무덤인데 누가 이 사람들을 여기서 벗어날 수 있게 할 것인가. 내가 차라리 출가하여 도를 닦아 이 고통을 벗어나게 해 주리라."

3. 출가의 동기

그러면 어찌하여 하필이면 출가하여야만 하였던가.

① 당시의 풍습은 영아기, 학문기, 가거기로 나누어 그 시기를 지나면 누구나 출가하였기 때문입니다.

② 재가는 장애가 많았습니다. 그리고 출가는 새가 하늘을 나는 것 같이 자유로웠기 때문에 출가자가 많이 생겨나고 있었던 것입니다.

③ 삭발 염의하여 그 모습까지 달라지면 누구도 세상 사람들이 가까이 하지 않았기 때문입니다.

외롭고 쓸쓸하고 고단하지만 도를 닦는 데는 출가 생활이 도움이 되었던 것입니다. 그러나 태자는,

① 나는 세상이 싫어 출가하는 염세주의자도 아니고
② 병이 들어 은둔하는 은둔자도 아니며
③ 세상에서 일을 저지르고 도망치는 도주자도 아니다.
④ 모든 사람들이 공감하는 생·노·병·사의 문제의 해결을 위해 출가하는 것이니 권속들의 마음을 아프게 할 필요가 없다.

그러나 "낮에 출가하면 말리는 사람이 많아 아니 될 것 같으니 밤에 출가하는 것이 좋겠다." 하고 보름 동안 대연회를 베풀었던 것입니다.

그래서 모든 사람들이 안심하고 깊이 잠이 들었을 때 외로운 출가자는 홀로 일어나 먼 하늘을 바라보았습니다.

"아. 벌써 달은 기울었고 별들은 자리를 많이 옮겼구나. 오늘도 아침부터 서둘렀어야 한 것인데!"

하고 야소다라의 방으로 들어갔습니다.

4. 인간의 참모습

그런데 여기서 한 가지 깜짝 놀란 것을 발견하였습니다. 자기를 위해 밤낮없이 노래하고 춤추던 여인들의 모습이었습니다.

상하 의복이 모두 흐트러진 상태에서 어떤 사람은 타인의 배를 베고 어떤 사람은 악기를 베고 어떤 사람은 팔을 베고 서로를 의지하여 누워있는데

어떤 사람은 코를 드르렁 드르렁 골고

어떤 사람은 구시렁거리고
어떤 사람은 방귀를 퉁퉁 뀌고
어떤 사람은 눈을 부릅뜨고
어떤 사람은 태어나면서부터 눈이 찌그러진 시각장애인처럼
어떤 사람은 구부리고 펴고 누워있는 모습이
너무나도 대조적이었습니다.

"낮에는 연지 분을 바르고 고운 옷을 입고 머리를 치켜 올려 아름답게 보였는데 어쩌면 저렇게 흉측스럽게 누워있다는 말인가. 저것이 인간인가, 짐승인가, 귀신인가? 머리를 풀고 웅크리고 자는 모습은 귀신과 같고 이를 갈고 끌끌거리고 자는 모습은 짐승과 같고 눈을 부릅뜨고 코를 고는 모습은 전혀 사람과 같지 않구나. 아! 인생은 허위 속에서 사는 것이요, 가림 속에서 사는 것이로구나. 눈물을 흘리고 침을 흘리고 몸뚱아리를 아무렇게나 둥글리는 것은 별사람이 없는 것인데 거기서 귀천, 미오, 염정을 가리고 사는 것이 인생이로구나. 아, 불쌍하다 인생이여!
　내 반드시 저들의 의지처가 되고 귀감이 되고 참 사람의 본보기가 되리라."
　하고 태자는 안방으로 들어갔습니다.

　높은 침대 위에서 희미한 난등(爛燈)을 켜고 사랑하는 라훌라를 안고 잠들어있는 야소다라는 저들과는 정반대의 모습으로 마치 천녀처럼 보였으나 만일 이들이 잠을 깨면 다시 나갈 수 없게 되기 때문에 라훌라를 한번 안아 볼 생각으로 들어갔던 실달태자는 깜짝 놀라며 소리쳤습니다.
　"아, 이 찰떡보다도 더 찐덕찐덕한 사랑, 떨어지지 아니하면 나

는 영원히 출가하지 못한다."

하고 마지막 야수다라에게 고별사를 전합니다.

"아, 사랑하는 야소다라여. 온 법계의 재화보다도 대설산의 봉우리보다도 대항하의 물줄기보다도 더 귀하고 더 높고 더 깊은 애정을 내 한 몸에 바치던 아내여. 내가 지금 당신 곁을 떠나려 하는 것은 당신에 대한 사랑이 얕은 까닭이 아니라 3계 중생을 사랑하는 정이 더 깊기 때문입니다. 나를 잊지 못해서 무정하다고 꾸짖는다면 그것은 아직 나의 대 자비심을 이해하지 못한 것입니다. 29세의 오늘에 이르기까지 나의 마음은 오직 이것을 위해 그리워 해왔고, 오직 이것을 위해 움직여 왔습니다. 부왕은 항상 말씀하시기를 '이 세상을 즐기고 이 나라를 사랑하라.' 하였지만, 그러나 나의 사명은 여기에 있지 않습니다. 왕관을 쓰고 창검을 들고 백만의 마른 뼈 위에서 일전의 승자가 되는 것은 나의 소망이 아닙니다. 나는 차라리 산림에 기거하고 밥을 빌어 일체 생각을 끊고 일대사의 명상에 잠기기 위해 이 세상에 태어났습니다. 나의 큰 사명은 실로 여기 있으니 부왕의 자애심을 생각하면 구곡간장이 녹아납니다. 그러나 일개 까삘라국의 영화보다는 온 법계의 제도가 더 크지 않겠습니까. 그러니 나를 대신하여 아비 없는 라훌라를 길러 부왕의 마음을 위로하십시오. 그리고 영원히 나를 잊어주십시오. 나는 이제 왕자도 태자도 아닙니다. 혈혈단신 고독한 출가 수행자, 그러나 나의 가난하고 천함을 불쌍히 여기지 마십시오. 장차 온 법계는 나에 의해 구제될 것입니다. 나는 머지않아 3계의 구세주가 될 것입니다."

이것이 실달태자의 고별사입니다.

5. 정반왕의 꿈

그 때에 태자는 오른손으로 온갖 보배로 만든 그물 휘장을 들고 궁전에서 나와 조용히 걸어 사랑하는 종 차익을 불렀습니다.

"차익아, 너는 내 말을 거역하지 말라. 급히 말 건척을 끌고 내 앞에 나와 대기하라. 그리고 우리 집의 모든 권속들이 이 말소리를 듣지 못하게 하라."

"대성 태자여, 어찌하여 이 밤중에 저를 보내어 건척을 끌고 오라 하시나이까. 무슨 급한 일이라도 생겼습니까?"

"너 차익아, 너는 지금까지 내가 인생의 공포와 원적에 싸여 있고 모든 고뇌의 핍박을 받고 있는 것을 모른단 말이냐?"

"태자시여, 지금은 때가 아닙니다. 이 밤중에 말을 찾아 무엇 하시렵니까?"

하며 차익은 다시 손으로 모든 채녀들의 머리털을 잡아당겨 잠을 깨우고 또 발로써 그녀들의 몸을 밟았으나 마치 그들은 마약중독자들처럼 깨어나지도 않았고 알지도 못했습니다.

그때 정반왕은 일곱 가지 꿈을 꾸었습니다.

① 제석천의 깃대가 부러지고
② 태자가 열 마리의 코끼리를 타고 성 남문으로 나가고
③ 네 발로 서문을 돌고
④ 큰 수레가 성 북문으로 굴러가고
⑤ 성 중앙에서 큰 북을 치고
⑥ 궁중 4방에서 온 사람들에게 보배를 나누어주고
⑦ 성 밖의 여러 사람들이 머리를 쥐어뜯고 울부짖으며 몸부림

치는 것을 보았습니다.

그때 태자는 마음속으로 여러 사람들이 깨어날 것을 두려워하여 가만히 작은 목소리로 말했습니다.

"동갑내기[5] 차익아, 너는 알라. 내가 보니 궁 안은 무덤과 같구나. 어서 빨리 이곳을 벗어나도록 하자."

그때 차익은 태자의 이런 말을 듣고 마치 사나운 짐승이 독한 화살에 맞는 것처럼 고뇌하며 큰소리로 말했습니다.

"성자여, 어찌하여 이 높고 거룩한 자리를 버리려 하십니까?"

"차익아, 나는 이제 더 높은 곳을 향하여 가고자한다. 차라리 눈앞의 모든 높은 이와 친족을 버릴지언정 미래세에 나와 권속들이 사람 죽이는 귀신의 입 가운데 들어 가지 않도록 하리라."

차익은 태자의 이같은 간절한 말씀을 듣고 비로소 태자의 깊은 마음의 뜻을 알고 정반왕의 칙명도 잊은 채 태자 앞에 건척을 몰고 왔습니다.

그때 말 건척은 멀리서 태자의 신력이 장함을 보고 온 몸에 크게 기쁨을 내어 큰 소리를 내자 태자는 부드러운 손으로써 말의 등을 어루만지면서 말하였습니다.

"너, 나와 같은 날에 태어난 건척아, 내 이제 감로법을 구하고자 하노니 너는 반드시 노력하라. 잘 가서 사람이 나에게 장애가 되지 않게 하라. 네가 평상시 싸울 때에도 오히려 죽을힘을 다해 남을 이기려 하였으니 오늘은 나에게 좋은 도움이 되어 출세간을 구

---

5) 차익은 같은 해에 태어났으므로 동갑내기이다.

하게 하라. 세간의 낙은 잠시의 기쁨이라 오래지 않아 모두 잃어버리고 큰 근심과 고뇌를 내지만 법을 위해 힘을 내는 것은 이 일이 매우 어려운 것이다. 나는 이제 일체 세간을 위하여 해탈을 구하고자 하는 까닭에 출가 수도코자 하니 너는 잘 노력하여 민첩하게 빨리 가자.”

하고 소리를 지르니 그만 세 개의 문이 저절로 열렸습니다.

6. 트리베나 강변에서

밖에서 이러한 일이 일어나고 있을 때 태자의 궁 안에 있는 모든 채녀들은 잠을 깨고 나서 소리쳤습니다.

“태자님이 보이지 않습니다. 태자님이!”

야수다라 태자비도 누운 자리를 보았으나 홀로 자기 한 몸 뿐 태자는 보이지 않았습니다.

그때 큰 소리로 이렇게 외쳤습니다.

“아아, 우리들은 성자에게 속고 말았구나…”

곧 크게 부르짖고 몸을 땅에 던졌으나 아무 소용없는 일이었습니다.

그때 궁녀들과 시녀들이 정반왕에게 아뢰니, 정반왕은 이 말을 듣고 나서 큰 소리로 울부짖었습니다.

“아아 내 사랑하는 아들아. 결국 떠나고 말았구나.”

그러나 잠시 후 일어나서 말했습니다.

“경들은 속히 4병(兵)을 동원하여 빨리 태자를 찾아보라.”

그때 온 성안에 있는 국민 대중들은 다 나와서 태자를 찾았으나 그 거처를 알 수 없었습니다. 그때 태자는 까삘라성 문을 나오자 차익에게 일렀습니다.

“차익아, 너는 나를 인도하여 바로 나마다촌으로 가라.”

차익은 태자를 모시고 바로 나마다촌으로 갔습니다. 말 건척도 가벼이 빨리 가되 발을 움직이는 것이 편안하여 밤중부터 아침 샛별이 뜰 때까지 약 12유순을 지나 태자가 물었습니다.

“여기가 어디냐?”

“나마다촌에서 그리 멀지 않는 트리베나 강변에 이르렀습니다.”

“이곳이 과거 선인들이 살던 곳 같구나. 새 짐승이며 흐르는 물, 우물, 샘, 못, 도랑을 보니 속세와는 다르구나. 오랜 시간 걸어와서 피로하니 잠깐 쉬어가자.”

그때 태자는 말에서 내려서 속으로 생각하였습니다.

‘이것이 내가 최후의 탄 것에서 내린 곳이다.’

그래서 부드러운 말로써 차익에게 타일렀습니다.

“차익아, 세상에는 마음에 따르는 종도 있고 마음을 거스르는 종도 있다. 그런데 너는 오늘 희유하게도 공경 효순하여 좋은 마음으로 나를 따라 주었으니 참으로 기쁘다. 너는 이런 일을 하고서도 조금도 후회 없고 이익을 구하지 않는구나. 무릇 세상일이란, 부귀한 사람을 좋아하고 가난한 사람을 싫어한다. 그런데 너는 나라를 버린 가난한 태자를 데리고 여기까지 왔구나. 참으로 감사하다.”

차익이 눈물을 흘리면서 말했습니다.

“안됩니다. 태자는 여기가 어디라고! 산짐승이 득실거리는 곳에서 어디로 가시려 하십니까?”

그때 태자는 손으로 그 천관(天冠)을 벗어 들고 말하였습니다.

“차익아, 너는 이제 이 마니보배를 가지고 가서 부왕에게 바쳐라. 모든 걱정과 고뇌를 쉬시라고. 그리고 ‘나는 이제 사람의 속임을 받아 문득 부왕의 슬하를 떠난 것도 아니며 또 진심과 원한심이 있는 것도 아니고 또 재물을 구하기 위한 것도 아니고 봉록이 적은 까닭도 아니고 천상에 태어나기를 구하는 것도 아니고, 오직 일체 중생들이 바르지 못한 어둡고 미혹하고 삿된 길로 가는 것을 보고 광명이 되어 생사법을 없애고자 함이며 세간을 이익케 하고 걱정과 근심 없는 곳을 구하고자 하고, 무상한 누(漏)가 있는 행6)을 끊고자 하여 출가 하였다고, 그러니 절대로 근심 걱정을 하시지 말라'고 하라."

그때 차익은 태자의 이런 말을 듣고서 온몸이 뜨겁게 괴로워 눈물을 흘리며 말했습니다.

"대성 태자시여, 태자께서 말씀한 바와 같이 하면 저 모든 친족들과 부왕께서 크게 근심과 걱정을 할 것입니다."

"차익아, 너는 이제 마땅히 이별하는 괴로움을 버리고 근심과 걱정을 하지 마라. 나의 부모와 모든 권속들은 나의 거처를 매우 궁금해 하고 있을 것이다. 그러니 네가 홀로 돌아가는 것을 보더라도 마침내 너를 때리지 않고 반가워 할 것이다. 왜냐하면 네가 돌아가면 나의 아버지 정반왕께서 마음이 안정될 것이기 때문이다."

그때 차익은 땅에서 일어나 합장하고 눈물이 비 오듯 흘러 큰 소리로 외쳤습니다.

"저는 이제 집에 돌아가 대왕의 마음을 편안하게 가지도록 위안하겠습니다."

이때 차익이 땅에서 일어나자 말 건척도 앞 무릎을 꿇고 엎드려

---

6) 생사의 흐름은 번뇌의 행이 흘러내림에서 이루어지므로

혀를 내어 태자의 두 발을 핥으며 두 눈에 눈물을 흘렸습니다.

"보십시오. 이 말이 비록 축생의 몸이지만 오히려 슬프게 눈물을 흘리고 우는데 하물며 성자의 모든 권속들의 마음이 어찌하겠습니까?"

그때 태자는 천폭 윤상(輪相)의 손으로 그 말 건척의 이마를 어루만지며 말하였습니다.

"건척아, 너는 이제 말의 구실을 구족히 다하여 크고 무거운 짐을 다 넘겼다. 이제부터 너 건척은 집에 돌아가 네가 스스로 해야 할 일을 잘 하라. 너는 나를 태우고 집을 나왔기 때문에 마땅히 큰 과보를 얻을 것이다. 내 이제 위없는 깨달음을 얻으면 후일에 마땅히 감로를 너에게 나누어주리라."

7. 눈물의 고별사

그리고 태자는 몸 위의 모든 보배 영락을 다 풀고 나서 이렇게 말했습니다.

"이것은 내가 최후로 집에 있을 때에 몸을 장엄했던 것이다. 차익아, 너는 이 모든 보배 영락을 가지고 돌아가 나의 모든 권속들에게 주면서 말하라. '저는 이제 참으로 부왕의 은혜가 깊음을 아오나, 다만 무상을 증득하기 위하여 어기고 떠났다'고 만약 증득하면 곧 집에 돌아가 부왕을 받들어 뵙겠다."

또 나를 위하여 생을 바치신 이모인 마하바사바제에게 아뢰어라.

"저 때문에 걱정과 근심을 하지 말라고, 저는 반드시 크고 착한 이익을 이루고 다시 돌아와 어머님과 함께 기쁘게 서로 뵈올 날이 있을 것이라"고.

또 우리 궁내 일체 채녀 및 모든 친족들과 생일이 같은 동자와 그 밖의 석가족들에게도 이렇게 말하라.

"나는 무명(無明)7)의 어두운 그물을 깨뜨리고자 하니 마침내 지혜의 밝음을 증득하고 나서 다시 가비라성에 돌아온다고."

그때 태자는 차익에게 마니로 장식한 7보의 칼을 가져오게 하여 왼손으로서 짙푸른 우발라 빛 소라상투의 머리털을 잡고 오른손으로 베어 공중에 던졌습니다.

불전에서는 이것을 도리천에 모셔 불발탑(佛髮塔)을 세웠다고 하였습니다.

그때 태자는 오직 몸에 천의(天衣)가 남아 있는 것을 보고 말했습니다.

"이 옷은 출가한 옷이 아닌데 누가 나에게 가사를 줄 것인가?"

그때 마침 한 사냥꾼이 가사를 입고 손에 활과 살을 든 채 산에서 내려오자 물었습니다.

"그대는 어찌하여 가사를 입고 있는가?"

"이 옷을 입고 사냥하면 짐승들이 도망가지 않습니다."

"가사로써 짐승을 속이면 가사를 입은 사람들까지도 피해를 보게 된다. 나의 이 옷은 왕자복이다. 이 옷 한 벌이면 그대가 평생을 입고도 남을 것이니 나와 그 옷을 바꾸어 입자."

그리하여 태자는 자신의 입고 있던 왕자복을 사냥꾼에게 주고 사냥꾼은 가사를 태자에게 주었습니다. 그때 태자는 삭발하고 몸

---

7) 밝지 못한 마음

에 물든 가사 옷을 입고 나서 말했습니다.

"이것이 진짜 출가인의 모습이로구나."

한편 생각하면 인간으로써 차마 할 수 없는 거룩한 일이지만 이로 인해 실달태자는 하루아침에 거리의 천사가 되었습니다. 참으로 슬프고 괴롭고 안타까운 일이었습니다. 그러나 장차 세상은 이 외로운 행자에 의해 밝아지게 되었으니, 백천만겁(百千萬劫)에도 실천하기 어려운 거룩한 행사였습니다.

그때 차익은 말 건척을 데리고 왕궁으로 돌아와 태자의 출가사실을 낱낱이 고했습니다.

이때 대신과 국사 바라문들은 정반왕의 명령을 받고 즉시 출발하여 태자의 처소로 나아갔습니다.

말 건척은 그동안 피로와 고통 속에 숨을 거두고 말았습니다. 목숨을 마친 뒤 잠깐 33천에 태어났다가 뒤에 여래께서 성도한 것을 알고 중천축 나파성에 6법을 구족한 바라문의 아들로 태어났다가 여래 곁에 이르러 해탈하였다고 합니다.

전생에 부처님께서 성불을
예언하신 연등부처님

제7강 문사수도(問師修道)

1. 출가자의 자세

부처님께서 삭발 염의하여 스스로 사문의 모습을 갖춘 뒤 일주일 동안 나무 밑에 앉아 명상하다가 마을에 나아가 밥을 얻어먹고 고향에서 돌아온 두 분의 사신을 만났습니다. 갖가지로 까삘라국의 실정을 토로(吐露)하였으나 태자는 단호하게 떼어 보내고 왕사성 쪽을 향하여 걸어가면서 생각 하였습니다.

"이것이 집 있는 곳에서 집 없는 곳으로 출가한 수행자의 모습이로구나. 일가친척 등 권속을 멀리 여의니 마치 새가 하늘을 나는 것 같아 시원하다. 나무 밑, 들판, 바위와 물이 모두 내 집이로구나."

"출가자들은 이 집, 저 집에서 동냥을 하여 걷히는 대로 생식도 하고 화식도 한다 하였는데 나는 모여진 음식을 하루 한때 먹되 되도록 2,3일에 한 번씩 먹는 절식(節食)을 하리라."

생각하고 밥 먹을 생각을 하지 아니 하였습니다.

2. 빔비사라왕을 만나다

이렇게 생각하고 가는데 앞에 키가 크고 장대한 몸짓을 가진 사람이 서서 인사하였습니다.

"나는 마가다국의 왕 빔비사라입니다. 그대는 누구십니까?"

"나는 히말라야산 북쪽 고따마의 후손 석가족 출신입니다."

"그 모습이 보통사람들과 같지 않은데 혹 무엇이 부족하여 출가하셨다면 그 부족한 점을 보충해 드릴 테니 나와 함께 정치하지 않겠습니까?"

"감사한 말씀이나 저에게도 그 같은 것은 부족함이 없습니다. 단지 생사대사(生死大事)를 해결할 약이 있으면 나에게 주십시오. 그리하면 나는 그것을 가지고 내 나라에 가서 내 부모를 섬기고 아내와 자식을 거느리고 영원히 살겠습니다."

"거룩한 말씀이나 아직 이 세상에는 무사환(無死丸)을 발견한 사람이 없습니다. 이것은 틀림없이 당신의 몫이 될 것 같으니 만약 이것을 얻거든 나 먼저 제도해 주십시오. 나는 어려서부터 다섯 가지 소망이 있었습니다.

첫째는 형제간에 다툼 없이 왕위에 오르는 것이고
둘째는 내 나라에서 위대한 지도자(부처님)가 탄생하는 것이고
셋째는 그 분을 평생토록 받들고 공양하는 것이며
넷째는 법문을 듣고
다섯째 깨달음을 얻는 것입니다.
가능하다면 멀리 가지 마시고 내 나라 땅에서 도를 닦아 깨달음을 얻으시기 바랍니다."

이렇게 약속하고 왕사성 판다바산 고개를 넘었습니다. 빔비사라왕은 두 사람의 시종자를 시켜 명령하였습니다.

"저 자는 석가족 출신의 선지식이다. 어디 가서 무엇을 하는지 멀리서 지켜보고 수시로 나에게 보고하라."

그래서 싯다르타의 이름이 "석가모니"로 불러지게 되었습니다.

3. 자연외도 발가바 선인

이렇게 태자는 판다바산 아니마 마을을 거쳐 베살리성 쪽으로 가다가 길가에서 선도를 닦는 사람들을 만났습니다.

"그대들은 무엇을 믿고 무엇을 구합니까?"

"해와 달, 산과 물을 믿고, 인천의 행복을 구합니다."

"해는 떴다 지고, 달은 찼다 이지러지며, 산은 티끌이 모인 것이고 물은 방울 물이 모인 것인데 그 속에 무슨 복이 있겠습니까?"

"하늘에 희생물을 바치고 기도하면 명과 복을 받는다 하여 우리들은 그것을 구하고 있습니다."

"하늘에 희생물을 바쳐 복을 준다면 어찌하여 그대들의 목숨을 아끼고 남의 목숨을 희생시키십니까? 설사 천당에 태어난다 하더라도 명의 장단은 있을지언정 생사는 면치 못할 것입니다."

"그렇습니다. 저희들은 산에 가서 여러 가지 약재를 구해 병을 치료하는 것을 보았으나 백년사는 사람을 보지 못했습니다. 오늘도 양을 잡아 4천왕 · 도리천 · 도솔천 · 염마천 · 화락천 · 타화자재천께 올리고 아수라 · 가루라 · 긴나라 등 8부 신장께 피를 뿌리고 금강신 · 신중신 · 족행신 · 도량신 · 성 · 땅 · 산 · 숲 · 약 · 곡식 · 호수 · 바다 · 물 · 불 · 바람 · 허공 · 방향 · 밤 · 낮의 신들께 기도하고 있으나 아직까지 그 정체를 보지 못하고 있습니다."

"옳은 말입니다. 사람은 시간 속에서 사는 것이라 시시각각으로 일어나는 일들을 시직신·일직신·월직신·년직신이 기록하여 4천왕께 보고하면 4천왕이 도리천에게 그 자료를 주어 염라대왕이 재판한다는 말을 들었습니다. 모두 이것은 권선징악의 한 방편이니 나쁜 짓 하지 말고 착하게 살라는 말입니다. 땅에서 사는 사람치고 해와 달 그리고 별을 외면할 수 있으며 산과 물 그리고 바람을 등지고 살 수 있겠습니까? 그러니 희생물을 통하여 산과 들을 섬기는 것 보다는 그의 정신을 의지하여 세상의 고난을 없애고 재앙에서 벗어나는 것이 현명한 방법이 아닐까요?"

이것을 불멸후 6백 년경에 태어난 용수보살이 대승불교를 구상할 때 39위 신장을 만들어 생활의 편의를 제공하게 하였습니다.
해는 낮을 비치고, 달은 밤을 비치며
별은 방향을 제시하고, 불은 번뇌를 소멸하고,
물은 죄를 씻어주니
근기 따라 그들의 행업을 중생들께 가르쳐주라 하신 것입니다.

사람들은 해를 보고 절을 하고 달을 보고 신앙하다가 부처님의 가르침을 받고 그의 정신을 깨닫도록 노력하였으나 태자는 그 속에서는 생사의 멀고 먼 감옥을 벗어날 수 없음을 알고 다른 지도자가 있는 곳으로 길을 떠났습니다.

4. 까삘라국에서 온 사신들

그런데 얼마 가지 않아 또 까삘라국에서 온 사신들을 만났습니다.

"까삘라국에서 정반왕의 명령을 받고 왕위를 가지고 왔습니다. 정반왕께서 '왕위는 은밀하여 버리기 어려운 것이나 이제 다 끊어 버리고 너에게 전하니 네가 나라에 와서 법대로 나라를 다스린다면 나는 네 대신 출가하여 도를 닦으리라.'하신 글을 써서 보내왔습니다."

"감사합니다. 그러나 이 말씀은 '마치 황금찬란한 집에서 불길이 솟는 것 같고 아름다운 음식에 독약이 들어 있는 것 같습니다. 꽃속에 교룡(蛟龍)이 없다면 누가 시원한 물을 싫어할 것이고 왕위의 뒤에 액난이 없다면 누가 그 왕위를 마다하겠습니까. 그러나 대신들이여. 나는 그러한 사랑과 자리가 싫어서가 아니고 내 사랑하는 아버지, 어머니, 아내와 자식에게서 영원히 이별이 없는 약을 구하러 왔으니 다시는 내가 가는 길에 장애가 되지 않도록 하였으면 좋겠습니다."

하고 떠났습니다. 대신들은 태자의 말씀에 공감하였습니다.

"누가 불난 집을 버리고 떠났다가 다시 그 환난 속에 돌아오겠느냐. 그러나 정반왕께서 간절히 부탁하여 여기까지 왔으니 그대들 5비구는 태자의 거처를 따라 다니다가 만약 문제가 생긴다면 즉시 연락하라."

하고 5비구8)로 하여금 태자를 은밀히 미행하도록 하였습니다.

5. 선행외도 알라알라 까란마

실달태자는 나라에서 온 대신들을 보내고 천천히 베살리성을

---

8) 5비구의 이름은 경전에 따라 약간씩 다른 점이 있습니다. 불소행찬에서는 ①아야교진녀 ②아습비 ③마하마남 ④바제 ⑤바부로 나오고 또 아함경에서는 ①구린 ②알폐 ③마남구리 ④발제 ⑤십력 가섭으로 나옵니다.

향해서 가면서 생각하였습니다.

"지금으로부터 3천년 전부터 신행해 오던 자연신 신앙이 그대로 남아 있구나!

베다 경전에 보면 하늘신 다우스피탈, 창공신 바루나, 태양신 미트라·수리야·사비트리·퓨산, 비쉬누 길상·시바신 변만·아티신 무한·부의신 바가, 세력신 익샤, 인간신 마뉴, 지옥신 야마, 새벽신 우사스, 우뢰신 인드라, 술신 소마, 폭풍신 마루트스, 불신 아그니 등 아리안 족이 진로를 개척하기 전부터 신앙해 온 신들이 아직도 살아있구나. 브라흐만 범서시대에 이르러서는 기도주 브라만 신이 세력을 얻었는데도 재래의 신들은 하나도 죽지 않고 살아 있었구나. 사람의 생각은 정말로 질기고 질긴 것이로다."

실달태자가 알라알라 카라마가 있는 곳으로 가자 그의 제자 마다바가 일어나 맞이하였습니다.

"잘 오셨습니다. 성자시여."

그때 알라라 선인이 풀 자리를 권하며 말했습니다.

"젊은 고따마가 세상의 욕락과 왕위를 버리고 출가를 하셨다는 소식을 듣고 우리 모두는 기뻐하였습니다. 그런데 당신은 무엇을 위해 출가하셨습니까?"

"생사가 없는 영원한 평화를 위해 출가하였습니다."

"그 길은 두 가지 길이 있습니다. 브라만 신에게 기도하여 자신의 아트만(我)이 형성하면 이를 실천할 수 있고, 타파스 즉 고행을 통하여 자기 안의 신을 보면 정신적 자유를 얻어 영혼을 해방시킬 수 있습니다."

그래서 실달태자는 그들의 가르침을 받아 18일 동안 요가선을 닦았습니다. 초선·2선·3선·4선 단계가 높아질수록 정신적 기쁨은 충만하였습니다.

초선에서는 눈 ·귀·코·혀·몸·뜻이 빛·소리·냄새·맛·감촉·법을 대하여 깨닫고 보는 것(覺·觀)을 거듭하니 한 없이 기쁜 마음이 생겼습니다.
제2선에서는 속마음이 깨끗해져 기쁨이 더욱 충만해졌고
제3선에서는 생각을 떠나 지혜가 나타났으며
제4선에서는 고락성쇠(苦樂盛衰)에 좌우되지 아니하므로 대 자유가 성취되었습니다.

그러나 이것만으로는 생사에서 완전히 벗어났다 할 수 없었습니다.
"생사문제는 기쁨과 즐거움만 가지고는 해결되지 않는다."
"초선을 성취하면 대범천·범보천·범중천에 태어나고
2선을 성취하면 소광천·무량광천·극광천에 태어나며,
3선을 성취하면 소정천·무량정천·변정천에 태어나고
4선을 성취하면 무운천·복생천·광과천·무상천을 지나 무변천·무열천·선현천·선견천·색구경천에 태어나게 되므로 거기 태어나서 복을 받아 보아야 압니다."
"난다고 하는 것은 곧 죽는 것을 상징하고 받는다고 하는 것은 성쇠와 관계있으니 좀 더 깊은 생각으로 공부하는 방법이 없습니까?"
"여기서 저 산을 넘으면 웃드라카 라마뿟따라고 하는 분이 생각만을 다스리고 있는 곳이 있으니 그리로 가 보십시오."

6. 무색계의 실천자 라마뿟따

　그래서 태자는 라마뿟따에게 가서 공무변처와 식무변처·무소유처·비상비비상처의 공부를 3개월 동안 하였습니다.

　"가만히 앉아 있으면 생각이 허공과 같아져서 소유의 관념이 없어지고 알고 모르는 것에 관계없이 모든 것을 다 알겠으나 생각이 일어나면 역시 생사에 끄달리는 것 같습니다."

　"그것은 공무변처천과 식무변처천·무소유천·비상비비상처천에 태어나 보아야 압니다."

　"이를 증득하신 분이 있습니까?"

　"네. 저의 조부님께서 증득하신바 있습니다."

　"그렇다면 그는 지금 어디에 계십니까?"

　"120살에 돌아가셨는데 이 세상의 모든 것을 타파하여야 한다고 하시며 다음과 같은 글을 남겨 놓고 가셨습니다.

　"인생은 물질과 정신 두 가지로 형성되어 있는데 물질은 4대로 형성하고 정신은 감수작용·상상작용·의지작용·분별작용으로 형성되어 있는데 이 색·수·상·행·식이 3세에 걸쳐 가고 있는 것(如去·不如去·無如去·無不如去)을 알고 상·무상(常·無常·無常無無常·非常非無常), 유변·무변(有邊·無變·無有邊·無無邊·非有邊·非無邊)을 알면 여기 단·상(斷·常)의 견해까지 포함하여 62견이 된다 하였습니다."

　"알았습니다. 앞서 알라알라 카라마 선생님께서는 요가선을 통해서 기쁘게 사는 방법과 즐겁게 사는 방법을 가르쳐 주셨고, 선생님께서는 삼매 즉 정(定 : 정신통일)을 통하여 생사를 초월하는 방법을 가르쳐 주었으나 아직 저는 제 마음도 제대로 다스리지 못하고 있으니 스스로 수행을 통해서 할아버지께서 기록해 놓으신 멸진정(滅盡定)의 이치를 꼭 깨닫도록 하겠습니다."

하고 3개월만에 그곳을 떠났습니다. 무엇보다도 자신의 극기를 통해 자신의 습관을 항복받을 필요가 있었기 때문입니다.

7. 육년고행

그래서 그는 집을 떠난 지 6년 동안 지극한 고행을 통해서 몸과 마음을 단련하였습니다. 가죽은 뼈대에 붙고 뼈대는 나뭇가지처럼 앙상하게 되고 머리에는 새가 알을 까서 날아갈지라도 개의치 않고 길이 앉아 눕지 않는 장좌불와(長坐不臥)를 계속하였습니다. 지금 그 당시의 모습이 파키스탄 박물관에 모셔서 있습니다. 눈은 푹 들어가고 광대뼈는 툭 튀어나오고 배는 등에 붙고 팔다리는 앙상합니다. 날카로운 콧등위에 우물 속의 물처럼 빛나는 눈동자 그것 하나 때문에 생명이 붙어 있는 것을 알게 되었습니다.

일마일맥(一麻一麥), 삼씨 하나 보리씨 하나로 연명하기 벌써 1년이 지났고 거기에다가 호흡조절을 위해 1분에 18번 쉬던 숨을 3번 4번으로 줄이다 보니 호흡마저 촉박하게 되어 견딜 수가 없었습니다.

더군다나 전정각산은 바위가 많은 산이라 한번 넘어지면 다시 일어나기 어려운 곳이므로 이어 은신처를 찾아 들어가니 용암이 솟는 화덕굴이었습니다. 원주민이
"여기에 들어오면 죽습니다." 하며
"기왕에 들어오셨으니 여기 그림자나 하나 남겨 주세요."
하여 고개를 쭉 빼고 들여다 본 것이 그 그림자가 현재까지 남아

그 굴 이름을 유영굴(留影窟)이라 부르고 있습니다.

실달태자는 추적추적 산을 내려오다가 그만 넘어지고 말았습니다. 아무리 일어나려고 해도 일어날 수가 없어 옆으로 누어서 자기 자신을 내려다보니 가련하기 짝이 없었습니다.

"불쌍하게 되었구나. 실달다여. 처자권속을 다 버리고 왕궁을 뒤로 하여 생사를 벗어난다고 장담한 사람이 이 꼴이 무엇인가. 이제는 꼭 죽었구나. 다시는 살 수 없으니 죽기 전에 너에게 우유라도 한 컵 먹여 주리라."

이렇게 생각하고 있는데 지나가는 청년 한 사람이 들여다보았습니다.

"그대는 누구인가?"

"까삘라국에서 온 제바 행상입니다. 들건대 우리나라 왕자님께서 이 산에 들어와 공부한다는 말을 들었는데 혹시 그분이 아니십니까?"

"내가 바로 그 사람이네. 이제 다 죽게 되었으니 우유나 한 컵 먹여 주었으면 좋겠네."

"이 산중에 우유가 어디 있을까요. 마을로 내려가 한번 구해 보겠습니다."

하고 내려갔습니다.

8. 제바의 봉사와 난다 · 바라

그런데 그 때 사나야나 장군 집에 두 딸이 있었는데 첫째 이름은 난다(歡喜)이고 둘째 이름은 바라(力)였습니다. 제바 바라문이 우유를 구하러 왔다는 말을 듣고 아버지의 승낙을 받고 기름과 우유

음식을 가지고 부처님 계신 곳으로 내려갔습니다.

부처님은 기력을 잃어 일어나지도 못하고 가만히 누워 계셨습니다. 먼저 우유를 드렸으나 오랫동안 음식을 잡수시지 않아 목이 말라 넘어 가지 아니했습니다.

"착한 여인들이시여. 내 이제 우유도 마실 수 없게 되었으니 그 우유를 가지고 몸에 마사지를 해다오."

그리하여 우유를 몸에 대면 바짝 말라있는 세포가 우유를 빨아 먹어 차차 윤기가 나기 시작하였습니다. 난다와 바라는 더운 물로 몸을 씻기고 기름을 발라 부드럽게 한 뒤 팔다리를 주물러 오랫동안 뒤틀리고 굽어진 몸과 뼈를 교정하였습니다.

이것이 저 유명한 태국 마사지입니다. 태국 마사지의 최초 이름은 "붓다 마사지"였습니다. 그런데 차차 변형되어 전신 마사지, 교정술로 발전하였습니다.

지금 태국 방콕에 가면 에메랄드 사원 뒤에 "왓포"라는 큰 절이 있는데 거기 누워 계신 부처님이 계시고 그 옆에 "붓다 마사지" 학교가 있습니다. 역사는 태국 불교와 같지만 전통은 부처님 당시부터 계승해 왔으므로 "난다교정술", "바라 마사지"라고도 부릅니다.

어떻든 부처님은 이들이 제공하신 음식 즉 보리떡과 보릿가루를 드시고 기름과 우유 덕분에 다소 회복이 되었습니다. 그때 난다와 바라가 말했습니다.

"저희들이 태자님을 공경한 것은 몸이 회복되면 처첩이 되고자 하는데 목적이 있었습니다."

"그대들의 은혜는 말로 다 표현할 수 없다. 그러나 성도를 목적으로 출가한 사람이 중도에 패한다는 것은 말이 되지 않으니 도를 깨달으면 내 그대들에게 단 젓국을 나누어 주리라."

하고 떠났습니다. 이 광경을 멀리서 바라보던 5비구들은

"실달다는 타락하였다."

버리고 베나레스로 갔습니다. 베나레스는 전통적으로 인도 모든 수행자들의 집합소였기 때문입니다.

생각해보면 진실로 매정한 사람들이었습니다. 그러나 태자는 그 매정함 속에서 독립심을 길러 일곱 살 때 농경제에 나아갔다가 미물 곤충들을 보고 '내 반드시 저들의 보호자가 되리라.' 생각하였던 자비심을 다시 한 번 일으키게 되었으니 어찌 보면 큰 스승들이라 아니할 수 없습니다.

그때 까삘라국에서는 또 대신 우타이가 와서 갖은 변재로 유혹하였으나 철석같은 마음으로 뿌리치고 다시 아랫마을로 내려가 고행을 계속하였습니다.

제8강 항마성도(降魔成道)

1. 수자타의 유미죽

6년 동안 제대로 먹지도 못하고 입지 못해 걸레쪽지가 된 실달 태자는 고행림에서 내려와 난다와 바라의 도움으로 다소 회복되긴 하였으나 아직도 몸이 완전하지 않았습니다. 그러나 그대로 있을 수 없어 까삘라국에서 온 대신을 보내고는 우루빈나 마을로 내려갔습니다.

몸과 마음을 가다듬어 수개월을 정진하다가 마지막 목욕을 하고 새로운 마음의 자세로 공부하려고 물속에 들어갔습니다. 그런데 기운이 없어 급류에 휩쓸려 떠내려가다가 나뭇가지에 걸렸습니다.

간신히 나뭇가지를 붙들고 강가에 이르기는 하였지만 힘이 없어 언덕까지 올라오지 못하고 있을 때 수자타 형제에게 발견되었습니다.
"성자시여, 거두어 드려도 괜찮겠습니까?"
하고 말도 못하는 태자를 부축하여 간신히 언덕위로 끌어 올린 뒤 편안한 자세로 우유죽을 드실 수 있도록 큰 그릇에 받들어 올렸습니다. 그리고 말했습니다.

"실로 이 음식은 저희들이 먹기 위해 만들었으나 불을 때면 우유가 솟전 위에까지 높이 솟아올라 사람이 먹어서는 아니 되겠다 생각하고 우루빈나 산신에게 올리려고 가지고 온 것입니다. 그런데 중간에 태자님을 만나게 되었으니 이 음식은 반드시 태자님께서 드실 음식입니다. 어서 드시고 기운을 차리십시오. 더 필요하다면 언제고 필요한 만큼 공양을 올려드리겠습니다."

"감사합니다. 마지막 결단을 내리려면 아무래도 힘이 필요할 것 같습니다. 회복 될 때 까지 공양을 제공해 주십시오."

그리하여 선생촌(善生村)의 수자타는 그의 동생과 함께 매일 우유를 짜서 그것을 달이고 또 다려 거기 또 꿀을 넣고 반죽을 한 뒤에 3개월 동안 지극정성으로 봉양하였습니다.

이에 부처님은 넉넉히 잡수시고 기력이 회복되어 등산이라도 할 것 같은 기분이 들었습니다.

"그동안 감사했습니다. 만약 깨달음을 얻는다면 반드시 진리의 음식을 함께 나누어 드리겠습니다."

하고 태자는 천천히 걸어 가야의 해림(海林)으로 들어갔습니다. 시원한 바람이 파도치며 흘러갔고 새들은 노래하고 춤을 추었습니다.

2. 길상목동(吉祥牧童)

태자가 천천히 필발라수 나무 있는 곳으로 나아가니 한 목동이 풀을 베고 있었습니다.

“여기가 어디입니까?”

“가야의 숲입니다.”

“그대의 이름은 무엇입니까?”

“길상(吉祥)입니다.”

“아, 나에게 길상한 일이 생길 징조인 것 같습니다. 풀 한 묶음만 베어 저 돌 위에 깔아 주세요.”

하여 넓고 큰 돌 위에 길상초가 깔려지자 태자는 단정히 앉아 맹세하였습니다.

“하늘이 무너지고 땅이 솟아오른다 하더라도 도를 깨닫지 못한다면 다시는 이곳에서 일어나지 않으리라.”

이렇게 맹세한 태자는 요지부동, 흔들림 없는 마음으로 법계정(法界定)에 들어갔습니다. 앞서의 요가선과는 달리 일곱살 때 농경제에 따라 갔다가 벌레들을 보고 일으켰던 자비의 선으로 일관했습니다.

3. 거울속의 그림자(止觀靜慮)

처음에는 오랜 세월 눈·귀·코·혀·몸·뜻이 빛·소리·냄새·맛·감촉·법을 보고, 거기서 얻어졌던 지식과 상식이 거울 속에 그림자처럼 나타났습니다. 후세 사람들은 이것을 경상식(鏡上識)이라 불렀습니다.

거울 속의 그림자가 영상처럼 왔다 갔다 하더니 6년 동안 고행한 그림자는 사라지고 왕궁에서 있었던 갖가지 일들이 유령처럼 나타났습니다. 후세 사람들은 이것을 유령식(幽靈識)이라 불렀습니다.

그런데, 얼마 있으니 그 그림자가 도깨비 요술쟁이의 공상심처럼 떴다 가라앉았다 하였습니다. 이것을 후세 사람들은 망량식(魍魎識)이라 불렀습니다.

무엇인가에 집착한 사람이 귀신처럼 갖가지 그물을 치고 이럴까 저럴까 망설이고 있었기 때문입니다. 사실 이 세상 모든 사람들은 지식과 상식 두 가지를 가지고 살고 있는데, 지식은 체계 있게 스승에게서 배운 것이고, 상식은 부모 형제 또는 일가친척들이 하는 것을 보고 당연하게 익힌 것입니다.

그런데 이렇게 앉아 관찰하다 보니 지식과 상식이 감성위에 나타난 그림자에 불과하다는 것을 깨달았습니다.
"허허, 이것을 가지고 좋다, 나쁘다, 예쁘다, 밉다 하면서 분별하고 시비하였으니 진실로 인간의 삶이란 어리석은 것이로구나. 예쁜 것은 예쁘고, 미운 것은 미울지라도 빛과 소리, 냄새, 맛, 감촉, 법에는 그 같은 생각이 없는 것인데 사람들이 스스로 분별하고 시비할 뿐이로다." 하고
생각을 더욱 깊은 곳으로 향하니 세상 만물이 주관과 객관으로 나누어져 나와 너를 구분했던 생각이 뚜렷하게 드러났습니다.

자기 소견만 옳고 남의 소견은 그르며, 그래서 자기를 높게 보고, 남을 낮게 보았던 생각, 자기만을 사랑하고 남을 업신여겼던 생각, 자기들끼리 패거리를 형성하여 상대의 무리를 없애려 하고 거만을 부리며 어리석은 짓을 했던 생각 등 갖가지 일들이 허공의 그림자처럼 떠돌아 다녔습니다. 후세 사람들은 그것을 제7말나식 속에서 나타난 아견(我見)·아애(我愛)·아치(我癡)·아만(我慢)

이라 부르고 있습니다.

4. 마녀 삼총사

　그런데 이렇게 제3일을 지내고 나니 제4일째부터 서는 뱃속에서 꼬르륵 꼬르륵 소리가 나고 숲속에서 이상한 소리가 들리며 그윽한 냄새가 퍼져 나왔습니다.

　"이것이 무엇인가?"

　하고 눈을 떠 보니 눈앞에는 다미(多眉), 희소(喜笑), 열비(悅妃) 세 마녀가 안개와 같은 옷을 입고 꽃관을 쓰고 춤을 추고 있었습니다.

　"이것이 마지막이다, 태자여. 저 미모와 아름다운 다미를 보아라. 기쁜 웃음 속에 꽉 차있지 아니한가. 한번 안으면 몸과 마음에 희열이 꽉 차 오를 것이니 어서 일어나라. 그리고 한번 안아보아라."

　그들은 말없이 서로 정을 주고받았습니다.

　"옛날 궁중이나 선서(仙書) 속에서 보던 선녀들의 모습과는 전혀 다르구나. 그런데 그대들도 결국 늙고 병들어 죽고 말겠지!"

　이렇게 생각을 바꾸자 금방 다미의 얼굴에는 기러기 같은 주름살이 생겨났습니다. 그러자 희소는 눈물 콧물을 흘리고, 열비의 머리에는 백발이 성성해졌습니다. 세 마녀는 서로를 쳐다보고 질겁하고 도망쳤습니다.

　이 광경을 본 아버지 마왕 파순이 큰 소리로 외쳤습니다.

　"아니 되겠다. 이 자를 그냥 놓아두었다가는 우리들의 땅이 좁아지고 권속들이 줄어들겠으니 다 같이 창, 칼, 활을 가지고 전진하라."

그러자 1억 8천의 군대가 한꺼번에 몰아쳤습니다. 가야의 숲은 온통 마군이의 권속들로 꽉 찼습니다.

5. 마군의 정체

'마군'이란 인도 말로 '마라 빠삐아'입니다. '마라'는 죽여 버린다는 뜻입니다. 그래서 우리말에도 '국 말아버려', '물 말아버려' 하면 국과 밥이 국물 속에서 죽어 없어져 버리고, 또 여기에서 힌트를 얻어 옛날에 '멍석말이'가 생긴 것입니다. 즉 누가 죽인 줄도 모르고 멍석에 말아 생사람을 죽여 버렸던 것입니다.

이런 광경을 보면 살아 있는 사람들의 얼굴이 두려움에 새까맣게 질리게 됩니다. 차라리 죽는 것보다는 죽음을 보는 사람들이 더욱 공포에 떨게 되기 때문입니다. 그래서 중동지방의 마피아단들이 죄인을 잡으면 새까만 옷을 입고 그 앞에서 칼춤을 추다가 죄인의 목을 베는데, 그들 이름을 마피아단이라 부르지만 사실은 '빠삐아'가 변형된 것입니다. '마피(빠삐)아'는 '검정' 또는 '두렵다'는 말입니다.

이같은 무리들 1억 8천만이 몰려와 소리를 질렀으니 가야의 해림은 명자 그대로 아수라장이 되었을 것입니다. 그런데 활을 쏘면 화살, 창을 던지면 창이 모두가 연꽃으로 변했습니다. 화가 난 마왕이 외쳤습니다.

"일어나라, 태자여. 너는 여기 앉을 자격이 없다."

"그런 소리 하지 말라. 이 자리에 앉을 자는 나 하나뿐이다. 대지여 이를 증명하리라."

하고 손가락을 펴 땅을 가리키니 대지가 딱 벌어지면서 그 속에서 만 개의 수레가 굴러가는 소리가 나니 마군들이 모두 도망쳤습니다. 여기서 불상 속의 촉지인(觸地印)과 항마인(降魔印)이 생긴 것입니다.

이렇게 해서 제4일과 5일이 지나고 나니 천지는 명자 그대로 고요해 졌습니다. 그 동안 마음에 피를 말리고 생각을 번민케 하던 모든 번뇌가 사라지자 마음속에 나타난 혐오, 기갈, 태만, 애집, 수면, 공포, 의혹, 허세, 억지, 그리고 잘못되게 얻었던 명성과 이득, 칭찬, 경멸 등이 뜬 구름처럼 사라졌습니다. 그리고 이 세상이 모두 불쌍하게 보였습니다.

이것이 티베트인들의 '자비의 명상'입니다.

사실 불전에서는 "마(魔)"를 네 가지로 나누어 설명하고 있습니다.

첫째는 5온마(五蘊魔), 이 몸 자체가 마군입니다. 눈은 좋은 것만 보여 달라 하고, 귀는 좋은 소리만 들려 달라 하며, 코는 좋은 냄새, 혀는 좋은 음식, 몸은 부드럽고 따뜻한 것만 바랍니다. 그래서 그 소망이 제대로 이루어지지 않으면 죽겠다고 소리칩니다.

둘째는 천마(天魔), 향락마입니다. 향락은 관능적 쾌락을 누리는 것입니다. 눈·귀·코·혀·몸·뜻은 좋은 것만으로 끝나지 않습니다. 이 세상의 모든 쾌락이 다하지 아니하면 죽은 후에도 천상에 태어나 끝없이 쾌락을 추구함으로 천마라 합니다. 결국 그 쾌락 때문에 천당도 멸망하고 천당을 그리워하는 사람도 불에 타 죽게 됩니다.

세 번째는 사마(死魔)입니다. 사마란 죽으면 어떻게 할까 하고 근심 걱정하는 마음입니다. 이 세상 모든 존재는 한번 태어나면 반드시 죽게 되어있고, 또 산다는 것은 죽지 않으면 사는 것인데 미리부터 죽는다 산다, 하루에도 몇 10번씩 죽었다 살았다 하기 때문에 죽음이 끝나지 않는 것입니다.

네 번째는 번뇌마(煩惱魔)인데, 해도 아니해도 소용없는 생각을 계속하고 있는 것입니다. 선천적으로 타고 난 탐욕, 성냄, 어리석음, 거만, 진리에 대한 의심, 그리고 후천적으로는 잘못 이해된 신견, 변견, 사견, 견취견, 계금취견 등 여러 가지 견해를 가지고 고민하는 것입니다.

사실 이러한 것들은 잘못 배운 지식과 상식 그리고 갖가지로 일으킨 생각이 몸과 마음을 괴롭게 하는 것이기 때문에 다른 곳에서 오는 것이 아니고 곧 자기 마음속에서 나타난 것인데, 그런 관념에 흠뻑 젖어있다 보면 자기도 모르는 사이에 고민하고 걱정하는 것입니다.

6. 견성오도(見星悟道)

부처님은 제6일에 이르러서 이러한 고민과 걱정이 모두 없어지게 되었습니다. 단지 마음속에 저장되어 있는 전생(前生)과 현생(現生)의 종자들이 꽉 차 있는 것을 보고 그것에 속지만 아니하면 된다는 것을 깨달았습니다.

그런데 새벽 3시 새벽별을 바라보는 순간 부분적으로 때로는 전체적으로 왔다 갔다 하던 생각이 확 터져 버리니 이 세상의 모든 존재가 오뉴월 염천에 하루살이가 벅적 거리듯 울렁거리고 있었습니다. 그런데 놀란 것은 보여지는 것이 무엇인가가 아니라 보는 놈이 누군가 하는 것이었습니다.

"아, 이것이 무엇인가. 사람들이 이것을 보지 못하여 생사의 어둠 속에서 전전하고 있구나. 불로 태우려 해도 태울 수 없고, 물로 씻으려 해도 씻을 수 없으며, 바람으로도 날리려 해도 날릴 수 없고 칼로 베려 해도 베어지지 않는 것, 부드럽기로 말하면 도라 솜 같고, 굳기로 말하면 강철보다 더 강하네. 천지만물이 모두 이 속에서 나와 그 속에서 살고 있으면서도 이것을 모르고 있구나."

거기에는 생도 없고 멸도 없었으며, 불어나거나 줄어드는 것도 없고 더럽고 깨끗한 것도 없었습니다.

있는 것 그대로를 보니 그것이 천안통(天眼通)이고
들리는 소리 그대로 들으니 그것이 천이통(天耳通)이고
마음속으로 생각하는 것을 보니 그것이 타심통(他心通)이고
그 원인과 결과가 어디서부터 연유 되었는가를
무한한 시간 속에서 보니 그것이 숙명통(宿命通)이었습니다.

어떤 사람은 이렇게 터진 생각을 잠깐 얻었다 잃어버리는데, 실달태자는 다시는 잃어버리지 않는 경계에 이르렀으니 이것이 누진통(漏盡通)이고, 어떤 사람은 하나만 알고 둘은 알지 못하는데 이상 다섯 가지 신통을 구족하여 하늘의 해가 만물을 한 눈에 내려다보듯 하므로 이것이 신족통(神足通)이었습니다.

그런데 그 마음은 어느 한 사람만 따로 가지고 있는 것이 아니라 일체 중생이 똑같이 가지고 있으면서도 인과 인연 속에서 살아가고 있는 것을 보았으므로

"야! 신기하다. 저것이 무엇인가?"

하였는데 사람들은 그것을 '아뇩다라삼먁삼보리', '위없는 깨달음', '무상정등각'이라 불렀습니다.

'아뇩다라'는 위없는 마음을 깨달았으므로 무상각(無上覺)이라 하는 것이고, '삼먁'은 시간과 공간을 초월하여 두루 평등한 이치 즉 인연법을 깨달았으므로 정등각(正等覺) 또는 정변각(正徧覺)이라 하고, '삼보리'는 이 세상 모든 존재는 인과 속에서 살아가는 이치를 깨달았으므로 바른 깨달음이라 하여 정각(正覺)이라 하는 것입니다.

그러므로 야부스님은

"크고 큰 법왕이여, 짧은 것도 아니고 또한 길지도 않으며, 본래 검고 흰 것도 아닌데 곳을 따라 푸르고 누른빛을 나타내고 있구나." 하고,

함허 득통선사는,

"여기 한 물건이 있으니

이름과 모양이 없으나 고금을 관통하고

티끌 속에 있으면서도 6합(合)9)을 싸고

안으로는 온갖 것을 머금고 있으면서

밖으로는 뭇 근기를 따르네.

천·지·인 3재의 주인이 되고 만법의 왕이라.

탕탕하여 그에 비길 자 없고 외외하여 짝할 이 없다."

한 것입니다.

---

9) 6합은 동·서·남·북·상·하

7. 여래십상(如來十相)

실로 여래는 참되고 한결같은 마음[10]을 가지고 계십시다.

① 여래는 세상에 나아가 세상과 일체가 되므로 가는 것이 아니고(非去)

② 본바탕의 성품이 생하는 것이 아니므로 오지 않는 것이고(非來)

③ 법신이 평등하므로 나지 않고(非生)

④ 나도 난 바가 없으므로 멸하지 않고(非滅)

⑤ 요술쟁이와 같이 활동하므로 진실이 아니고(非實)

⑥ 중생을 이익 되게 하므로 허망하지 않고(非妄)

⑦ 생사를 초과함으로 옮겨 가지 않고(非遷)

⑧ 성품이 영원히 변치 않으므로 부서지지 않고(非壞)

⑨ 만 가지 길이 끊어졌으므로 한 모습이고(一相)

⑩ 성품과 모양이 본래 비어 있으므로 상이 없다(無相)

한 것입니다.

그런데 어떤 사람은 "꼭 샛별을 보아야만 성불하느냐?" 묻는 자도 있는데 오랜 세월 곪은 종기가 바늘 끝을 통해 툭 터지듯 오랫동안 공부한 결과가 감처럼 무르익어 막 떨어지려 할 때 바람을 맞은 것과 같다 하였습니다.

---

10) 이 마음은 "참되므로" 절대로 변치 않고, "한결 같으므로" 상대를 따라 천태만상(千態萬象)으로 나타나나 성·주·괴·공(成·住·壞·空), 생·주·이·멸(生·住·異·滅)이 끝나면 또 본래의 상태로 돌아가므로 한결 같다 한 것입니다.

제9강 화엄세계(華嚴世界)

부처님께서 깨달으신 세계는 너무나도 황홀하고 아름다워 가히 말로 다 표현 할 수 없었습니다.

1. 빛으로 장엄된 세계

화엄경에 보면,
"아무리 큰 것도 다 감싸고
아무리 작은 것 속에도 다 들어가 있고 (大)
아무리 바르고 모난 것에도 다 통하고 (方)
아무리 넓고 좁은 곳에도 들고 나가기를 자유자재하고 (廣)
아무리 영리하고 미련한 사람도 다 깨달아 있어 (佛)
이 꽃이야 말로 천지자연의 빛으로 빛난다(華)" 하고,

"이 꽃이야 말로 아름답게 꾸며져 있으므로 정엄(嚴)이며,
중생이나 부처나 성인이나 범부나 모든 존재들이 마땅히 그 길을 걸어가고 있으므로 경(經)이라" 한다 하였습니다.
이것이 '대방광불화엄경'입니다.

"태양은 낮에 빛나나 밤을 밝히지 못하고
달빛은 밤을 밝히나 낮을 밝히지 못하며
등불은 안은 밝혀도 밖을 밝히지 못합니다.
그러나 이 마음의 등불은 안팎·내외가 없으므로
장명등(長明燈)이라"
하는 것이며,

"과거에도 그렇게 빛나고
현재에도 그렇게 빛나고
미래에도 그렇게 빛날 것이기 때문에
무진등(無盡燈)이라"
하였습니다.

실로 부처님은 이 등불을 켜기 위해서 이 세상에 오신 것이 아니라 이미 항상 켜져 있는 것을 알리고자 이 세상에 오신 것입니다.

"참되고 한결같은 마음
이 마음은 이미 거짓을 떠나 항상 적정하며
생도 멸도 없이 온 세계에 두루하고
본바탕이 평등하여 늘거나 줄지 않으니
삼세 시방세계에 꽉 차 있다."
고 하였습니다.

<화엄경 이세간품>

그러면 나고 죽는 것은 무엇인가
업(業)이고 원(願)이라 하였습니다.
보살들은 원을 따라 왔다 가고

중생들은 업을 따라 올라갔다 내려갔다 하기 때문입니다.

그러므로 일체혜보살(一切慧菩薩)이
"모든 법은 나지도 않고 없어지지도 않지만
여래가 세상에 나오지 아니했다면 열반도 없었을 것입니다.
허공은 맑고 깨끗하여도 빛이 아닌지라 볼 수 없고
부처는 끝없는 빛 속에 존재하지만 분별심으로는 알 수 없다."
하였습니다.

2. 네 가지 인과물(因果物)

누구나 깨달은 자는 네 가지 인과물이 형성됩니다.
① 금강보좌 ② 보리수 ③ 대비의 궁전 ④ 사자좌 입니다.

(1) 금강보좌(金剛寶座)

그래서 부처님은 그 깨달은 자리에 앉아 일주일을 지낸 뒤 그 자리에서 일어나 스스로 앉았던 자리를 돌아보시고 어제의 돌덩이가 오늘은 금강보좌가 되어 있음을 확인하셨습니다.

"그 땅은 견고하여 금강으로 되고
가장 묘한 보배바퀴와 여러 가지 훌륭한 꽃
깨끗한 마니로 장엄하게 꾸며졌으며
온갖 빛깔들이 바다와 같이 빛나네.

마니보배가 깃발이 되어 항상 광명을 놓고
아름다운 소리를 내며

보배로 된 그물과 향, 꽃, 영락들이 드리워져 있고
마니보배가 자재하여 한량없는 보배비를 내리고 있었다.

여러 가지 훌륭한 꽃이 땅위에 흩어지고
줄을 지어 있는 보배나무는 가지와 잎이 찬란하게 무성하였다.
깨달음의 신통한 힘이
이 도량에 모두 장엄되어 그림자처럼 나타났기 때문이다."

<화엄경 세주묘엄품>

이것이 법신의 큰 지혜(法身大智)입니다.
황금땅은 보시바라밀(布施波羅蜜)이고
보배꽃은 성계(性戒),
마니보배는 인욕(忍辱),
바다와 같이 끝없이 나타난 것은 정진(精進),
마니깃대는 선정(禪定),
깃대의 광명은 지혜(智慧 : 선험지),
보배그물은 방편(方便),
묘한 향기는 원(願),
마니보왕의 변현은 힘(力),
꽃비는 진리의 구름(智慧 : 후득지)을 상징합니다.

오랜 세월 닦고 익힌 법성의 큰 지혜가 10바라밀을 통해 황금대
지로 바뀐 것입니다. 말하자면 사람의 몸은 한 몸이지만 동·서·
남·북 어느 곳이든지 다 통하게 되므로 황금색으로 변한 것입니
다. 청·적·백·흑은 한정이 있으나 황색은 무한하기 때문입니
다.

(2) 보리수(菩提樹)

부처님은 그 자리에서 500m가량 떨어져 있는 언덕바지로 가서 스스로 의지하고 앉았던 필발라수를 바라보았습니다.

"금강으로 잎이 되고 유리로 줄기가 되며 갖가지 보배로 가지가 되어 무성한 잎이 구름같이 퍼지고, 갖가지 색의 꽃이 피어 그림자를 드리웠다. 마니열매는 주렁주렁 광명을 놓으며 수 없이 많은 보살들을 쏟아 놓으니 필발라수에서는 갖가지 음성이 퍼져 깨달음의 법문을 하였다."

<화엄경 세주묘엄품>

그래서 필발라수라는 나무가 깨달음의 나무, 즉 보리수가 된 것입니다.

"나무는 보시, 유리는 계, 가지와 줄기는 인욕, 울창한 숲은 정진, 보배꽃은 선정, 마니열매는 지혜, 나무 빛은 방편, 마디는 원, 출현한 보살은 힘, 묘한 소리는 경험을 통해 나타난 지혜…"

이 또한 만행의 10바라밀을 보리수에 비유하여 설명한 것입니다.

(3) 대비궁(大悲宮)

그런데 그 자리에 대비의 궁전이 지어져 있었습니다.

"여래께서 거처하는 궁전과 누각은 넓고 아름다우며, 엄숙하고 화려하였고, 여러 가지 훌륭한 꽃으로 장식, 그 빛이 구름처럼 흘러나왔다. 궁전사이에서는 그 그림자가 모여 깃대가 되고, 한량없는 보살대중들이 그곳에 다 모였다. 부사의한 빛과 소리가 그물이 되어 여래의 자재한 신통력을 그 속에서 나타내 온갖 중생들이 거처하는 집들이 신령스런 산처럼 나타났으며 부처님의 신통력으로

그 주위를 에워쌌다." <화엄경 세주묘엄품>

이 또한 비유입니다

궁전은 보시, 보배꽃은 계, 빛나는 깃대는 인욕, 궁전 속의 궁은 정진, 보배광명은 선정, 마니보배는 지혜, 신통장엄은 방편, 궁전 가운데 나타난 집은 원, 원력장엄은 힘, 시방법계를 덮은 것은 지혜입니다.

말하자면 대자대비가 하나의 궁전을 만들어 대비의 원력에 의하여 설법을 하게 된 것입니다. 이것이 세계 각국에 만들어진 법당이고 누각이며 대웅보전입니다. 얼마나 아름답습니까. 하늘을 나는 기러기처럼 늘어서 있는 탑과 그 주위를 아름답게 장엄하고 있는 전각들은 황제의 궁전에 비할 수 없습니다. 금단청에 다층누각을 형성한 닷집, 비록 그것은 지상에 있으나 천당의 궁전이나 다름없었습니다.

(4) 사자좌(獅子座)

거기에는 또 대자의 사자좌가 놓이게 됩니다.

"높고 기묘한 사자좌 마니로 좌대가 되고, 연꽃으로 그물이 되며, 청정한 보배바퀴에 갖가지 꽃이 영락이 되어 전당과 누각, 섬돌과 창호를 장엄하고, 마니광명은 서로 서로 비쳐 찬란하기 그지없었다. 부처님은 그 위에 올라 앉아 10신(十信), 10주(十住), 10행(十行), 10회향(十回向), 10지(十地) 법문을 하시고, 마침내 등각(等覺)·묘각(妙覺)을 설하여 너와 나가 없이 모두 성불하게 하였다."

<화엄경 세주묘엄품>

　이상이 성불한 사람들이 가지는 네 가지 장엄물입니다. 법신(法身)과 만행(萬行), 대비(大悲), 대자(大慈)를 바탕으로 하여 그대로 앉았던 자리가 황금자리가 되고 보리수가 되었으며 대비의 궁전 위에 사자좌가 놓이게 된 것입니다. 여기서 나오는 소리는 3세 시방에 다 통했고, 그 몸과 마음은 그 자리를 떠나지 않고 욕계 6천은 말할 것도 없지만 색계·무색계에 모두 나타났습니다. 마치 오늘날 텔레비전이 한 장소에서 촬영되지만 시방세계에 두루 방송되듯이 부처님의 광명은 온 세계에 나타났습니다.

　부처님은 이렇게 하여 두 주일 사이 눈도 깜박하지 않고 보리수를 바라보고 금강보좌를 왔다 갔다 하며 화엄경을 설했는데 그때 발밑에서 솟아 나왔던 연꽃이 지금도 붓다가야에 그대로 남아 있습니다.

　불멸 후 100년에 태어났던 아쇼카왕은 이것을 기념하기 위하여 거기에다 작은 비석을 세우고 법당을 만들어 정안탑(淨眼塔), 불순탑(不眴塔)이라 이름 하니 깨끗한 눈으로 보리수를 바라보면서 눈도 깜짝이지 아니 하였다는 뜻입니다. 그곳을 화엄경에서는 "보광명전(普光明殿)"이라 부르는데 요즈음 가서 보니 근본불교성전들을 그대로 진열해 놓았습니다.

3. 오색광명

　부처님은 다시 다른 필발라나무 밑으로 가서 싸이트 현상을 나타냈는데, 그 빛이 시방세계를 온통 무지개처럼 빛나게 하였다고 합니다. 그것을 상징하여 만든 것이 청·황·적·백·주황색의 5

정색 세계불교기라는 것을 말씀드린 바 있습니다.

4. 용의 보호

네 번째 주에는 큰 비가 쏟아져 무찰린다 호숫가의 동굴을 찾으니 벌써 모기와 파리 그리고 등에가 굴속에 꽉 차 있어 들어 갈 수 없었으므로 문 앞에 앉아 있었는데, 머리 위가 시원하게 느껴져 쳐다보니 코브라 한 마리가 느릅나무에 꼬리를 감고 온 몸을 부챗살처럼 펴 부처님을 보호하여 한 주일 동안 비를 맞지 않고 잘 지냈습니다.

비가 그치고 햇살이 퍼지자 코브라는 부처님 앞에서 똬리를 틀고 혀를 넘실거렸으므로 부처님은 감사의 법문을 일러 주었습니다.

① 고요한 곳에 멀리 와 있는 것 즐거운 것이다.
② 법을 듣고 보는 것 즐거운 것이다.
③ 세간에 이끌리지 않는 것 즐거운 것이다.
④ 중생을 사랑하는 것 즐거운 것이다.
⑤ 세간의 욕심을 여의는 것 즐거운 것이다.
⑥ 똑 같이 은애(恩愛)를 저버리는 것 즐거운 것이다.
⑦ 능히 아만(我慢)을 조복한 것 즐거운 것이다.
이것이 저 유명한 칠락(七樂) 법문입니다.

용은 이 법문을 듣고
"불·법·승이 있는 곳이면 어느 곳이라도 그 권속들을 보내 보호하겠다."

맹세하여 8부신장 가운데 한 부대가 된 것입니다.

　부처님께서 처음 도를 깨닫고 화엄법문을 말없이 설하실 때 많은 천인들이 몰려왔는데, 용이 두 번째로 부처님을 보호하고 법문을 들었기 때문에 비록 축생이지만 8부신장 가운데 용을 천인 다음으로 넣어서 "천용팔부(天龍八部)"라 부르고 있는 것입니다.

5. 인연 없는 바라문

　다섯 번째 주 부처님께서 아자팔라반야나무 밑에 앉아 법열의 기쁨에 넘쳐 얼굴빛이 유독 빛나자 지나가던 바라문이 와서 물었습니다.
　"어떤 것이 바라문입니까?"
　"악한 일 하지 않고, 마음 착하게 살아 거만부리지 않으며, 베다의 깊은 뜻을 이해하여 중생을 어여삐 여기면 그것이 바라문이 되는 길이다."
　"그 같은 법문은 삼척동자도 할 수 있습니다." 하니
　"팔십노인도 행하기는 어렵다."
　하였습니다. 그런데 그 바라문은 얼굴을 찡그리며 바람처럼 사라져 버렸습니다.

　중국의 오과스님이 백낙천에게 하신 법문이 바로 이 법문입니다.

　여기서 부처님도 세 가지 능치 못한 일이 있다 하였으니,
　첫째는 인연 없는 중생은 제도하지 못하고

둘째는 이미 익은 업은 구제할 수 없고
셋째는 중생세계를 다 제도할 수 없다 한 것입니다.
이것을 "삼불능(三不能)"이라 합니다.

6. 타퓨샤와 발이카

제6주 7일 동안은 라자야타나 나무 아래에 앉아 계셨는데, 우카라 지방에서 행상 왔던 타퓨사와 발이카가 미숫가루와 보리떡을 공양하여 가야의 해림에 들어온 지 49일 만에 세속적인 공양을 받게 됩니다.

먼저 타퓨사가 공양을 올리자 부처님께서
"그대에게 밝은 빛이 있으라."
축원하니 발리카도 공양하기를 희망하여 두 번째 미숫가루를 받고 여덟 개의 머리카락을 선물하여 그것이 장차 미얀마 양곤에 세워진 쉐다곤 탑(따따궁)이 됩니다.

그러나 부처님은 여기서 자신 음식이 과식이 되어 장카달에 걸려 뒷산에 올라가 하자(訶子)를 따 잡수시고 설사가 그쳤다 합니다.

7. 법천의 권청

그리고 마지막 황금저택 천사당(天祠堂) 앞에 앉아 있었습니다. 불법과 세상사는 반대되는 개념이라 일러보아야 큰 효과가 나지 않을 것 같아 그대로 열반에 들 것을 생각하고 있을 때 제석천왕과 사함파티 대범천왕이 와서 청하였습니다.

　"부처님은 세상에 태어나시기 3천년 만에 피는 우담바라 꽃 보기보다도 더 어려운 것인데, 그냥 떠나시면 중생들을 어떻게 구제할 수 있겠습니까. 부처님께서 서원하시지 않았습니까. '내가 장차 세상에 태어나면 사람들에게 이익을 주고 행복이 되게 하겠다.'고 말입니다."

　부처님은 두 달 전 수쟈타의 유미죽을 얻어먹고 몸이 회복되고 있을 때 다섯 가지 꿈을 꾼 것을 생각해 보았습니다.

　첫째, 대지를 침대로 하고는 히말라야산을 베고, 오른 팔을 서해에, 왼 팔을 동해에, 그리고 두 발은 남해에 두고 잠들어 있었는데, 이것은 일체지를 얻고 인천 브라만 가운데서 성불할 것을 예시한 것이고,

　둘째, 배꼽에서 팔뚝만한 붉은 줄기의 티리야가 태어나 하늘 끝까지 올라가는 꿈을 꾸었는데, 이것은 인천에게 8정도(八正道)의 바른 길을 가르칠 징조이고,

　셋째, 흰몸과 검정머리를 가진 애벌레들이 온 몸을 감고 무릎까지 가득 찼는데, 이것은 진속(眞俗)의 사람들이 귀의할 징조이고,

　넷째, 청·황·적·백·흑의 새들이 동서 4방에서 날아와 순백색으로 변했는데, 이것은 시방세계 사람들이 출가하여 해탈을 얻을 꿈이었습니다.

그리고 다섯째는 엄청나게 큰 배설물이 앞뒤에 꽉 차 있었으나 조금도 더러워지지 아니 했는데, 이것은 의·식·주에 걸림 없는 복전이 되지만 거기에 물들지 않고 깨끗하게 사용할 것을 상징한 꿈이었습니다.

그때 사함파티가 말하였습니다.
"부처님께서는 자신의 깨달음을 통해 애욕과 성냄, 어리석음과 사색에서 완전히 벗어나 어떠한 경우에도 동요하지 않는 삼매를 형성하고, 몸과 입과 견해가 청정하여 인과율(因果律)의 법도와 길과 길 아닌 것을 판정하며, 행위의 오류를 범하지 않고 역순경계(逆順境界)에 흔들리지 않는 인격을 형성하였으니 그 그림자만 보아도 세상 사람들은 크게 감동할 것입니다. 연꽃이 물에 잠겨 있는 것도 있고, 겨우 물에서 나온 것도 있으며, 아주 쑥 솟아 오른 것도 있듯이 중생의 근기에도 상·중·하 3품이 있으니 근기 따라 설해 주시면 금생에 깨닫지 못한다 하더라도 마침내 깨달음의 인연을 맺을 수 있을 것이니 설법해 주십시오."

부처님은 그 말을 듣고 농경제때 자비명상에게 들었던 것을 다시 한 번 생각하고 법문의 차제를 구상해 보았습니다.
① 생각이 어두운 자에게는 5온(五蘊) 법문을 설하고
② 물질에 어두운 자에게는 12처(十二處) 법문을 설하고
③ 물질과 정신 두 가지에 다 어두운 자에게는 18계(十八界) 법문을 하리라.
그래서 장차 이것이 4제, 12인연, 18계 등 인과(因果), 인연(因緣), 일심(一心) 법문이 된 것입니다.

사함파티 대범천왕은 옛날 카샤파부처님 당시에도 사하카라는 위대한 장로로써 색계 초선을 성취, 64만 겁의 수명을 누리고 살았습니다. 부처님께서 열반에 들려 하시니 "세상이 무너지려 한다." 하고 1만 명의 권속들과 함께 내려와 권청했다고 합니다.

"자비하신 부처님, 법을 설해 주십시오. 번뇌에 물든 사악한 중생들을 건져주십시오. 법문을 들으면 되살아나겠지만 그렇지 않으면 영원히 생사에서 벗어나지 못할 것입니다. 지혜로우신 부처님, 그 날카로운 빛으로 세상을 비추시어 이 세상의 어두움을 제거해 주십시오. 그리하면 반드시 애욕에 물든 중생들이 청정을 얻을 것입니다."

이렇게 간절한 권청을 받은 부처님은 선언하였습니다.

"귀가 있는 자는 들으라. 눈이 있는 자는 보라. 내 그대들을 위하여 영원히 죽지 않는 진리를 설하리라."

이렇게 하여 불교의 길고 긴 여정은 시작되었습니다.

제석천왕은 마가바(학생)·뿌린다다(보시자)·석까(올바른 보시)·바싸바(주택보시)·싸하싹카(천 가지 사물도 순식간에 생각해 낸다)·쑤잠빠띠(아수라의 딸 쑤자와 같이 삶으로)·제왕(33천을 통치함으로) 등으로 부르는데, 그가 인간으로 있을 때,

① 살아있는 한 부모를 봉양한다.
② 살아있는 한 가문의 연장자를 공경한다.
③ 살아있는 한 온화하게 말하리라.
④ 살아있는 한 남을 모함하지 않는다.
⑤ 탁발자에게 청정한 손으로 보시하며 즐겨 산다.

⑥ 살아있는 한 진실을 말 하리라.

⑦ 살아있는 한 절대로 화를 내지 않으리라.

이러한 서원을 세워 실천함으로써 하늘의 제왕이 되었습니다.

7선정처의 순서에 대해서는[11] 아함경과 화엄경의 학설이 다소 다른 점도 있으나 49일간 일곱 곳으로 자리를 옮겨가며 지낸 것은 일치합니다.

그리고 타퓨사와 발리카에게서 공양을 받기 전에는

① 목욕 · 양치 · 대소변을 하지 않았고

② 음식과 물도 드시지 않고 눕지도 아니 했다 했으며

③ 오직 선열(禪悅)로 양식을 삼아 살았다고

기록되어 있습니다.

---

11) 아함경에서는

① 보리좌에서 1주일 ② 보광법당에서 1주일 ③ 경행하면서 1주일 ④ 황금저택에서 1주일 ⑤ 목동들의 쉼터 아자팔라반야나무 밑에서 1주일 ⑥ 무찰린다 호수가에서 1주일 ⑦ 라자야라나 나무 밑에서 1주일로 기록되어 있습니다.

사고(思考)의 내용도

아함경에서는 첫째 주에 12인연관을 명 · 무명(明 · 無明)으로 관했다 하고, 황금저택에서 천신들의 청법이 있었다 하며, 거만한 바라문에 하신 법문도,

첫째는 만약을 제거하고, 둘째는 폭력을 쓰지 않으며, 셋째는 번뇌에서 벗어나고, 넷째는 계율을 잘 지키며, 다섯째는 열반을 증득하고, 여섯째는 성도수행을 완수하며, 일곱째는 5악이 드러나지 않아야 한다고 하였다.

제10강 초전법륜(初轉法輪)

1. 초전법륜에 나서며

오늘은 초전법륜에 관하여 말씀드리겠습니다.

제석천왕과 대범천왕의 권청을 받고 법문의 차제를 구상한 부처님은 두 번째로 누구부터 제도 할 것인가 생각해 보았습니다. 그래도 그 동안 인연 있는 사람들 가운데 근기가 성숙한 사람들로부터 제도하는 것이 옳을 것 같아 먼저 자신의 관상을 보아 준 아시타 선인을 관찰해 보니 벌써 열반에 든 지 오래 되었습니다.

다음 발가반선인, 알라알라 깔라마, 우드라카 라마뿟다선인도 다 돌아가셨고, 다만 다섯 비구가 베나레스 녹야원에 가 있는 것을 알게 되었습니다. 이 가운데서도 특히 아라라 깔라마는 칼라마족 출신으로 생의 지혜를 익히고, 응용하는 슬기가 무궁무진한 사람이었는데 아깝다고 생각되었습니다. 그래서 부처님은 간단히 행구를 챙겼습니다.

① 출가자의 상징인 가사와

② 발우
③ 물 길러 먹는 녹낭
④ 화장실에서 사용하는 병수
⑤ 이슬을 털고 위험물을 제거하는 법장

그런데 이때 부처님의 머리털과 눈동자에서는 푸른빛이 쏟아져 나오고 피부와 얼굴에는 황금색이, 뼈, 치아, 눈의 흰자위에서 은백색, 눈과 살에서는 피처럼 붉은 색이 쏟아져 나와 마치 이글거리는 불꽃처럼 빛났습니다.

2. 고행자 우바카

부처님께서 붓다가야를 떠나 약 2마일 쯤 가다가 고행자 우바카를 만났습니다. 부처님 몸에서 광명이 쏟아지는 것을 보고 물었습니다.

"위대한 광명은 우연히 나타나는 것이 아닙니다. 벗이여, 당신은 누구를 스승으로 삼아 무슨 공부를 하였기에 그렇게 빛이 납니까?"

"나는 승자(勝者)요, 지자(智者)다. 목마른 사랑이 다하여 대 자유를 얻었으니 스승이 어찌 따로 있으리오."

"별사람 다 보겠네. 스승도 없이 어떻게 깨달았다는 말인가!"
하고 그냥 지나가 버렸습니다.

번뇌와 싸워 이긴 사람, 이 사람이 이긴 자이고, 옳고 그름을 판단하는 사람, 이 사람이 지혜로운 자가 아닙니까. 6근이 6경의 침입을 받지 않고 어떤 것도 받아드리지 않으니 어떠한 것에도 더렵

혀지지 않고, 일체 모든 것을 버린 자가 되는 것입니다.

그 뒤 우바카는 왕카하라국 한 사냥꾼 마을에 들어가 조그마한 암자를 짓고 살다 차파라는 사냥꾼 딸과 결혼하여 고기 장수를 하다 마침내 부처님을 찾습니다.

차파는 처음 부처님에 대한 말씀을 듣자,
"싸끼야족의 아들 고따마는 거룩한 님입니다.
올바로 원만히 깨달으신 님,
명지와 덕행을 갖추신 님,
올바른 길로 잘 가신 님,
세상을 바르게 이해하신 님,
가장 높은 자리에 오르신 님,
사람들을 길들이시는 님,
신들과 인간의 스승이신 님,
완전히 깨달으신 님,
그래서 세상 사람들이 가장 존경하는 어른이십니다.

많은 왕족과 현자들,
많은 바라문과 재가신자들,
수행자들에게 바른 믿음을 일으켜
성스러운 길을 선택하고
그의 착하고 바른 길을 따르게 하고 있습니다."

하고 칭찬하였는데도 우바카는 차파 이외의 딴 생각이 없었습니다.

그런데 아들 수밧다를 얻으면서부터 그의 사랑이 두 조각으로 나누어졌습니다. 차파는 때를 놓이지 않고 자장가를 지어 불렀습니다.

"과거에는 고행자였고 출가수행자였지만
지금은 고기파는 자가 된 사람의 아들아!
나 때문에 식객이 된 너희 아버지 닮지 말고
어서 울지 말고 눈 감고 자거라.

에메랄드, 다이아몬드의 요람 속에
순수한 금과 같은 내 아들아,
그만 울지 말고 칭얼거리지 말고 자거라."

처음에는 아무 생각 없이 들었는데, 듣고 나서 자세히 생각해보니 자신을 너무나 경멸하는 노래였습니다. 그래서 차차 정이 떨어졌고 급기야는 말도 없이 부처님이 계신 사위성을 향해 길을 떠났습니다.

그런데 부처님께서 하루는 시자스님들에게 일렀습니다.
"누구고 절에 들어와 '아난타 지나'를 찾는 자가 있으면 나에게 데리고 오너라."
우바카가 거리에서 만나는 사람마다 잡고서 "아난타 지나가 어디계신지 아세요?" 하고 물으니 부처님 계신 곳을 가리켜 주었습니다. 급기야 우바카는 기수급고독원에 이르러 부처님을 만나 뵈었습니다. 부처님께서는 우바카를 반갑게 맞아 주시며 물었습니다.
"지금 그대는 어디 있는가?"

"왕카하라라국에 있습니다."

"우바카여, 이제 그대는 나이가 들었으니 출가해도 되지 않겠는가?"

"예, 그렇게 생각하고 왔습니다."

한번 세상의 욕망 속에서 망신을 당한 우바카는 물불을 가리지 않고 정진하여 단 3개월이 못되어서 5정거천의 후보자가 되었습니다. 그 뒤 차파도 아이를 아버지에게 맡기고 사위성 왕사(비구니스님들의 회상)에 이르러 출가하고, 단번에 아라한과를 얻어 "차파 장노니"라는 법명을 얻었습니다.

3. 베나레스에서의 전법

(1) 신통으로 갠지스강을 건너다

부처님은 우바카를 떠나보내고 천천히 보름이 넘게 걸려 갠지스강가에 도착하였습니다. 배를 타려 하니 사공이 "삯을 내라." 하였습니다. 삯이 없다고 하니 아이 하나를 데리고 온 여인만 태우고 강을 건너갔습니다. 그때 부처님은 날아가는 새들을 보고,

"저 새들도 날아가는데 하물며 만물의 영장인 사람이 물을 건널 수 없겠는가!"

하고 불끈 일어섰는데, 배가 강의 절반에도 이르기 전에 부처님께서 저쪽 언덕에 이르러 빛을 발하였기 때문에 사공은 놀라 나라 임금님께 가서 고하니,

"아, 실달태자가 성불하였구나!" 하고

"앞으로는 누가 되었든지 수행자가 배 타기를 원하면 삯을 받지 말고 태워드려라."

하여 지금까지도 인도에서는 배를 타든 차를 타든 수레를 타든 출가수행자에 대해서는 삯을 받지 않는 불문율이 생기게 되었습니다.

(2) 5비구의 제도

부처님은 일단 갠지스강을 건너와 갈대밭 근처에서 하룻밤을 자고 탁발하여 아침 공양을 마친 뒤 천천히 이시파타나 미가다야 즉 녹야원을 향해 올라갔습니다. 그때 다섯 비구들이 멀리서 부처님께서 올라오는 것을 보고 말했습니다.

"저자가 실달다가 아니냐? 우리는 그를 다시 만나더라도 인사하지 않기로 했으니 아는 척도 하지 말자."

그러면서도 그들은 어떻게 하여 실달태자가 여기까지 오게 되었는지 궁금하여 보다 가까운 산등성이로 내려와 살펴보았습니다.

"틀림없다. 실달타다!"

그리고는 서둘러 5명 중 한 사람은 물을 길러가고, 한 사람은 자리를 깔았으며, 세 명은 가까이 와서 인사하였습니다.

"친구여, 그대는 무엇을 먹었기에 이렇게 몸에서 빛이 나는가?"

"벗들이여, 앞으로는 나를 '친구여' 하고 부르지 말라."

"그러면 무엇이라 불러야 하느냐?"

"깨달은 사람이라고 불러라."

여기서 "붓다(부처님)"란 말이 처음으로 생기게 되었습니다.

"무엇을 깨달았는가?"

"두 변(二邊)을 가까이 하는 것은 공부에 도움이 되지 않는다."

그때 교진여가 소리 질렀습니다.

"아, 알았다! 고(苦)와 락(樂) 두 변을 떠나야 중도(中道)를 얻을 수 있다.”

그래서 그때부터 교진여를 “아약 교진여” 즉 “안냐시 와터 보 콘단뇨”라 부르게 되었고, “석가모니”를 “부처님”이라 부르게 되었습니다. 그리고 다섯 비구가 부처님을 영접한 자리에 불영탑(佛迎塔)이 세워졌습니다. 지금은 이슬람교도 악바르제왕이 자신의 어머니를 위해 큰 탑을 그곳에 세워 50m가 넘는 붉은 벽돌탑이 장엄하게 서 있습니다.

이렇게 해서 교진녀 즉 콘단뇨는 사미를 거쳐 즉시 비구가 되었습니다.

“오라 비구여, 법은 내가 잘 설해 놓았으니 고통의 윤회를 단절하고 범행을 완수하라.”

이 말씀이 떨어지자 콘단뇨의 머리는 순간적으로 깎여졌고, 법복이 입혀졌으며, 발우가 왼쪽 어깨에 매달려지자 모든 사람들은 그를 큰 장로(長老)로 생각하고 귀의하였습니다.

며칠 후 왕파장로는 도량을 거닐다가 “제행무상(諸行無常)”을 깨닫고 수다원이 되고, 밧디야는 “제법무아(諸法無我)” 즉 이 세상 모든 것은 만남 속에서 이루어진다는 말로 열반적정(涅槃寂靜)을 얻었으며, 바파는 “이 세상 모든 고통이 번뇌(煩惱)에서 온다는 것”을 깨닫고 사다함이 되고, “마하나마와 아싸지는 바른 견해 속에 바른 삼매가 온다”는 8정도의 이치를 깨닫고 아라한이 되어 모두 함께 비구가 되어 비로소 이 세상에는 처음으로 삼보가 생겼습니다.

“복과 지혜를 겸비한 부처님

모든 욕심과 악에서 벗어난 법보님,

대중 가운데서 화합을 으뜸으로 하는 스님들"

그래서 그 다음부터 누구나 불교에 귀의하게 되면 반드시 3귀의
를 하고 삼귀의 계를 받았습니다.

"거룩한 부처님께 귀의합니다.
거룩한 가르침에 귀의합니다.
거룩한 스님들께 귀의합니다."

하고 말입니다.

(3) 야사의 구원

이렇게 다섯 비구를 제도하신 부처님께서는 녹야원에 이른 뒤 3
개월이 다 되어 갠지스 강가 샛강 근처에서 하루를 묵게 되었습니
다. 갈대 숲속에 홀로 앉아 계시는데 새벽녘 한 청년이 뛰어오며
소리를 질렀습니다.
"아이고 무서워, 아이고 무서워."
부처님은 이 소리를 듣고 일어나,
"여기는 무섭지 않으니 이리 오너라."
하니 신을 벗어 놓고 헤엄쳐 건너왔습니다.
"부처님, 저는 이곳 구리가장자의 아들로 어려서부터 아들을 낳
아야 대를 잇는다 하여 일곱 살에 결혼하여 지금 20명이 넘는 여인
들을 거느리고 사는데, 여자들에게 시달려 살 수 없어 그만 물에
빠져 죽고자 이곳으로 달려왔습니다."
"거, 참 복도 많은 사람이로구나. 다른 사람은 한 사람도 얻어 살
지 못하는데 20명이 넘는 여인들과 산다면 그 20명만 먹여 살리겠

느냐. 친정식구, 4촌, 6촌까지 많은 사람들이 너 한 사람 때문에 사는 것이니 죽을 생각은 하지 말고 조용히 살아만 있어도 좋은 일을 하는 것이다. 네가 만일 죽는다면 과부가 20명이요, 그에 따른 노예와 종들이 모두 직장을 잃게 되니 얼마나 괴로운 일이냐.”

“나도 부처님처럼 출가해서 자유스럽게 살면 좋겠습니다.”

“그것은 장차 너의 부모님들과 의논해 보아야 할 문제니 죽을 생각만 하지 말라.”

그런데 그 때 마침 야사의 아버지가 달려와 강 건너편에 벗어놓은 야사의 신을 보고 물에 빠져 죽은 줄 알고 큰 소리로 야사를 부르며 울고 있었습니다. 야사가 말했습니다.

“저놈의 영감이 여기까지 쫓아와 나를 또 괴롭히는구나….”

하고 욕을 하였습니다. 그때 부처님께서 야사의 행위를 꾸짖으시며,

“그렇게 하면 못쓰니 일어서서 아버지를 이쪽으로 오시도록 길을 안내해 드려라. 그러면 너의 갈 길도 저절로 정해지지 않겠느냐?”

하였습니다. 야사가 부처님 말씀을 듣고 일어나서 소리를 질렀습니다.

“아버지, 야사 여기 있습니다. 이리로 오세요.”

구리가장자는 신을 신은 체 옷도 벗지 않고 그대로 강물을 헤엄쳐 건너왔습니다.

“아유, 부처님 고맙습니다. 우리 아들이 죽지 않게 해주신 것만 해도 고맙습니다.”

그때 야사가 말했습니다.

“아버지, 저는 죽어도 집에 들어가서 살고 싶지 않습니다. 나는 부처님을 따라 이곳에서 살고 싶습니다.”

"그것은 네 마음대로 해라. 죽지만 말고 살아다오."

그리하여 아버지로부터 출가 승낙을 받고 야사는 안심한 뒤 조용히 앉아 있으니 구리가장자가 청했습니다.

"거룩하신 부처님, 오늘 낮에 저의 집에서 공양코자 하오니 와 주시겠습니까?"

"나의 권속으로는 저 위쪽 녹야원에 다섯 비구가 더 있으니 연락해 주십시오."

그리하여 사시에 다섯 비구와 야사 그리고 부처님께서 구리가장자 집에 모였고, 야사의 친구 갑계원 54명도 함께 왔으며, 야사의 부인 23명과 그의 종 수백 명이 한 자리에 모여 공양을 하였습니다.

(4) 포교 선언

부처님은 공양을 마치시고 야사의 출가를 선언하자 갑계원 54명이

"저희들은 생사를 같이 하기로 하였으니 함께 출가하게 해 주십시오."

하여 야사의 친구 54인을 출가 비구가 되게 하고 그의 가족은 재가 불자로서 3귀의 계를 주니 다 함께 맹세하였습니다.

"저희들은 죽을 때까지 부처님과 스님들께 귀의하여 부처님의 가르침을 실천하고 다른 스승을 섬기지 않겠으며, 다른 법은 믿지 않고 오직 불법에만 의지하여 살겠습니다."

부처님께서 다섯 비구와 야사의 친구 54인들께 선언하였습니다.

"그대들은 오늘부터 세속의 얽매임으로부터 벗어났으니 세상을

어여삐 여기고 중생들의 고통을 벗겨주도록 하여라. 처음도 좋고, 중간도 좋으며, 끝도 좋으니 뜻과 글이 다 갖추어진 말로 세상 사람들의 길잡이가 되라.

단지 야사는 출가하였으나 그 권속들과의 인연 때문에 멀리 떠나면 아니 되겠으니 이곳 동산에 살면서 아버지 회사에 무역하러 오는 사람들을 제도하라. 나도 우루베라 촌으로 포교 나갈 것이니 한 사람도 같은 길로 가지 말고 각기 인연 따라 다니며 청정한 행을 실천해 보여라.”

이것을 포교사 선언문이라 합니다.

4. 뱃사공의 깨달음

이렇게 해서 부처님은 그곳에서 3개월을 보내시고, 성도 후 첫 안거를 녹야원에서 지내셨습니다. 그리고 다시 강을 건너 우루베라 촌으로 향했습니다. 갈 때는 뱃삯을 내지 않는다하여 배를 태워주지 않던 사공이 올 때는 벌써 배를 강가에 대고 기다리고 있다가 태워주었는데, 하얀 옷이 빨간 물이 들듯 머리에서부터 발끝까지 도가 가득 채워져 부처님께서 배에서 내리자 그대로 다섯 비구 있는 쪽으로 가서 바로 출가하여 불도를 닦았습니다.

부처님께서 노래를 불렀습니다.

“그대의 배를 햇볕에 잘 말리면
가벼워 빨리 가게 되듯
탐·진·치 3독의 번뇌를 버리면
진리의 배는 곧장 저 언덕에 이르리라.

남을 사랑하는 마음, 어여삐 여기는 마음
기쁜 마음, 봉사하는 마음으로
이 배를 저어 모든 사람들을 건네주면
그들 모두 함께 평화를 얻으리라."

뱃사공이 노래 불렀습니다.

"세간의 대장부로 족함을 아시는 분
스스로 깨달아 세상에 견줄 이 없네.
이름은 아라한, 홀로 행하시니
나는 지금 그분의 제자가 되었도다.

중생들이 번뇌의 바다에 빠져
허우적거리고 있을 때
나는 지혜의 배를 운전하여
남음 없이 모두를 구해주리라.

5. 난다·파라타의 공양

부처님께서 이튿날 병장촌에 이르러 걸식하러가자 병장의 두 딸 난다·파라타가 정성을 다해 받들었습니다. 이웃집 제바 아저씨가 돌담 넘어서 들여다보고 있다가 감격하여 말했습니다.

"내가 일찍이 저분이 설산에서 공부한다는 소리를 듣고 꼭 한번 찾아가 공양코자 하였으나 형편이 여의치 않아 실천하지 못했소."

"그렇다면 지금이라도 공양하는 것이 어떻습니까? 내가 처음 당신에게 시집 올 때 난다·파라타의 아버지가 내손을 잡으려 하여 뿌리친 일이 있는데 이제는 그 부인도 죽고 내 나이도 40이 넘었으니 한번 잡아 보라 하고 돈을 조금 얻어 쓰면 되지 않겠습니까?"

"그런 말씀 하지 마시오. 부처님께서 뭘 먹을 것이 없어서 그런 부정한 돈으로 장만한 음식을 드시겠습니까. 내가 직접 한번 가서 말해 보리다."

하고 병장에게 가서 사정하니 물었습니다.

"얼마나 필요합니까?"

"300냥 쯤 가지면 될 것 같습니다."

"무엇으로 돈 값을 하겠습니까?"

"일을 해 드리겠습니다."

"만약 일을 다 하지 못할 때는 어떻게 하겠습니까?"

"내 아내라도 잡히겠습니다."

"좋소. 그렇다면 500냥을 빌려드리겠습니다."

그리하여 제바는 500냥을 빌려 아내에게 갖다 주니 그녀는 기쁜 마음으로 시장을 보아다가 이튿날 부처님께 공양하게 되었습니다. 그런데 밤새도록 일을 하다 보니 입은 옷이 기름국이 튀어 엉망진창이 되었습니다.

"여보, 이런 옷을 입고 어떻게 부처님 앞에 나설 수 있겠습니까?"

"그러면 당신이 난다·파라타에게 한번 물어보세요. 그의 어머니께서 처음 시집올 때 입고 왔던 옷이 있을 것이니."

과연 값을 헤아릴 수 없는 옷이 있어 빌려주었습니다.

"이건 값이 3천 냥도 넘는 것입니다. 우리 어머니께서 시집올 때 꼭 한번 입고 돌아가실 때까지 한번도 입지 않았던 새 옷이니 조심해서 입고 깨끗하게 가져오세요."

"감사합니다."

하고 꽃같이 단장하고 부처님께 공양을 올리니 그 모습이야말로 천상의 선녀, 신선과 같았습니다.

6. 소지황금출(掃地黃金出)

부처님께서 만족하게 공양하시고 떠나가시자 제바 부부는 기쁜 마음으로 청소하기 시작했습니다. 귀한 옷에 먼지가 묻을 것 같아 옷을 벗어 댓돌위에 올려놓고 마당을 쓸다보니 그동안 도둑놈이 와서 그만 옷을 훔쳐가 버렸습니다. 큰일 났습니다. 음식값만 해도 500냥이나 되는데 여기 옷값까지 하면 3년을 갚아도 다 갚을 수 없을 것 같았습니다. 그래서 제바는 생각했습니다.

"자식들도 없는데 잘됐지 뭐, 내 한 몸만 없어져 버리면 마누라는 병장 집에 가서 살면 되지 않겠어."

하고 목매달아 죽으려고 집 뒤 나무에 올라가서 보니 도둑놈들이 옷을 훔쳐 가지고 뒷산 공동묘지 옆에다가 묻고 그곳에 표시를 하기 위해 똥을 누고 있었습니다.

"옳지. 옷을 찾았으니 이제 옷 먼저 찾아다주고 죽어도 죽어야지."

하고 내려와 옷을 찾아 가지고 오니 여자가 마당에서 춤을 추고 노래를 불렀습니다.

"여보. 어찌된 일이야. 옷을 찾았으니 걱정하지 말라고"

"옷이 문제가 아니예요. 옷이 문제가 아니야."

"그러면 무엇이 문제가 되어서 이렇게 미쳐 날뛰는 것인가?"

"이것 보세요. 이 단지 속에 금이 가득 차 있지 않습니까. 내가 옷을 잃어버려 화가 나서 댓돌을 발로 찼더니 댓돌이 넘어지면서 그 속에서 이렇게 금이 많이 쏟아져 나왔으니 어서 가서 부처님을

다시 모셔오세요. 내일은 우리 돈으로 공양하게. 어서 가서 부처
님께 다시 한 번 공양청을 하세요."

그래서 제바는 달려가 부처님께 공양청을 하고 부인은 다시 시
장에 가서 온갖 귀한 물건을 사와 공양하게 되었습니다.

이 소문을 들은 그 지역 작은 나라왕께서

"흥, 제 놈이 나라 땅에서 캐낸 금을 가지고 큰소리를 쳐. 내 당
장 가서 요절을 내리라."

하고 병사 30여명을 데리고 갔습니다. 부처님께서 공양을 막 마
치자 물었습니다.

"부처님, 이 세상의 땅이 각기 임자가 있기 마련인데 이 땅이 누
구의 땅입니까?"

"그거야 임금님 땅이지요."

"그러면 임금님 땅에서 나온 물건은 누구의 물건입니까?"

"그것도 당연히 임금님 물건입니다. 그러나 이 집 사정은 조금
다릅니다. 애초에 이 제바 거사는 전생부터 이곳에 살면서 음식점
을 하여 돈을 많이 모았으나 자식을 낳지 못해 돈을 금으로 바꾸
어 땅 속에 묻어 놓고 그 금 모으는 재미로 살면서 마지막 서원을
세웠습니다."

'우리가 내생에는 이 돈을 가지고 성자를 공양하고 나라의 임금
님을 돕고 백성들을 살펴 복된 일을 합시다.'

약속한 바 있으니 이제 이 공양이 끝나면 이 금의 3분의 1은 나
라에 바쳐질 것이고 3분의 1은 가난한 사람들을 위하여 복지사업
을 할 것이며, 3분의 1은 본인들이 가지고 살 것입니다.

"아, 참으로 장한 일입니다. 전생부터 그런 마음을 가지고 살았
으니 그러한 복이 이루어진 것이로군요. 이런 복 있는 사람을 나
라의 기둥으로 써야 합니다."

하고 남편을 재무부장관으로 임명하고 아내를 복지부장관으로 임명하여 훌륭한 나라를 형성하게 되었습니다.

여기서부터 개문만복래(開門萬福來) 소지황금출(掃地黃金出)이란 말이 나오게 되었습니다.

마음의 문이 열리면 만복이 들어오고 소지를 깨끗이 하면 그 속에서 황금이 나온다는 말입니다. 청소 깨끗이 하고 마음의 문을 활짝 여시기 바랍니다.

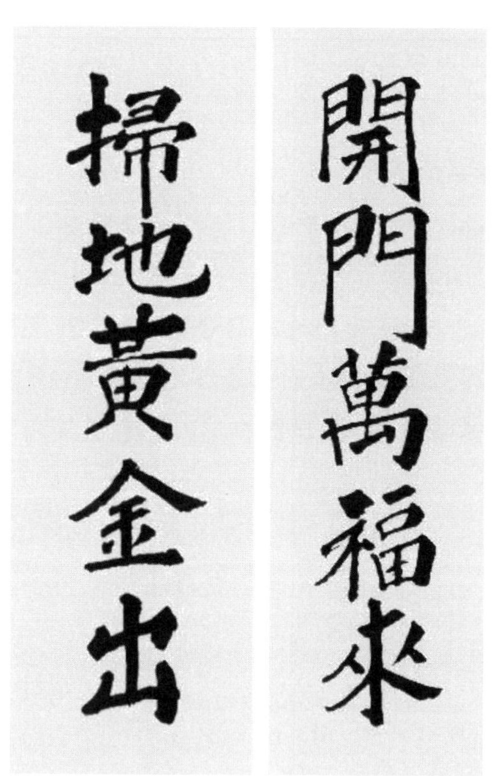

제11강 재가불자 담마딘나

오늘은 재가불자 담마딘나와 결발행자 3가섭에 대하여 말씀드리겠습니다.

1. 재가신자 담마딘나

그때 녹야원에서부터 뒤를 따라온 담마딘나가 옆에 앉았다가 물었습니다.

"부처님 저는 오래전부터 출가해서 도를 닦고 싶어 하였으나 좋아하는 자식들과 연지분홍을 한 아내들을 떠나지 못해 날마다 망설이고 있습니다. 어떻게 하면 좋겠습니까?"

"옛날 가섭불시대 부처님을 사모하던 한 신자가 당신과 같이 고민하니 가섭 부처님께서 여래10호를 가르쳐주시며 매일 외우라 하였습니다.

'여래 · 응공 · 정변지 · 명행족 · 선서 · 세간지 · 무상사 · 조어장부 · 천인사 · 불 · 세존' 하고 말입니다.

① 여래(如來)는 참되고 한결같은 마음으로부터 이 세상에 오신 분이고,

② 응공(應供)은 마땅히 공양을 받을 만한 자격이 있는 분이며,

③ 정변지(正遍知)는 바르게 모든 일을 두루 아시는 분,

④ 명행족(明行足)은 그 행이 밝고 만족하신 분이며,

⑤ 선서(善逝)는 열반의 세계에서 잘 오셨다가 잘 가시는 분,

⑥ 세간해(世間解)는 세간의 모든 일들을 잘 아시는 분이며,

⑦ 무상사(無上士)는 그 이상 스승이 없으신 분이고,

⑧ 조어장부(調御丈夫)는 남녀 장부들을 잘 가르치시는 분이며,

⑨ 천인사(天人士)는 인간과 천인들의 스승이 되시는 분이고

⑩ 불(佛)은 무엇이고 보면 그대로 깨닫는 분이며,

⑪ 세존(世尊)은 세상에서 가장 존경할 만한 어른이라는 말입니다.

이렇게 열 가지 호를 외우다 보면 저절로 입이 열려 포자롱손(抱子弄孫 : 자식을 앉고 손자를 희롱하는 것) 하면서도 깨달음을 얻을 것입니다.

왜냐하면 불교를 믿으면

① 현세에 유익하고

② 사람들 속에서 살면서도 사람들을 초월하고

③ 누구나 와서 보면 훤히 알게 되고

④ 스스로 깨달아 고쳐 나가게 되고

⑤ 스스로의 지혜에 의해서 창조적인 생활을 하게 되고

⑥ 이웃과의 믿음이 형성되어 서로 사랑하고 돕게 되고

⑦ 그래서 깨달음 속에 사는 사람은 항상 진정하고

⑧ 착하고

⑨ 아름답고

⑩ 성스럽다는 것을 새삼스럽게 깨달을 수 있기 때문입니다.

그리고 집에 있을 때나 집을 나갈 때나 언제나 원력 속에서 사시게 될 것입니다.

① 집을 바라볼 때는 빈집이 갖가지 물건을 포용하듯이 우리의 빈 마음도 그렇다는 것을 깨닫고,
② 부모를 효성으로 섬길 때는 온갖 중생을 보호할 것을 생각하고,
③ 처자들이 모일 때는 원수와 친한 이가 차별이 없다는 것을 깨닫고 탐착하지 아니 할 것이며,
④ 욕락을 얻을 때는 욕심의 불 속에서 벗어날 것을 생각하고,
⑤ 즐거운 놀이로 모일 때는 법락을 즐길 것을 생각하고,
⑥ 궁실에 있을 때는 탐욕 여읠 것을 생각하고,
⑦ 옷을 입을 때는 위선을 벗어나는 것을 생각하고,
⑧ 누각에 오를 때는 법성(法城)에 오를 것을 생각하고,
⑨ 보시를 할 때는 인색한 마음을 갖지 말고,
⑩ 대중이 모일 때는 지혜로 뭉칠 것을 생각하고,
⑪ 액난을 만날 때는 마음에 자재를 얻기 생각하고,
⑫ 집을 떠날 때는 해탈을 얻을 것을 생각하십시오.

그리고
양치질 할 때는 온갖 법을 청정히 할 것을 생각하고,
치약을 바를 때는 온갖 번뇌를 씻어버릴 것을 생각하고,
대소변을 볼 때는 탐·진·치를 털어 버릴 것을 생각하십시오.

또
집을 나갈 때는 3계에서 벗어나서 부처님 지혜에 들어갈 것을

생각하고,

　물에 들어갈 때는 3세가 평등함을 생각하고,
　목욕할 때는 마음의 때를 벗길 것을 생각하고,
　뜨거운 기운이 오를 때는 번뇌열기 식힐 것을 생각하고,
　날씨가 시원할 때는 시원한 법을 증득할 것을 생각하고,

도(道)라고 하는 것은 진속(眞俗)에 관계가 없습니다. 그러나 사람들이 가까이 있으면 정에 끄달려 깨닫지 못하기 때문에 버리고 떠나서 다시 깨달으면 본래의 자리에 돌아와 깨닫지 못한 사람들을 깨닫게 하는 것이니 지나치게 걱정 마시고 자식들을 낳고 손자들을 희롱하면서 재미있는 인생을 창조해 나가시기 바랍니다.

그리하여 담마딘나는 만족한 마음으로 돌아가 장차 베나레스에서 이루어지는 갖가지 봉사를 그의 자손들이 담당해서 하였다고 합니다.

2. 밧다왁기의 왕자들

(1) 너 자신을 알라

병장촌에서 난다·파라타와 제바의 공양을 받고 재가불자 담마딘니를 제도하신 부처님께서 우루베라 세레나디촌으로 가다가 캅파시카 산림지대 우거진 숲 아래서 잠깐 쉬고 있을 때 30명의 귀공자들이 숨을 몰아쉬며 와서 물었습니다.

"부처님 방금 어떤 여자가 도망치는 것을 보지 못하셨습니까?"

부처님은 이에 대답하지 않고 우선 왕자들에게 안정을 되찾도록 건의하였습니다.

"우선 여기들 앉게."

그러나 왕자들은 앉기가 바쁘게 말하였습니다.

"저희들은 꼬살라왕의 이복형제들입니다. 30명이 화전놀이 왔다가 아내를 잃은 한 왕자가 기녀를 데리고 왔는데 대중들이 술에 취해 우왕좌왕하는 사이 벗어놓은 옷과 장신구를 훔쳐 가지고 도망쳤습니다."

"그래, 여인보다 제 자신을 찾는 것이 어떤가! 세상이 온통 고통에 휩싸여 있는데 그 원인은 모두가 탐(貪)·진(瞋)·치(痴)가 기본이네. 언제부터 그놈의 노예가 되어 살고 있는지 바르게 보고 바르게 살아가야 할 것이네."

법문을 들은 왕자들이 차차 제 정신을 차리게 되고 잘못된 것을 인식하자 한 사람이 청했습니다.

"부처님 저희들도 부처님 곁에서 공부하고 싶습니다."

"잘 왔다. 비구들이여, 그대들은 전생에 술주정뱅이로 있다가 마하툰딜과 돼지왕의 훈계를 받고 5계를 준수한 공덕으로 오늘 이 자리에서 나를 만나게 된 것이니 앞으로 3귀의를 받고 5계를 지키고 지관법(止觀法)을 통하여 해탈을 얻도록 하라."

그들은 금방 출가한 지 60년이나 된 장로들처럼 점잖고 위엄 있게 보여 그들이 사는 마을 이름을 따서 "파웨야카 장로들"이라 불렀습니다.

고대 희랍의 성자 소크라테스가 '너 자신을 알라' 한 말씀이 어디서 연유된 것인지를 짐작할 수 있을 것입니다.

⑵ 진정한 평화

진정한 평화를 얻은 왕자들이 집에 돌아와 외쳤습니다.

"저속하고 비속하고 거칠고 천박한 감각적 쾌락을 추구하다가 우리들은 부처님을 만나 그것이 무익하고 고통의 씨앗이 된다는 것을 깨달았습니다. 그래서 우리들은 두 극단을 떠나서 바르고 원만한 중도행(中道行)이 무엇인가를 깨달았습니다. 바르게 보고 바르게 알고 바르게 깨달아야 참된 평화가 옵니다."

하니 또 다른 왕자가 말했습니다.

"칭찬해야 할 것과 비난해야 할 것을 알아야 합니다. 존재의 결박에서 벗어나니 상처, 불안, 고뇌가 눈앞의 안개 걷히듯 하였습니다."

이렇게 소문이 퍼지자 4방에서 출가를 희망하는 사람들을 전도승들이 데리고 와 서로 피곤하게 되었습니다. 그래서 부처님께서 전도승들에게 일렀습니다.

"비구들이여, 혹 출가를 희망하는 사람들이 있으면 먼저 지원자의

① 머리를 깎고
② 황색법의를 입힌 뒤
③ 3귀의를 외우게 하라

그리고

① 무조건 부처님께만 의존하지 말고 나에게 부처님과 같은 마음이 있다는 것을 일깨워주고
② 복과 지혜를 갖추었는지 살펴보고
③ 황색법의가 내 말과 행동, 그리고 생각에 어울리는지 반성하도록 하라.
④ 법에는 선악이 없다. 하물며 예쁘고 미운 것이 있겠는가.

⑤ 스님들은 화합이니

첫째 계급에 얽매이지 말고

둘째 형색(흑백)을 가리지 말고

셋째 학력을 따지지 말고

넷째 오직 바른 행만을 가르치라

이렇게 하면 악마의 덫에 걸리지 않고 인간과 천상의 복락에도
얽매이지 아니할 것이다."

(3) 선래비구와 출가비구

이렇게 해서 당시 비구에는 선래비구(善來比丘)와 출가비구(出
家比丘) 두 가지가 생겼습니다. 똑같이 비구는 비구지만 출가비구
는 3사7증이 있는 자리에서 정식으로 비구계를 받고 출가한 경우
이고, 선래 비구는 본인의 원력과 희망을 따라 정신적으로 인정하
는 비구이므로 독자적인 행위를 통해 비구가 된 경우입니다.

출가비구는 대중생활을 기본적으로 하였지만 선래비구는 홀로
사는 경우가 많아 대부분 그 깨달음은 독각적(獨覺的)인 요소가
많았습니다.

초창기 불교교단은 아직 조직이 완전하게 이루어지지 아니하였
으므로 선래비구들이 오히려 많았습니다. 독실한 신심에 의해 비
구가 된 사람들이 많아 홀로 공부하면서도 단체생활을 능가하는
사람들도 있었습니다.

다른 말로 한다면 새마을운동과 같은 국민운동을 누구의 명령
에 의해서 하는 것이 아니라 자기정화로부터 사회정화에 이르기
까지 스스로 개척해 나가는 것과 같다 하겠습니다.

경전에서는 그 같은 사람들을 이렇게 표현하고 있습니다.

홀로 깨달아
중생 가운데 고갱이로
떨림 없이
하나에 대한 깨달음을 얻은 사람

화살을 뽑아
세상으로 이끄는 번뇌를 다한 사람
괴로움의 뿌리를 잘랐고
죽음의 힘에 정복되지 않고 승리한 분들

교만을 도려내고
얼룩을 벗고
지고(至高)의 용기를 지녔고
최후의 몸을 지니신 분들

〈잡아함경〉

그러나 때로는 자기 생각대로 외도들을 본받아 살아가는 사람도 없지 아니했기 때문에 비구의 행습을 법답게 가르치는 제도가 생겼습니다.

처음 5년 동안은 스승의 시중을 들면서 파티목카(계본)와 경을 배우게 하고 다음에는 위빠사나를 닦기 위해 자신의 후원자인 남녀신자와 동료비구들을 결정한 뒤 얼마동안 대중생활을 함께 하게 하였습니다.

3. 삼가섭의 제도

(1) 결발행자 삼가섭

다음 부처님은 가섭3형제가 있는 곳으로 갔습니다.

제일 큰 형은 우루웰라 까싸파이고

둘째는 나디이 까싸파이고

셋째는 가야 까싸파입니다.

모두 그들은 그들이 사는 지역이름을 따라 이름이 붙여진 것입니다. 그런데 그들은 모두가 머리를 기르고 살았으므로 통칭 결발수행자들이라 불리었습니다.

먼저 우루웰라 카샤파 집에 찾아가니 첫눈에 알아보는 듯 겸연쩍게 물었습니다.

"어디서 오신 유행자입니까?"

"베나레스에서 왔는데 조금 신세를 질까 해서 왔습니다."

"여기는 거처할 만한 곳이 없습니다. 저 숲속의 잔디밭이면 몰라도…"

"아무 곳이라도 상관없습니다. 승낙만 해주신다면 아무데나 거처하겠습니다."

우루웰라 카샤파는 약간 의심을 하면서도 승낙해 주었습니다.

"저자가 실달태자가 아닌가. 만일 그가 실달태자라면 우리가 잘못될 수도 있는데."

부처님은 잔디밭 숲속에 앉아 낮에는 명상을 하고 밤에는 누군가에게 법문을 하였습니다.

(2) 용을 항복받은 부처님

한번은 찾아가 보니 판나소녀의 시체에 감겨져 있던 베옷으로 분소의(糞掃衣)[12]를 만들면서 잠부디파에서 가져온 사과와 망고 등 여러 가지 나무 열매를 내어주며 먹으라 하였습니다.

"어디서 이렇게 귀한 것을 가지고 오셨습니까?"

"밥 때가 되면 내가 저 멀리 가서 가져오곤 합니다."

"저녁 땐 이곳에서 무슨 말소리가 들리곤 하는데 누가 와서 청법하십니까?"

"4천왕과 사함파티 브라흐만, 도리천 천주가 오지요."

그는 깜짝 놀라며 고민하였습니다.

"내일 모레 축제 때 이 자가 나타났다가는 잘못 망신을 당할 염려가 있겠구나."

그 마음을 알아차린 부처님께서는 안심시켜 돌려보냈습니다.

"내일 나는 스리랑카에서 초대하여 이 자리에 없게 되니 걱정하지 마십시오."

그런데 이튿날 아침 500명의 제자들이 목욕을 하고 떨고 있자 물속 마른 땅위에 모닥불을 피워 모두 앉아 몸을 말리게 해놓고 길을 떠났습니다. 이때 부처님께서는 스리랑카에 가서 능가경을 설했다고 합니다.

하여간 이렇게 해서 축제를 마치고 우기가 와서 비가 쏟아지자 본 자리로 돌아온 부처님께서 지붕이 있는 집을 요청하였습니다.

"에라, 이 기회에 저 자를 용밥을 만들어버리자." 하고

---

12) 똥, 오줌, 피, 고름이 묻은 베 조각을 주워 깨끗이 빨아 가사를 만들어 입은 옷. 곧 가사의 별명

"용왕당이 있기는 한데 무서운 곳입니다."

"괜찮습니다. 승낙만 해 주신다면 거기 가서 쉬겠습니다."

그리하여 용왕당으로 들어가자마자 밖에서 문을 잠가버렸습니다. 밤중이 되니 천정에서 이상한 소리가 들려 쳐다보니 팔뚝만한 큰 구렁이가 혀를 날름거리고 있었습니다.

처음에는 어여삐 여겨 자광삼매(慈光三昧)에 드니 용의 불이 더 심해져 견딜 수 없었으므로 하는 수 없이 화광삼매(火光三昧)에 들어가니 구렁이 몸에서 기름이 뚝뚝 떨어졌습니다.

'화광삼매'란 흙, 돌, 나무 가운데 있는 모든 불기운을 한데모아 헤드라이트 식으로 막 쏟아내는 것입니다.

새벽녘이 되니 구렁이는 작은 뱀이 되어 부처님 앞에 엎드려 있었습니다.

"너 이놈, 전생에도 그 버릇 버리지 못해 구렁이가 되었는데 지금도 참회하지 못하느냐. 너 하는 짓으로 보아서는 마땅히 죽여버려야 할 것이나 불쌍하니 내 밥그릇 속으로 들어가라."

하고 발우 뚜껑을 열어주니 그 속에 들어가 숨을 죽이고 있었습니다.

그래서 부처님 발우를 항용발(降龍鉢:용을 항복 받은 밥그릇)이라 한 것입니다.

(3) 1천명의 비구

이튿날 아침 우루웰라 까싸파는 쾌재를 부르며 송장 칠 준비를 해 가지고 와서 문을 열었습니다.

뱀에 물려 죽은 줄만 알았던 부처님께서 밝은 눈빛을 발하며 앉아 계시자 용서를 빌었습니다.

"죄송합니다. 부처님."

부처님은 준엄하게 꾸짖었습니다.

"너는 구렁이만도 못한 놈이다. 사람이 사람을 팔아먹고 살아도 사람답지 못하다 하는데 너는 구렁이를 팔아먹고 사니 구렁이만도 못한 놈이다. 네가 지난 번 마가다국 축제 때에 내가 있으면 망신을 당할 것 같이 생각하기에 그동안 자리를 비워 주었는데 너는 그것도 모르고 네 자랑만 하고 사느냐."

우루웰라 까싸파는 말도 못하고 벌벌 떨었습니다.

"너는 이 구렁이를 가져다 방생하고 구렁이 마음을 다 버리고 오너라."

우루웰라 카샤파는 500명의 수행자와 함께 나가 구렁이를 방생하고 그들이 사용하던 모든 도구까지 다 버리니 그 밑에 살던 나디이 카샤파가 무슨일이 생겼는가 하고 300명 제자들과 함께 올라와 보니 벌써 500명 형님네 권속들이 모두 다 부처님 제자가 되어 있었습니다. 그래서 그들도 귀의하고 엎드려 있으니 막내 가야 카샤파가 200명 제자들과 함께 와서 귀의하여 하루아침에 부처님의 제자가 1천명이 되었습니다.

부처님께서는 아무 말씀도 하시지 않고

"빔비사라임금님께서 공양청을 해왔으니 모두 다 복장 단정히 하고 공양 받으러 가자." 하였습니다.

마다가국 축제 때는 대신들에게 촉탁하여 간신히 공양물을 얻어냈는데 임금님께서 직접 공양을 낸다고 하자 놀라지 아니할 수 없었습니다.

그래서 카샤파 3형제 1천명의 제자들은 누가 시키지 않아도 복장 단정히 하고 모두 한 줄로 서서 왕사성을 향해 떠났습니다.

⑷ **연화경 설법**

　상두산에 이르러 날이 어두워지자 그곳에서 하룻밤을 묵게 되었는데 때마침 불이 나서 계절풍을 따라 불이 사방으로 번졌습니다. 천 명의 제자들이 불에 탈까 염려하여 벌벌 떨고 있자 부처님께서 물었습니다.

　"여기 만약 하늘의 천녀가 내려온다면 천녀를 포옹하는 것이 좋겠느냐. 저 불에 타서 죽는 것이 좋겠느냐?"

　"천녀를 포옹하는 것이 좋겠습니다."

　"이 어리석은 중생들아 천녀를 한번 안으면 만겁에도 생사에서 벗어날 수 없지만 저 불에 한번 타면 한번 탐으로써 끝이 나게 되어 있다. 그래도 천녀냐?"

　천명의 제자들은 꿀 먹은 벙어리가 되어 말을 하지 못했습니다.

　이 경전의 이름을 '아딧타 파티야야숫타' 즉 '연화경(燃火經)'이라 합니다. 요즈음 말로 하면 소방서에서 불을 끄는 경입니다.

　바깥에서 난 불은 바깥세상을 태우지만 안에서 난 불은 안팎을 모두 다 태워버립니다.

　소방서 경을 들은 비구들은 막 불 속에서 나온 쇳덩어리처럼 쇠똥이 모두 떨어져 맑고 깨끗한 모습을 갖추고 있었습니다.

제12강 빔비사라왕의 귀의와 꽃장수 수마나

오늘은 빔비사라왕의 귀의와 꽃장수 수마나에 대하여 말씀드리겠습니다.

1. 빔비사라왕의 오체투지(五體投地)

빔비사라왕은 왕궁정원사로부터 부처님께서 라자가하 숩파팃타 반야나무아래에 와 계신다는 말씀을 듣고 와셋타족 캇차야족 닷타미타 등 여러 부족 대신들과 함께 그곳 가까운 곳에 와서 기다리고 있다가 천명의 스님들이 가이사라산에서 복장을 단정히 하고 질서 있게 내려오시는 것을 보고 노래 불렀습니다.

조복한 사람이 조복된 사람들을 이끌고
해탈한 사람이 해탈한 사람들을 이끌고
황금빛도 찬란한 세존께서 왕사성에 들어오신다

생사의 바다를 넘어선 사람이

생사의 바다를 넘어선 사람들을 이끌고
황금빛도 찬란한 세존은
1천명의 비구에 둘러싸여 왕사성에 들어오신다.

하고 다가가 오체투지로 엎드려 3배하고 부처님의 발에 입 맞추었습니다.

"부처님, 저희 소망은 완전히 달성되었습니다. 지난번 부처님께서 출가하실 때 말씀 드렸듯이 저에게 다섯 가지 소망이 있었는데 저는 일찍이 평화적으로 왕위를 계승하고 부처님이 내 나라에서 나셨으니 이제 제가 부처님께 공양하고 법문 듣고 깨달음을 얻는 일만 남았습니다. 끝까지 저희 소망이 실천되어 다시는 윤회에 끄달리지 않게 하여 주옵소서."

하고 낱낱이 신하들을 소개하였습니다.

"이분은 국무총리이고 재무장관이고 문교부장관이며 국방부장관입니다."

모든 국무대신들이 오체투지로 부처님과 1천명의 제자들에게 예배하고 환영하였습니다.

"부처님과 부처님의 제자들께서 저희 나라에 오셔서 임금님의 환영 받으시는 것을 진심으로 축하합니다."

2. 죽림정사의 보시

영축산에서 왕사성에 이르기까지 10km가 넘는 길을 건달바·아수라 가루라 긴나라들이 북과 장구를 치고 피리를 불며 행진하니 수많은 시민들이 도열하여 모두 기쁜 마음으로 환영해 주었습니다.

궁전 앞 정원에 야단법석(野壇法席)을 마련하고 공양을 한 뒤 임금님께서 물었습니다.

"부처님, 부처님 권속들이 머무르실 장소를 마련하여야겠는데 어떤 장소가 좋겠습니까?"

"비산비야(非山非野)입니다. 너무 높은 산도 아니고 낮은 들도 아니고 산이 있고 물이 있고 숲이 있으면 좋겠습니다. 그리고 이 시중에서 그리 멀지 아니한 곳, 약 2km 내지 4km 이내에 떨어져 탁발하기 쉬운 곳이면 더욱 좋습니다."

그때 깔란타카 대신이 말했습니다.

"제가 소유하고 있는 대나무 동산 깔란타카 공원이 어떻습니까?"

"좋습니다. 거기에 스님들이 거처할 수 있도록 편리한 자리를 마련하고 부처님의 향실(香室)을 하나 마련해 주십시오."

그리하여 공양을 마친 뒤 모든 대중들은 깔란타카 공원으로 가서 쉬게 되었는데 그 공원이름이 장차 "죽림정사" 즉 "대나무 절"로 바뀌어 집니다.

원래 이곳은 '다람쥐 사육장' 또는 '때까치 동산'으로 유명하여 귀족대신들의 별장으로 사용하고 있었습니다.

한번은 임금님께서 이곳에 놀러왔다가 술에 취해 잠이 들었는데 큰 뱀이 술 냄새를 맡고 가까이 가자 때까치들이 크게 짖어 잠을 깨서 죽음을 면하게 하였다 하여 "때까치 동산"이라 부르기도 하고 다람쥐들이 임금님의 귀를 물어뜯어 잠을 깼다하여 "다람쥐 동산"으로 불렀는데 깔란타카 대신이 보시함으로써 그 장소가 불교 최초의 사원이 되게 된 것입니다.

죽림정사에는 높은 누각과 평평한 지붕이 덮인 건물 저택과 4면에 지붕이 있는 정사와 두 면에 지붕이 있는 거주처와 여러 개 천막이 쳐져 마치 장식물을 구비한 천상의 저택과 같이 꾸며졌습니다.

이 동산에서 500m 쯤 올라가면 "뜨거운 귀신 물"이 흐르는 온천장이 있었는데 당시 사람들은 땅속에 '뜨거운 물귀신'이 숨어 뜨거운 물이 나온다 하자 부처님께서 말씀하셨습니다.

"원래 이 세상은 흙과 물, 바람, 불 등 네 가지의 원소에 의해 구성되어 있는데 대기권 즉 바람이 바깥을 열 둘레로 에워싸고 그 속에 물이 꽉차있으며 물 가운데 육지가 있고 육지 속에 불이 들어있어 불 곁을 지나오는 물은 뜨겁게 데워져 나오기 때문에 그것을 온천이라 하는 것이다."

그래서 사람들은 비로소 뜨거운 "물귀신의 불"이 아니고 온천에서 쏟아져 나오는 물이라 하여 그것을 약수로 먹기도 하고 몸을 씻어 병을 치료하기도 하였습니다.

임금님은 그로부터 3개월 동안을 궁중과 장자, 거사, 대신들의 집에서 차례로 돌아가며 스님들을 초청하여 공양하게 하고 그 뒤부터는 자연적으로 일반 백성들의 집에서 공양을 하여 큰 복전이 되게 하였습니다.

날마다 해와 달, 별, 산과 물에 의지하여 자연숭배를 하던 사람, 구렁이를 섬겨 요행을 바라며 부귀공명을 꿈꾸던 결발수행자들은 부처님을 만나 일시에 귀인이 되고 존경을 받게 되니 무엇이라 말로 표현할 수 없는 경지를 체험하게 되었습니다.

그래서 세 스님이 서로 말을 나누었습니다.

"인간은 복잡하고 유한하고
모자라고 변하고 끊어져서 하나가 아니다."

하니 다른 한 스님이

"그런데 신은 복잡하지도 않고
유한하고 모자라고 변하고 끊어지지 않고
오직 하나이다."

하니 또 다른 한 스님이

"그래서 사람들은 신을 좋아하고 신을 믿으나
부처님이 도를 깨닫고 보니
그 복잡하고 유한하고 변화하고 하나인 것이
신에게 매여 있는 것이 아니라 사람에게 달려있음을
알게 되었지 않는가!"

하고 기뻐하였습니다.

그러니 카샤파 3형제가 말하였습니다.

바른 길과 그른 길 선한 길과 악한 길,
마음의 깊고 얕은 것이 어디까지 이르러 있는가를 알아
그 시작과 끝, 중간에서 헤매고 있는 것을
명확히 분별하여 고생하지 않게 가르쳐 주었습니다.

설사 그 말을 믿고 찬탄하고 믿지 않고 헐뜯으며
반반 나누어 논리가 불분명하더라도 거기에 끄달리지 않고
이 세상의 고통과 삶, 목마른 사랑과 병고 액난을 위하여

부처님은 항상 어여삐 여기며 사랑을 나누신다 하였습니다.

그런데 어느 대신집에 공양청을 받아가니 나이 많은 3가섭을 보고

"저분이 석가모니부처님인가. 이분이 석가모니부처님인가."
하고 서로 궁금해 하자 부처님께서 카샤파에게 물었습니다.
"카샤파여, 그대들은 어찌하여 불 섬기는 것을 그만두고 불법을 좋아하게 되었는가?"
"실로 우리는 처음 우리들의 위신과 권위, 종교적 조직을 위하여 부처님을 존경하고 사랑하지 아니했습니다. 부처님께서 두 달 동안이나 우루벨라촌에 계시면서 갖가지 신통력을 부리고 멀리 있는 음식을 갖다 잡수시고 여러 가지로 대중들에게 편의를 제공하여 죄를 씻기 위해 목욕하고 나와서 벌벌 떨고 있을 때 물 가운데 동산에 모닥불을 피워 따뜻하게 해 주셨지만 이 모든 것을 신의 은총으로 알고 무시하였는데 마지막 용왕당에 들어가 용왕을 항복받는 것을 보고 그만 마음을 돌려 불교를 따르게 되었습니다.
그러나 저희들은 우리들의 권위와 위신이 무너졌다고 하여 조금도 후회하지 않습니다. 이 세상을 바르게 거짓 없이 사는 것이 가장 행복한 길이기 때문입니다."

그래서 사람들은 부처님께서 "내가 부처다"라고 소리하지 않고 제자들의 언행을 통해 저절로 존경하게 되었습니다.

부처님은 죽림정사의 희사에 대하여 감사하고, 다음과 같은 공덕을 말씀하셨습니다.
① 승단의 거처를 보시한 시주의 공덕은 만개의 입을 가졌다 하

여도 다 말할 수 없습니다.

② 승단으로 하여금 장수와 아름다움과 즐거움, 그리고 여러 가지 힘과 존경할만한 지혜를 얻게 하고

③ 추위와 더위로부터 보호하여 생명을 유지하게 한 공덕

④ 뱀, 전갈, 벼룩, 사나운 바람, 비 등의 고통에서 벗어나게 한 사람

⑤ 여기 음식, 의복까지 제공한 자는 살아서는 부귀공명하고

⑥ 죽어서는 천상락을 받았다가 마침내 열반락을 증득하게 될 것이니 그 공덕을 어찌 다 말로 할 수 있겠습니까.

빔비사라 임금님은 이 죽림정사와 함께 그 이름이 영세불망할 것이고 죽과 밥, 경식과 연식을 제공한 신도님, 법복과 침구 거주처를 장식한 여러 신도님들은 깊은 신앙심으로 번영을 누리게 되고 풍요롭고 즐거운 생을 얻어 아름다운 지혜를 얻게 될 것입니다.”

이에 빔비사라왕이 말했습니다.

“일꾼들이 화물을 수레에 가득 채워 목적지에 갖다 놓듯 온갖 고통과 슬픔이 소멸되고 한량없는 부를 누릴 것입니다. 부처님 저는 며칠 전 지옥·아귀의 세계에서 통곡하던 사람들이 부처님께서 공양을 받고 스님들이 시주를 받아 옷을 입는 것을 보고 그들이 모두 감로식을 얻어먹고 천상에 나는 것을 보았습니다. 아무쪼록 튼튼한 지붕처럼 비가 새지 않고 4면의 벽처럼 바람이 들지 않아 샘이 없는(無漏) 큰 도가 이 땅에 울려 퍼지기 바랍니다.

그런데 한 가지 의심이 있습니다. 이 땅과 절을 부처님 이름과

스님들 이름으로 하지 않고 국가 것으로 놓아두면 장차 종교가 다른 새 임금님이 나게 되면 스님들에게 지장이 있지 아니 할까요?"

"그렇지 않습니다. 이 세상의 모든 땅은 중생의 것이고, 부처님의 것이고, 임금님의 것입니다. 설사 그것이 이교도에 넘어간다 하더라도 오늘 임금님과 깔란타 대신에 의하여 만들어진 이 죽림정사는 영원히 없어지지 아니 할 것입니다. 만약 스님들이나 나에게 주어진다면 그 권한 때문에 종파가 생기고 파벌이 생겨 그것 때문에 오히려 불교가 쇠망할 염려가 있습니다."

과연 부처님의 예언은 틀림없습니다. 빔비사라 임금님이 돌아가시고 그 후 들어선 마우리아 왕국이 아쇼카 대왕 때는 불법이 서양 로마에까지 이르러 평화의 종교로 당시의 많은 종교에 큰 영향을 미쳤습니다.

그 후 이슬람 교도들이 침입하여 대밭 속의 건물은 하나도 남아 있지 못했지만 정사 안에 파 놓은 연못과 대나무 동산은 오늘날까지 그 원형을 유지해오다 급기야 유네스코 문화유산으로 등재되어 인도의 땅덩어리라기보다 세계민족의 복음지로 널리 알려지게 되었으니 부처님께서는 2500년 이후의 일까지 꿰뚫어 보셨던 것입니다.

3. 승원의 유래와 절

우리나라에서는 스님들이 사시는 곳을 '절'이라 하고, 중국에서는 '사(寺)'라고 하는데, 인도에서는 '승가람' 즉 '스님들이 사시는 공원'이라 부릅니다. 인도는 더운 나라이기 때문에 사실 집이 필요치 않습니다. 나무 밑에나 풀밭 또는 허허 벌판에 앉아 그냥 그대로 도를 닦다가 하루에 한 번 씩 탁발하여 밥을 얻어먹고 혹 비가 온다든지 바람이 분다든지, 짐승, 벌레들이 많으면 저녁시간에 승가람에 들어와 잠깐 의지하였지만 실제는 라자기르(王舍城) 일대에서 바이방주, 비뿌라, 라트나, 우다야, 소나의 등 다섯 산이 모두 스님들의 유행처이고 수행지였습니다.

그런데 쉼터를 '비하라' 즉 '거주하는 집'으로 인식하며, 대중스님들이 사는 곳이라 하여 '중원(衆園)'이라 부르기도 하고, 정갈한 곳, 깨끗한 집이라 하여 '정사(精舍)'라 부르기도 하였습니다. 그 때문에 죽림정사나 기수급고독원을 '죽림정사', '기원정사'라 번역하게 된 것입니다.

중국에서는 한나라 명제가 처음 불교를 받아들여 스님들의 거처를 미리 정하지 못해 당시의 외무부인 '성문사'에 모셨다가 그 곳을 절로 만들어 들이게 되었는데, 부처님과 부처님 사리, 부처님 경전 등을 흰 말에 모셔왔기 때문에 그 관청 이름을 '백마사(白馬寺)'라 고쳐 부르게 된 것입니다. 그러므로 중국의 절은 원래 관청 이름이었고, 단지 그 절을 수식하는 말로 '백마'라 고쳐 부르게 함으로써 결국 관청이름으로 일관하여 쓰게 된 것입니다.

그런데 우리나라에서는 신라 때 아도스님이 선산 털보 모례(毛禮)네 집에서 거쳐하였는데, 인도에서 보내온 향 사용처를 알지 못해 고민하다가 19대 눌지왕이 모례의 안내로 묵호자스님을 만나 향의 사용처를 알게 되었습니다.

임금님이 말씀했습니다.

"지난번 티베트에서 밀촉(蜜燭)을 보내와 쓰는 곳을 몰라 4방으로 문의하다가 한 선비가 '고기말린 것'이라 하여 삶아 먹었다가 죽을 고비를 겪었습니다. 그런데 이 향은 어느 곳에 쓰는 것입니까?"

"불에 태우면 매우 강한 향내가 나타나며, 정성을 드리면 신성에 통하게 되어 만병이 치료되고 소원이 성취됩니다."

"그렇다면 우리 딸 성국공주가 병이 들어 오랫동안 앓고 있는데 스님께서 고쳐주십시오."

그래서 향을 피우고 기도하였더니 즉시 공주의 병이 나아 시집가게 되었으므로 후한 상을 주어 스님을 지극히 받들게 되자 승속 간에 병이 들면 모두 모례내 집으로 가게 되었습니다.

그런데 모례를 신라 때는 '털보'라 불렀으므로 '털보내 집에 가자. 털보내 집에 가자' 한 털보가 '텔텔텔' 하고 변화되다가 그 털보내 집에 가면 절을 많이 하고 공양을 올렸으므로 그 이름이 변화되어 절이 되었다고 동국대학교 총장을 지내신 조명기박사가 쓴 '신라불교'라는 논문에 소개되고 있습니다.

한편 일본사람들이 절을 '데라'라 부르기 때문에 그 '데라'가 변하여 '절'이 되지 아니 했는가 하는 사람도 있으나, 우리나라 사람들은 불교가 들어오기 전부터 기도처에 가면 절을 많이 했으므로 '절'이 된 것이라 말하는 사람들도 있습니다.

어떻든 절은 스님들이 거처하는 장소이고, 기도드리는 장소이며, 병을 치료하고 소원을 빌고 성취하는 장소로 알고 있습니다.

4. 꽃장수 수마나

　부처님께서 죽림정사에 계실 때 왕궁의 정원사 수나마는 빔비사라 임금님이 엄청난 돈을 들여 꽃을 사다가 스님들께서 공양하는 장소를 장엄하고 또 길거리를 장식하는 것을 보고 그런 생각을 했습니다.

　"임금님은 전생부터 저렇게 복을 지었기 때문에 임금님이 되었고, 이처럼 큰 나라를 가지고 호화롭게 사는데 나는 이것이 무엇인가. 백년을 산다 하더라도 남의 심부름꾼으로 노예의 신세를 면할 수 없으니 차라리 한번이라도 부처님께 제대로 꽃 공양을 하고 죽으리라."

　그래서 마음먹고 꽃집에 갔습니다. 옛날에는 꽃집에 가면 일당은 떼어 놓고 꽃을 사 가지고 오다가 중간에서 부인을 만나 돈을 건네주고 갔는데, 오늘은 일당까지 몽땅 가지고 가서 꽃을 다 샀습니다.

　아침 일찍이 꽃을 사 가지고 부처님께서 탁발 나오시는 길에 서 있다가 부처님으로부터 시작하여 1250명의 스님들께 빠짐없이 꽃공양을 하니 부처님께서 마을에 들어가서 밥을 빌지 않고 그대로 꽃행진을 하였습니다.

　당시 왕사성은 약 1만세대가 넘게 사는 대도시였는데, 이 도시를 1250명이 낱낱이 방문하니 골목골목마다 사람들이 쏟아져 나와 인산인해를 이루었습니다. 부인은 중간에 있다가 임금님께 올릴 꽃을 부처님과 스님들께 올렸다는 말을 듣고
　"우리는 이제 다 죽었다. 대주가 사형집행을 받으면 가족들도

따라서 죽게 되어있는데, 두 아들이나 살려야 하겠다."

하고 왕궁으로 달려갔습니다.

"임금님, 임금님 큰일 났습니다. 저희 애 아빠가 임금님께 올릴 꽃을 부처님과 부처님 제자들께 공양하여 부처님께서 지금 왕사성으로 나와 꽃행진을 하고 있습니다. 임금님 명령을 어기는 자는 꼭 죽게 되어 있지요."

"당연하지. 가족까지 죽는다는 것을 모르고 있느냐?"

"알고 있습니다. 그렇기 때문에 미리 와서 빌고 있으니 이 두 어린 자식이라도 살려야 하지 않겠습니까. 애 아빠의 죄를 벌하기 전에 이혼하게 해 주십시오."

"그것이 원이라면 그렇게 하지."

하여 부인은 이혼을 하고 아이들을 데리고 친정으로 갔습니다. 그런데 부처님께서는 왕사성 시내를 완전히 한 바퀴 돈 뒤에 죽림정사로 바로 들어 왔는데, 들어와서 보니 식당에서 정성껏 만든 공양물이 와 있었습니다.

"누가 보낸 것인가?"

"나라 임금님께서 보내신 것입니다."

승원 대중이 다 같이 공양을 하고 칭찬하였습니다.

"오늘 꽃을 올린 왕궁 정원사와 그 가족에게 밝은 빛이 있기 바랍니다."

하니 부처님께서 말씀하셨습니다.

"그 거사는 전생에도 꽃장수로 있다가 부처님께 꽃을 올리고 환경부장관이 된 일이 있는데, 금생에도 꽃공양을 하고 1급 대신이 되어 8선녀를 거느리고 살 것이며, 내생에는 저 꽃 속에 열매가 맺혀 반드시 보리과(菩提果)를 얻을 것이다."

그런데 이 말을 들은 왕궁 정원사는 감격하여 눈물을 흘리면서

"부처님, 저는 일체의 대가를 바라지 않습니다. 내가 하고 싶은 일은 최선을 다해 실천하였습니다. 감사합니다."

그런데 밖에서 군인들이 와서 기다리고 있다가 왕궁 정원사를 데려갔습니다. 임금님은 무서운 눈초리로 심문했습니다.

"네, 이놈. 나의 꽃을 어찌하여 부처님께 바쳤느냐?"

"임금님께서 부처님께 꽃 올리는 것을 보고 감격하여 저도 한번 올리고 싶었습니다. 그러나 죽을 죄를 지었으니 처벌하여 주십시오."

"죽을 각오를 하고 일을 저질렀겠다."

"그렇습니다. 호적도 없는 사람이 이렇게 100년을 산들 무슨 보람이 있겠습니까. 차라리 몸을 바꿔 다른 세계에 가서 태어나고 싶습니다."

"알았다. 저놈을 당장 끌고 가 목을 쳐라. 그리고 그 가족들도 데리고 가서 함께 처형하라."

하고 또한 임금님은 가만히 병사에게 일렀습니다.

"저놈이 목에 칼이 닿더라도 얼굴색이 변하는지 변치 않는지 보라."

병사가 죄인을 데리고 나와 한식경동안 칼춤을 추고 마침내 목에 칼을 두 번씩이나 들이댄 뒤 물었습니다.

"뭐 할 말은 없느냐?"

"단지 임금님께 죄송할 뿐입니다."

그때 파발 말이 달려왔습니다.

"사형집행정지!"

하고 하얀 기를 내저었습니다.

"무엇이냐?"

"그 죄인을 임금님께서 모셔오라 하신다."

그래서 죄인을 임금님 앞으로 데려가니 물었습니다.

"후회 없느냐?"

"후회 없습니다. 단지 죄 없는 자식들까지 죽게 되어 미안할 뿐입니다."

이때 임금님께서 얼굴표정을 바꾸어 사랑스런 아버지처럼 말했습니다.

"너희 가족들은 친정에 가서 있노라. 내가 부처님 제자로서 부처님께 꽃을 올린 신도를 죽여서야 되겠느냐. 그래서 너를 사면해 주기로 하였는데, 너는 내가 해야 할 일을 대신 하였으니 그 공덕으로 노예의 명부에서 이름을 삭제하고 환경부장관에 임명하노라. 그러하니 네가 이 세상에서 목숨을 마칠 때까지 꽃을 재배하여 내 대신 부처님께 꽃공양을 하라.

그리고 네 부인은 이미 이혼이 되어 있으니 찾을 생각을 하지 말고 내 궁중에 있는 여덟 명의 여인들을 줄 터이니 나처럼 잘 데리고 살라. 꽃을 재배하고 여인들을 데리고 살려면 시자가 필요하고 또 거동할 때에는 코끼리와 말이 필요할 테니 여덟 마리의 코끼리와 여덟 마리의 말, 그리고 마부와 시종 32명을 하사하노라."

소문이 퍼지자 친정에 가 있던 아내가 부끄러워 자살이라도 하고 싶었습니다. 그런데 왕궁 정원사는 큰 코끼리를 타고 가서 세 식구를 한 마리 코끼리에 태우고 와 임금님께 감사하니 하늘에는 쌍무지개가 서고 땅에서는 뭇 새들이 노래하고 춤을 추었습니다.

5. 월명사의 도솔가

　옛날 신라 때 월명사가 도솔가를 불러 하늘에 떠 있는 두 해를 없앤 일이 있었는데, 오늘 왕궁 정원사는 산 부처님께 꽃을 바쳐 새 삶의 길을 얻었으니 얼마나 기쁜 일입니까.”

　오늘 이에 산화가(散花歌)를 불러
　뿌린 꽃아 너는
　곧은 마음의 명령을 부림이니
　미륵좌주를 모셔라.

　그때 어린 동자가 스님 앞에 나타나 스님에게서 차와 염주를 받아 가지고 서쪽의 작은 못으로 나아갔는데, 아직까지도 나타나지 않고 있습니다. 진실한 마음은 상(相)이 없어 그 종적을 찾을 수 없기 때문입니다.

　월명사는 그 뒤에도 일찍 죽은 누이를 위해 재를 올리며 향가를 불러준 일이 있습니다.

　생사의 길은 여기 있으매 두려워지고
　너는 간다는 말도 못다 이르고 갔느냐
　가을 이른 바람에 여기저기 떨어져 있는 잎처럼
　아, 미타찰(彌陀刹)에서 너를 만나볼 나는 도를 닦아 기다리련다.

<삼국유사 권 5. 월명사의 도솔가>

제13강 싸리뿟따와 목갈라나의 귀의

1. 행각사문 우빠띳싸

　부처님께서 라자가하시에 머문 뒤 보름쯤 되었을 때 5비구 중한 사람인 아싸지 장로가 탁발을 나갔다가 행각사문 우빠띳싸를 만났습니다. 법복을 단정히 입고 발우와 상의를 착용하고 앞만 보고 라자가하시로 들어가는 아싸지를 본 우빠띳싸는 자기도 모르는 사이에 그 뒤를 따르게 되었습니다.

　"저 비구는 아라한과를 성취한 자임이 틀림없다. 누구를 스승으로 무슨 가르침을 받아 저렇게 단정할까."

　하고 장로가 밥을 받고 돌아서자 물었습니다.

　"벗이여, 당신의 감관은 매우 맑고 깨끗합니다. 그대는 누구의 제자이며 무엇을 배우셨습니까?"

　"모든 것은 인연 따라 나타났다. 인연 따라 없어진다. 우리 스님 큰 스님께서는 항상 이렇게 말씀하십니다."

　이 글을 한문경전에서는

제법종연생(諸法從緣生) 제법종연멸(諸法從緣滅)
아불대사문(我佛大沙門) 상작여시설(常作如是說)"

이라 번역하고 있습니다.

장로 아싸지 스님은 이렇게 간단히 말하고
"나는 신참 비구이기 때문에 그 구체적인 내용은 설명드릴 수
없으니 우리 스님께 가서 물어보십시오."
하자 다시 물었습니다.
"당신의 스승은 어디에 계십니까?"
"빔비사라 임금님께서 지어 바친 웰루와나 승원(죽림정사)에 계
십니다. 5온은 고통덩어리고 그것은 목마른 사랑에 의해 이루어졌
으므로 바른 마음으로 도를 닦으면 누구나 그 고통에서 벗어날 수
있다 가르치고 계십니다."
우빠띳싸의 스승 산자야 베랏티풋타는 회의론자로 절대적인 진
리와 객관세계에 대한 인식을 의심하고 궁극적 판단을 하지 않았
는데 우빠띳싸가 들으니 이는 분명한 철학이요. 과학이었습니다.
그는 진리에 대하여 목말라하는 친구 꼴리타에게로 달려갔습니
다.

2. 친구 꼴리타

꼴리타는 자신에게로 달려오는 우빠띳싸를 보고 물었습니다.
"벗이여, 오늘 자네 얼굴이 유독 빛나는데 무슨 약을 먹었는가?"
"감로의 차를 마셨노라."
하고 그동안 아싸지 스님과의 만나 나눈 이야기를 하니 꼴리타
도 그 자리에서 깨닫고
"벗이여, 우리의 스승이신 석가모니 부처님께로 가세."
하고 당장 달려가려 하였습니다.

그때 우빠띳싸가 말했습니다.

"우리들 밑에 있는 250명의 행각사문들을 어떻게 할 것인가? 그들은 오직 우리들만을 믿고 살아오고 있는데!"

"그러면 그들에게 우리들의 사정을 이야기하고 결정은 각자 하기로 하는 것이 좋겠네!"

하여 이야기하니 모두가 따라 가겠다고 하였습니다.

그래서 마지막으로 스승에게 가서 말씀드리니

"이 세상에는 슬기로운 자도 있고 슬기롭지 못한 자도 있으니 그대들은 슬기로운 자를 따라서 가라. 나는 어리석은 자들을 데리고 살리라."

그리하여 두 사람은 250명의 행각사문들을 거느리고 웰루와나 사원으로 갔습니다.

행각사문(行脚沙門)이란 집을 떠나 발 가는대로 돌아다니며 훌륭한 스승이 있으면 그곳에 머물러 도를 닦는 유행승들을 말합니다.

3. 장조범지 디카나까의 반항

우빠띳와 꼴리따가 250명 제자들을 거느리고 죽림정사에 도착한 시간은 저녁 8시쯤이 되어 마침 14일 둥근 달이 떠오르기 시작한 시간이었습니다.

1천명의 대중스님은 깊은 명상에 빠져 숨소리 하나 들리지 아니했습니다. 그들은 조용히 대중목욕탕 앞에 앉아 입정이 끝나도록 기다렸습니다.

방선(放禪)이 되자 부처님이 쳐다보시고 소리쳤습니다.

"저기 저 서있는 사리여인의 아들과 목갈라나는 이리 오너라."

"그래서 부처님 옆으로 가니 좌우에 앉히고

"이 사람들이 장차 너희들의 교수사가 될 것이다."

선언하였습니다. 이로 인하여 저절로 두 사문은 부처님의 상수제자가 되었는데 싸리뿟따의 조카 디카나카 장조(長爪)가 화가 나서 악선전을 하였습니다.

"부처님은 부모로부터 자식을 빼앗아가고 자식으로부터 부모를 빼앗아가며 아내로부터 남편을 빼앗아가는 사람이니 밥을 주어서는 아니된다."

그래서 1250명이 거의 5일을 굶고 제6일에 이르자 싸리뿟따가 부처님께 여쭈었습니다.

"저희들 때문에 모든 대중이 고통을 받고 있으니 차라리 저희들이 집으로 가는 것이 좋지 않을까요?"

"그것은 알아서 하라. 그러나 언젠가 한번은 죽고 말 것인데 굶주림 때문에 공부를 못한다면 차라리 죽는 것만 같지 못하리라!"

"그러면 한 이틀만 더 기다려 보겠습니다."

그런데 그 이튿날 그의 어머니께서 자식이 굶어 죽을 것 같아 수레에다 밥을 가득 싣고 와 나누어 먹게 되었습니다.

"위로부터 순서적으로 나누어 먹어라."

그리하여 다시 한 수레 더 갔다가 1250명이 빠짐없이 공양하였습니다.

이 소식을 들은 장조가 더욱 화를 내어

"내가 부처님을 반드시 나의 제자로 만들겠다."

맹세하고 밤낮없이 연구하였습니다.

"실달태자는 어려서부터 문무양면에 통달하고 또 출가하여 요가, 고행, 위빠사나 까지도 모두 통달 하였으므로 어떠한 사상도 논리도 내 세우면 안 된다. 그러므로 나는 그에게 어떤 논리도 세우지 아니하리라.”

이렇게 생각하고 부처님께서 영축산에 계실 때 그의 제자 몇 사람과 함께 올라가 제안하였습니다.

“부처님 오늘 저와 논전을 하여 내가 이기면 부처님이 나의 제자가 되어 주시고 내가 지면 내 머리를 내놓겠습니다.”

“좋을 대로 하라. 그대가 먼저 제안했으니 무엇이고 이야기해 보라.”

그때 디카나카가 제안했습니다.

“저는 이 세상 어떠한 논리도 내 세우지 않습니다.”

부처님께서 웃으시며,

“어허, 그 내세우지 않는다는 것은 내세우고 있지 않는가!”

단칼에 목이 부러졌습니다. 디카나카는 부끄러워 뒤로 돌아서다가 그의 제자들에게 말했습니다.

“위대한 지도자는 거짓말을 하지 않는다.”

하고 그의 목을 부처님께 내 밀었습니다.

“디카니카여, 내가 그대의 머리를 갖다가 무엇에 쓰겠는가. 그 쓰지 못할 목을 가지고 이 세상을 이롭게 하는 사람이 되라.”

“디카나카는 너무도 감격하여 집이 있는 나란다 지방에 내려와 얼마나 부처님을 칭찬하였던지 우빠띳사의 동생, 쭌다와, 우빠세나, 레와따가 그 자리에서 출가하고 누이 짤라와 우빠짤라 · 씨쑤바 짤라가 출가하여 10남매 중 일곱명이 출가하고 자신도 출가하였으며 장차는 시집갔던 4촌 6촌들 10여 가족이 모두 출가하여 부처님 제자들 가운데서는 가장 출가자가 많은 집안이 되었습니다.

4. 어머니를 제도한 목갈라나

(1) 효자 목갈라나

싸리뿟따의 본 이름은 우빠띳사인데 싸리(매)의 눈을 가진 어머니의 아들이라 하여 싸리뿟따라 부르게 되었고 목갈라나는 라자가하의 꼴리따 마을 바라문 가문에 태어났기 때문에 꼴리따라 불렀는데 어머니 목갈라나의 이름을 따서 마하 목갈라나 또는 나복이라고 불렀습니다.

두 집 다 큰 부자로 살았으나 싸리뿟따의 집은 전통적으로 교육자집안이고 목갈라나는 무역을 중심으로 살아온 사업가 집안이었습니다.

아버지 부상장자가 돌아가신 뒤 3년 동안이나 묘제(廟祭)를 지내고 나니 재산이 많이 축나자 전 재산을 3등분하여 1분은 어머니께 드려 아버지 명복을 위해 재공양을 올리도록 하고 1분은 어머니 생활비로 드리고 1분은 자신이 가지고 남인도에 가서 향료장사를 하였습니다.

가지고 간 돈의 30배 이상을 벌어 가지고 오면서 어머니께서 아버지를 위해 재를 지내시느라 얼마나 고생하실까 생각하여 고향 4km전 부터는 1보1배를 하고 왔습니다.

그런데 마을 농부가 밭에서 일을 하다 보고 인사하였습니다.

"나복이 아닌가?"

"그렇습니다. 그동안 잘 계셨습니까?"

"그런데 무슨 절을 그렇게 많이 하고 오는가?"

"우리 어머니께서 아버지를 위해 재를 지내시느라 얼마나 고생을 많이 하셨을까 생각해서 감사인사를 드리는 것입니다."

"자네도 정신이 잘못된 것 같네, 자네 어머니는 자네가 떠난 지 보름도 되지 않아 바람이 나 가지고 동네 한량들과 함께 날마다 먹고 놀고 하여 동네 사람들이 염증을 일으키고 있을 정도라네. 날마다 닭, 돼지를 잡고 양, 염소를 잡아 천재를 지낸다고 피를 뿌려 온 동네가 피비린 냄새로 진동하고 있네."

나복이는 이 말을 듣고 기가 막혀 돌멩이로 머리를 치면서 흙밭에 굴러 몰골이 말이 아니게 되자 비서가 말했습니다.

"남의 말만 듣고 그렇게 하시지 말고 내가 직접 가서 확인해 보고 오겠습니다."

하여 나복이는 산등성이에서 쉬고 있었습니다.

그런데 비서가 집에를 가서 보니 수십 명의 남녀가 어울려 난장판을 벌이고 있다가 놀라 까무러치며 청제 부인이 말하였습니다.

"내 자식이 죽고 사는 것은 네 말 한마디에 달려있으니 한번만 거짓말을 해 달라. 즉시 집안청소를 하고 재공의식을 집행할 것이니 '잘하고 있다'는 말만 한마디 해주면 내 너 평생 먹을 재물을 주리라."

(2) 거짓말하고 죽은 어머니

사실적으로 말을 한다 하더라도 이 일은 쉽게 해결될 일이 아니므로 그렇게 하기로 약속하고 어머니와 함께 와서 말을 하니 반신반의 나복이가 정신을 차렸습니다. 어머니 청제부인이 맹세했습니다.

"나복아, 내가 만약 거짓말을 네 앞에서 한다면 1주일 이내에 피를 토하고 죽어 무간지옥에 떨어질 것이니 내 말을 믿어다오."

그래서 집으로 돌아와 동네잔치를 벌렸습니다.

그런데 잔치 도중 제4일만에 어머니가 피를 토하고 갑자기 돌아

가시니

'이는 필시 지옥 종자라.'

누구도 의심하지 아니할 수 없었습니다. 뿐만 아니라 나복의 비서까지도 따라서 죽었습니다. 초상을 치르고 49일을 근신한 뒤 유명한 점쟁이에게 가서 물으니

"그대의 어머니는 염라국에 들어가 현재 재판을 받고 있는 중이니 공양미 300석을 내어 500승 재를 지내도록 하라."

고 하여 백일동안 특별기도를 드리고 재를 올렸습니다.

그런데 한 거룩한 사람이 비몽사몽간에 나타나

"그대의 어머니는 이 곳 염라국에 명단이 없다. 하지만 그대의 정성이 지극하여 내가 일러주는 것이다."

하였습니다. 그래서 다시 불 가지논자 산자야 벨랏티뿟따에게 가 물으니

"그대 어머니 죄는 워낙 무거워 작은 재로서는 될 수 없으니 그대가 출가하여 나의 제자가 되면 소멸되리라."

하여 출가 하였더니 마치 아랫마을 싸리뿟따도 그의 제자가 되어있어 함께 공부하게 되었습니다.

산자야의 교육은 전통적인 베다를 독습하고 천신을 찬송할 뿐 별로 하는 것이 없어 한번은 싸리뿟따와 같이 광대놀이에 갔다가 다시 한 번 인생무상을 느끼고 훌륭한 스승을 만나면 서로 알려주기로 약속하였는데 마침 싸리뿟따가 앗사지스님을 만나 깨달음을 얻고 알려주어 함께 출가하게 된 것입니다.

목갈라나는 비록 출가하였으나 어머니에 대한 생각이 많이 남아 있었으므로 부처님께 물었습니다.

"그동안 결과가 이러이러하니 어머니를 어떤 방법으로 구제하

여야 하겠습니까?"

"내가 말을 하면 산자야 말과 별로 다를 것이 없을 것이니 네가 직접 관(觀)을 통해 어머니의 거처를 알아보라."

그래서 마하목갈라나는 영축산에 올라가 일주일동안 명상을 하여 7일만에 아라한이 되어 3천대천세계를 두루 탐색하다가 도리천에 이르러 그의 아버지 부상장자를 만나보고 지옥에 들어가서도 8만지옥을 다 찾아보았으나 어머니 명단이 없어 기진맥진하여 있는데 갑자기 지장보살이 말했습니다.

"지옥에 명단이 없다면 틀림없이 무간지옥에 들어있을 것이니 다시 남섬부주에 가서 부처님께 문의해보라."

⑶ 무간지옥(無間地獄)

그래서 죽림정사에 나와 물으니 부처님께서 친히 가지고 계시던 법장과 바리때에 물을 가득 담아 주시며 말했습니다.

"이걸 가지고 가서 법장을 세 번 내려치면 문 없는 문이 열릴 것이고 어머니를 만나면 이 물로 목을 축여드리도록 하라."

목갈라나가 부처님 시키는 대로 하니 갑자기 문 없는 벽이 허물어 진 뒤 뿔이 달린 사자가 나와 호통쳤습니다.

"여기가 어디라고 감히 남의 집을 허물어 뜨리느냐?"

"예, 저는 남섬부주에 사는 석가모니 부처님 제자 목건련인데 어머니를 구하기 위해서 왔습니다."

"어머니 이름이 무엇인가?"

"청제부인입니다."

그때 사자가 큰 소리로 불렀습니다.

"청제부인아, 네 아들 중에 부처님 제자 목건련이 있느냐?"

"아들이 하나 있기는 한데 이름이 나복입니다."

그때 목건련이 급히 말했습니다.

"내가 세속에 있을 때는 이름이 나복이었습니다."

"네 아들이 면회 왔으니 잠깐 나와 보라."

하고 1m가 넘는 삼발이로 가슴을 콱 찍어 내동댕이쳤습니다. 너무 얼굴이 상해 알아볼 수 없을 정도가 되었는데 부처님이 주신 발우 속의 물을 마시고 정신이 나 슬피 울면서 호소하였습니다.

"나복아, 나 좀 살려다오. 이대로는 살 수가 없다."

나복은 한없이 울면서

"어머니 죄를 내가 대신 받겠으니 놓아주실 수 없습니까?"

하니

"이 세상에서 누구도 대신할 수 없는 일이 여섯 가지가 있으니

첫째는 먹는 것이고,

둘째는 자는 것이고,

셋째는 싸는 것이고,

넷째는 아픈 것이고,

다섯째는 죽는 것이고,

여섯째는 죄를 받는 것이다."

하고 그만 끌고 들어가 버렸습니다.

그래서 부처님께 다시 와서 사정하니

"7월 15일 해제일에 어머니를 위해서 큰 재를 베풀고 스님들로 하여금 독경케 하라."

하였습니다.

(4) 우란분재와 구모생천

그래서1250명 대중을 공양하고 아함 · 법구경을 독송하니 어머

니께서 무간지옥에서 거꾸로 매달려 있던 고통에서 벗어나 옛 종의 집 개로 태어났다가 다시 두번 재를 베푸니 천당에 가 태어났습니다. 이것이 저 유명한 '구모생천경' 또는 '목련경'입니다. 그리고 '우란분재'란 거꾸로 매달려있는 중생들을 구제하는 '재'라 하여 '구도현(救倒懸)'이라 번역합니다.

부처님께서 말씀하셨습니다.

진실이 아닌 것을 말하는 자
하고도 하지 않았다고 하는 자 지옥에 간다.
이들 비천한 행위를 한 두 사람은
죽은 뒤에 저 세상에서도 똑같이 벌을 받는다.

5. 똥먹고 사는 잠부까

부처님께서 죽림정사에 계실 때 잠부까는 부잣집 아들로 태어나 똥을 먹는 습관 때문에 집에서 버려져 사명외도 집단으로 갔으나 거기에서도 혐오심을 일으켜 공중변소 옆 화장실 옆에서 눕지 않고 앉지 않고 똥만 먹고 살았습니다.
사람들이
"무엇을 먹고 사느냐?"
하면
"나는 공기만 마시고 눕지 않고 산다."
하며 항상 한 다리를 들고 언덕 위 바위에 서 있었습니다. 그래서 "바람도인" "학다리 도인"이란 별명을 얻고 모든 사람들의 존경을 받았습니다. 사실 그는 그동안 4선8정을 공부하여 어떤 외도들보다도 뛰어난 관찰력을 가지고 있었습니다.

부처님께서 이를 제도할 시기가 온 것을 아시고 그가 거처하는 장소에 가서 하룻밤 묵기를 청했으나 거절하자 산 위 동굴 속에서 하룻밤을 자는데 4천왕과 도리천 염마천들이 차례로 와 법문을 듣는 바람에 주위가 대낮같이 밝았습니다.

이를 본 잠부까는

"나는 허위로 사람들을 속이었는데 어떻게 저렇게 진실한 성자가 있는가."

하고 내려왔습니다. 이튿날 신도들이 공양하러 왔다가 두 성자를 보고

"누가 더 훌륭할까?"

의심하자 부처님께서 잠부까에게

"그대가 저 모든 사람들의 의심을 풀어주라."

하니 잠부까는 두 번 허공으로 날아올랐다 내려와서

"거룩하신 부처님, 당신은 진실로 저의 스승이십니다."

하고 인사하였습니다.

6. 육사외도와 장님 코끼리 잡기

(1) 육사외도의 주장

육사외도는 여섯 가지 큰 세력을 가진 철학자 종교인들을 말합니다.

첫째, 선악인과를 부정한 부란나 가섭,

둘째, 운명론자 말가리 구사리자,

셋째, 궤변론자 산자야 비라지자,

넷째, 유물론자 아기다시사 흠바라나,

다섯째, 쾌락주의자 가라구타가전연,
여섯째, 나체주의자 니건타야데자입니다.

부란나 가섭은 선악 보응의 부정론자로 윤리도덕을 인정하지
아니하였기 때문에 되는대로 살아가는 것을 주장하는 자이었고

말가리 구사리자는 사람에게 닥쳐오는 모든 길흉화복이 사람의
힘으로는 어찌할 수 없고 사람이외의 어떤 힘이나 신의 명령에 의
하여 이루어진다고 믿었기 때문에 항상 불안하고 공포 속에서 살
았던 것입니다.

그리고 산자야 비라지자의 궤변론, 회의론은 전통적인 궤변을
중심으로 기억해 전승해 내려오는 것을 주장했으므로 사리뿟따와
목갈라나 같은 분들이 거기에 만족하지 못하고 불교로 개종하였
던 것입니다.

아기다시사흠바라나와 가라구타가전연은 주로 유물론을 배경
으로 쾌락적인 삶을 지향해 왔으므로 현실적인 젊은이들은 매우
좋다고 따라 갔으나 결국에는 그것에 만족하지 못하고 도피적인
생활을 하던지 출가하여 사문이 된 자들이 많았던 것입니다.

그리고 나체주의자 니건타야데자는 무소유를 주장했으므로 태
어나면서부터 몸에 옷을 걸치지 않고 신도들이 주는 것만을 중심
으로 무소유의 삶을 하였던 것입니다.
부처님 당시 급고독장자의 딸이 생식 나체주의를 신봉하는 가
정에 시집 갔다가 1천명 니건타야데자를 보고 까무러쳤다가 불제

자들의 도움으로 살아나 그 나라를 문명국가로 만든 일이 있습니다.

특히 회의론자 뻴랏티뿟따는 "전승을 의존하고 구전만을 진리"라고 주장하며 성스러운 문헌을 의지하여 진리를 말하였지만 어떤 것은 잘 기억하고 어떤 것은 잘 기억하지 못해 사람들을 웃기고 비웃음을 받기도 하였습니다.
"나는 그렇게 말하지 않고 그렇지 않다고도 말하지 않는다."
하고 또
"같다고도 말하지 않고 그렇지 않다고도 말하지 아니 했다."
하여 청정한 삶은 말할 것도 없지만 진실한 삶을 할 수 없었습니다.

(2) 장님 코끼리 만진 비유
부처님은 제자들에게 물었습니다.
① 세계는 영원한가? 영원하지 아니한가?
② 세계는 유한한가? 유한하지 아니한가?
③ 영혼은 육체와 같은가? 육체와 다른가?
④ 여래는 사후에 존재하는가? 사후에 존재하지 아니하는가?
⑤ 여래는 사후에 존재하기도 하고 존재하지 않기도 하고 사후에 존재하는 것도 아니고 아니하는 것도 아닌가?

어느 것이 옳은가?
"이것을 진리다. 아니다." 하고 서로 주장하고 있으니 가닥을 잡을 수 없다 마치 이것은 태어날 때부터 장님인 사람이 코끼리를 보고

① 머리를 만진 사람은 코끼리를 물항아리 같다 하고
② 귀를 만진 자는 키와 같다 하고
③ 이빨을 만진 자는 쟁기와 같다 하고
④ 코를 만진 자는 쟁기막대와 같다 하고
⑤ 몸통을 만진 자는 창고와 같다 하고
⑥ 다리를 만진 자는 기둥과 같다 하고
⑦ 허벅지를 만진 자는 절구와 같다 하고
⑧ 꼬리를 만진 자는 곤봉과 같다 하고
⑨ 꼬리채를 만진 자는 빗자루와 같다고 하는 것과 같다.

사실 그것이 코끼리가 아닌 것은 아니지만 코끼리의 일부분에 불과하기 때문에 그 모든 것을 다 모으면 한 마리의 코끼리가 되는 것이다.

이런 수행자나 성직자들은 이러한 편견에 집착하기 때문에 싸우는 것이다. 사람들이 한쪽 관점만 본다면 서로 말다툼이 벌어져 논쟁이 끝나지 않는다.

그러므로 그대들은 싸리뿟따와 목갈라나처럼 뛰어난 지혜와 신통을 얻어 모든 것을 전체적인 면과 부분적인 면에서 보는 전체지와 부분지를 겸하도록 하라."

하였습니다.

사실 우리가 현재 살고 있는 세계에서도 공산주의가 옳다, 민주주의가 옳다, 자본주의가 옳다 하여 갖가지 당과 파를 말하고 있지만 그것은 사람이 잘 살기 위한 수단과 방편이지 그것 자체가 목적이 되는 것은 아닙니다. 그런데 사람들은 사람을 위해 만든 주의 사상을 가지고 사람을 죽이고 살리고 있으니 정말로 이 세계야

말로 어리석은 세계라 아니 할 수 없습니다.

(3) 니간타 나따뿟따와 나체생활
특히 왕사성 사람 자이나교주 니간타 나따뿟따는

"나는 모든 것을 아는 자이고
나는 모든 것을 보는 자이며
완전한 앎과 봄을
선언한 자이고

가거나 서거나
항상 끊임없이
앎과 봄이 현전한 사람이다.

빈집에 들어가
음식을 얻지 못하고
개가 물고
사나운 코끼리를 만나고
뛰는 말과 차는 황소
여자와 남자를 만나 성씨를 묻고

마을이나 도시
이르는 곳마다 그 이름을 물었다.
상대방에게 평안을 주지 못한다 할지라도
나는
무소유의 생활로

깨끗한 생활을 하고 있다."

부처님께서는 이 말씀을 듣고, 말씀하였습니다.
"그 깨끗한 생활을 하는 것은 좋지만 옷을 입지 않고 덜렁거리고 다닌다면 한대지방이나 다른 나라에 가면 어떻게 살 것인가."

이것은 위대한 종교의 국제성과 환경성을 예측한 말씀입니다. 모든 진리는 시대와 장소를 뛰어넘어 초시간 초공간 속에서 공감할 수 있어야 하기 때문입니다.

제14강 고향 까삘라왓투에서

1. 최초의 법회와 정반왕의 초청

부처님께서 영축산에서 싸리뿟따의 수행을 돕고 웰루와나 승원 (죽림정사)으로 내려오니 누가 연락한 것도 아닌데 사방에 흩어져서 공부하던 1250 대중이 죽림정사에 다 모여 있었습니다. 때는 마가월, 즉 12월 보름날이었습니다.

부처님은 여기서 비구들의 책무에 관한 법문을 하였는데 그것을 후대 사람들은 '오와다 파티목카'라 불렀습니다.

파티목카란 부처님께서 제정한 규율이라는 뜻인데 곧 이것을 통해 해탈자재를 얻기 때문입니다.

(1) 오와다 파티목카

① 참음과 견딤이 최상의 도덕적 수행이다.

② 갈애에서 벗어나는 것이 열반이다.

③ 남을 해치고 죽이는 것은 출가자가 해야 할 일이 아니다.

④ 남에게 피해를 주는 자는 모든 번뇌를 소멸시킨 고상한 비구라고 할 수 없다.

⑤ 모든 악한 짓을 하지 말고 흠 없는 선행을 행하라. 마음을 가

로 덮는 번뇌에서 벗어나라. 이것이 모든 부처님들의 가르침이다.

⑥ 남을 비방하지 말고 헤치지 말고 죽이게 하지 말고 남을 시켜서도 그런 일을 하지 말라.

⑦ 계율을 잘 지켜 오염되지 않게 하고

⑧ 음식을 먹는데 때와 장소를 알고

⑨ 함께 떠들지 말고 떨어져 지내고

⑩ 지관(止觀)을 통해 등지(等持: 三昧)를 닦으라.

이것은 생명을 지켜 나가는 활명계(活命戒)이고 자비를 구족한 자구계(慈具戒)입니다. '참음'은 남의 험담이나 욕설을 참는 것이고 '견딤'은 추위, 더위를 견디는 것이라 하였습니다.

싸리뿟따와 목갈라나는 출가한 지 얼마 되지 않았으나,

첫째, 탐욕과 분노, 졸음, 수면, 흥분, 걱정에서 벗어났고

둘째, 6근이 6경을 상대하는데서 평정을 얻었으며,

셋째, 기억력을 끊임없이 유지하고

넷째, 참고 피하고 제거해야 할 것을 알고

다섯째, 부분적인 진리를 물리치고

여섯째, 세속에서 어떤 도구를 구하지 않고

일곱째, 의도가 깨끗하고

여덟째, 편한 마음으로 선정에 머물고

아홉째, 마음에 해탈을 얻고

열째, 지혜로써 옳고 그름을 판단할 수 있는 능력을 갖추었기 때문에 교수사(敎授師)로서 인정하고 대중 앞에 선언했습니다.

"장차 이 두 사람이 너희들의 교수사가 될 것이다."

먼저는 개인적으로 인정하였으나 여기서는 대중들에게 확실히

인식시켰습니다.

2. 칼루다인의 청송(請頌)

부처님께서 마가다국 왕사성에 와서 빔비사라 임금님을 교화했다는 말을 듣고 숫도다나 정반왕은 여러 차례 사람을 보내 염탐하였습니다.

그러나 가는 사람마다 1200 대중의 수행에 압도되어 부처님 앞에 까지도 가지 않고 바로 그 자리에서 출가사문이 되었기 때문에 이번에는 평상시 정반왕의 제1 근친인 칼루다인을 보내면서 천만 가지로 당부했습니다.

칼루다인은 까삘라국의 제1 대신으로 대 웅변가이고 시인이고 논객이었기 때문에 등에다 "반드시 돌아옵니다." 라는 "귀래(歸來)"라는 큰 글씨를 써 붙이고 갔습니다.

칼루다인은 가면서 60수의 시를 지어 부처님께 바치고 돌아서니 등에 "귀래"라는 글씨가 써져 있었으므로 물었습니다.

"그게 무엇인가?"

"부처님을 반드시 모시고 돌아온다는 말입니다."

"알았다. 정반왕의 초청으로 까삘라국을 방문한다고 일러라."

칼루다인은 너무도 좋아 길길이 뛰면서 큰소리로 노래를 부르며 까삘라국으로 갔습니다.

"부처님이 오신다. 부처님이 오신다. 길을 닦고 꽃을 심고 부처님을 맞을 준비를 하자."

3. 정반왕의 깨달음

⑴ 두 달 동안의 여행

실로 칼루다인의 시는 감동적이었습니다.

존경하는 주인이시여
큰 은혜를 베푸시는 어른이시여,
겨울이 가고 봄이 왔습니다.
온갖 꽃이 활짝 피고
새들이 노래하고 있습니다.
그러나 까삘라국은 아직도 겨울이요, 새벽입니다.
반드시 당신의 나라를 방문하여
꽃이 피게 하고 새들이 노래하게 하옵소서.

정반왕은 길 곳곳에 물 항아리를 배치하여 수행자들이 지나갈 때 목을 축이게 하고 하루거리의 먼 길에는 천막을 치고 먹을 것을 보내서 먹고 쉬게 하였습니다. 앙가국과 마가다국에서 출가한 좋은 가문의 스님들은 하루에 1 요자나씩 2달 예정으로 길을 떠났습니다.

⑵ 거국적인 환영

한편 까삘라국에서는 대중처소를 니그로다 동산으로 정하고
① 정장을 한 아이들을 도열하고
② 예복을 차려 입은 왕자와 공주들이 나와 섰으며
③ 나머지 석가족들은 꽃과 예물을 가지고 기다렸습니다.
인도에서도 제일 큰 나라 마가다국 임금님의 귀의를 받은 부처

님이라 하니 코끼리 타고 말 타고 수레에다 온갖 보물을 가득 싣고 올 줄 알았는데 부처님의 의복은 남루하고 스님들 또한 거지꼴이나 다름없었으므로 실망하기 그지없었습니다.

정반왕은 평생 모은 재산으로 금수레 은수레를 만들어 자신은 은수레를 타고 가 아들 싯다르타를 금수레에 태워 오기로 하였는데 다 떨어진 의복에 발우를 들고 법장을 들고 천천히 걸어오는 모습을 보니 당장이라도 때려죽이고 싶은 심정이었습니다.

그러나 점점 가까이 오자 부처님의 눈에서 쏟아지는 빛은 사람들이 바로 쳐다볼 수 없게 되었으므로 자신도 모르게 수레에서 내려 오체투지를 하였습니다.

아이들과 왕자, 공주들도 따라 모두 절을 하였지만 일가친척들 가운데 나이든 사람들은 '아들, 조카와 같은 자에게 절은 무슨 절을 하느냐'고 본척만척 하였습니다.

이러한 일 때문에 성자들은 종종 고향에 가서 박대를 받는다는 말이 생긴 것입니다. 그러나 세속적인 관념으로서는 당연한 일이기 때문에 신경 쓸 것이 못 됩니다.

어쨌든 정반왕이 부처님을 껴안고 눈물을 흘렸습니다.

"싯다르타여. 진정으로 보고 싶었노라. 어찌하여 이렇게 늦었는가. 깨달음을 얻으면 즉시 돌아온다 해 놓고!"

"돌아올래야 돌아올 수 없는 경지에 이르렀습니다. 깨닫고 보니 내 나라만 나라가 아니고 우리 백성만 백성이 아니었습니다. 인연 따라 청하는 대로 나가다보니 이렇게 늦었으니 이해해 주시기 바랍니다."

⑶ 왕보와 불보

　모든 대중들은 니그로다 동산에서 자리를 잡고 안정을 하였습니다. 그러나 이튿날 아침부터 당장에 곤궁에 처한 일이 생겼습니다. 까삘라국 사람들은 수행자들에게 공양을 대접하는 풍습을 모르고 있었기 때문입니다.
　그래서 그 이튿날은 완전히 굶었습니다. 정반왕이 다시 오셨습니다.
　"부처님. 내 나라에는 부처님을 대접할 만한 음식이 없어 걸식하십니까?"
　"아닙니다. 저는 제 조상의 얼을 계승하고 있을 뿐입니다."
　"무슨 말씀이십니까? 우리 조상은 80대를 넘어 살아오면서 아직까지 집집을 돌아다니며 걸식하는 일이 없었습니다."
　"그것은 왕보입니다."
　"그러면 이 왕보 밖에 또 다른 족보가 있다는 말입니까?"
　"세상 사람들에게는 족보가 있듯이 불교에서는 불보(佛譜)가 있습니다. 진리를 깨달은 부처님들은 하루에 한때 7가식을 해왔으며 그 음식을 먹고 수행과 사회봉사를 중심으로 살아왔습니다."
　정반왕은 이 말씀을 듣고 참으로 놀랐습니다.
　"나야말로 참으로 어리석은 사람이로구나. 마가다국 빔비사라왕께서 오체투지를 하시고 왕중왕 성중성(王中王 聖中聖)으로 모시던 우리 부처님을 내 아들, 내 나라 왕자로만 생각하고 있었으니 이보다 더 어리석을 수 있단 말인가."
　하고 정식으로 초청하였습니다.
　"내가 출가수행자들의 법도를 몰라서 실수를 하였으니 용서하시고 내일은 저의 왕궁에 오셔서 공양을 드십시오."
　"그렇게 하겠습니다."

4. 야소다라의 개안

이튿날 정반왕궁에 가니 옛 인연 있는 사람들은 모두가 나와 절을 하였는데 야소다라는 보이지 아니했습니다.

"야소다라는 어디 갔느냐?"

"뒷방에서 슬피 울고 계십니다."

부처님은 공양을 마치고 싸리뿟따와 목갈라나를 데리고 야소다라궁으로 직접 들어갔습니다.

야소다라는 부처님을 한번 쳐다보더니 그만 땅바닥에 엎드려 큰소리로 흐느껴 울었습니다.

은원(恩怨)이 둘이 아닌 도리를 깨달으신 부처님께서는 야소다라의 등허리를 어루만지며 위로하였습니다.

"당연히 그럴 수밖에 없을 것입니다. 나는 내가 좋아 출가하고 머리를 깎고 염의를 입었지만 당신은 나와의 인연 때문에 내가 머리를 깎았다는 소문을 듣고는 삼단 같은 머리를 싹둑 자르고 내가 맨 발로 다닌다는 말을 듣고는 신을 신지 않고 내가 추포를 입고 다닌다는 말을 듣고 장장 12년 동안 옷을 갈아입지 않았다는 말을 들었습니다. 그런데 당신은 잊어 버렸습니까? 옛날 연등부처님 앞에서 맹세한 인연을!"

한참 흐느껴 울고 있던 야소다라는 그만 울음을 그치고 물었습니다.

"내가 무슨 맹세를 하여 내 속을 이렇게 썩인단 말입니까?"

"아마 당신은 까마득히 잊어버리고 있을 것이요. 내가 옛날 옛적 연등 부처님이 연화성에 오신다는 말을 듣고 꽃 공양을 하기 위해 갔더니 그 나라 임금님께서 '이 나라 꽃은 내가 다 사서 부처님께 올릴 것이니 다른 사람들은 꽃을 살 수 없다.' 하여 당신이 살고 있던 구이성에 갔더니 당신이 우물가에 꽃 일곱 송이를 기르고 있었습니다.

그래서 내가 팔라고 하였더니 '이 꽃은 세세생생 나와 인연을 맺을 낭군에게 줄 꽃이라'고 하여 '그럼 내가 당신과 세세생생 버림 없는 부부가 되기를 약속하나 맨 마지막 이 세상을 완전히 하직하고 출가하여 성불하게 될 때는 그냥 놓아 주겠느냐?' 하니 당신이 꽃 일곱 송이를 주면서 '다섯 송이는 당신의 몫으로 올리고 두 송이는 내 몫으로 올려 달라' 하여 부처님께 꽃을 올린 일이 있지 않습니까. 그때 내가 꽃을 올리니 하늘에서 꽃비가 내려 윗옷을 벗어 바닥에 깔아 드리고 머리를 풀어 부처님께서 걸어가시게 하였더니 그 부처님께서 내 손을 붙들어 일으키며 '너는 내세에 석가모니부처님이 될 것이다.' 예언하여 우리는 환희심으로 구리성으로 돌아간 일이 있지 않습니까. 잊어 버리셨나요?"

야소다라는 꿈속에서 깨어난 것과 같이

"그렇게 서원해 놓고도 다 잊어버리고 있었군요. 그렇다면 나도 따라 출가하여 도를 닦겠다 맹세한 바 있으므로 부처님의 뜻을 따르겠습니다."

이렇게 하여 두 번째로 부처님은 야소다라 부인을 제도하였습니다.

5. 라훌라의 재산상속

이튿날 부처님께서는 1250명의 대중에 에워 쌓여 궁중으로 들어오자 야소다라는 열두살 난 라훌라를 데리고 높은 누에 올라가 말했습니다.

"저기 저 뭇 별들 가운데 태양처럼 밝으신 분이 바로 너의 아버지시다. 가서 유산을 상속해 달라고 말하여라.”

그래서 왕자는 그의 어머니의 말씀을 듣고 기뻐하며 급히 계단을 내려와 거리로 나와 비구스님들을 헤치고 부처님 앞에 다가가서 그의 소매를 잡고 유산을 상속해 달라 했습니다. 부처님은 이 말을 듣고

“이 아이는 아버지에게 세상의 재물을 요구하고 있으나 그 재물은 정처 없고 고뇌를 일으키는 것이니 내가 보리도량에서 깨달은 최고의 법재를 상속해 주리라.”

하고 싸리뿟따에게 부탁하여 사미(沙彌)를 만들었습니다.

‘사미’란 사라마나라(saramanara)의 인도말을 한문으로 음역한 것인데 ‘번뇌를 쉬고 자비를 기르는 자(息慈)’, ‘악을 그친 자(息惡)’, ‘자비를 행하는 자(行慈)’, ‘부지런히 계율을 닦는 자(勤策男)’의 뜻으로 장차 사문(沙門)의 후보자입니다. 출가는 했지만 아직 비구가 될 만한 역량이 부족하므로 예비사문으로 측정한 것인데 불교교단에서 이렇게 나이 어린 사미가 출가하기는 라훌라가 처음입니다.

(1) 출가동의계(出家同意戒)

정반왕은 부처님께서 돌아온 후 아침에는 며느리 야소다라를 빼앗기고 또 저녁에는 손자 라훌라를 빼앗기자 비통하기 짝이 없었습니다. 특히 그 어린 손자를 잃은 슬픔은 간장이 찢어지는 것 같아 견딜 수 없었습니다. 그리하여 왕은 부처님을 만나 앞으로 부모의 허락 없이는 자식들을 출가시키지 못하도록 금지해 달라고 간청하여 그로부터 출가동의계(出家同意戒)가 생기게 되었습니다.

사실 출가만이 불법수행의 필수조건은 아닙니다. ≪유마경≫의 말씀과 같이

① 속인이라도 사문의 청정한 율의를 받들어 가지고,

② 집에 있다 할지라도 3계에 집착하지 않으며,

③ 처자와 함께 살더라도 항상 범행을 닦고,

④ 권속이 있어도 멀리 떠나 있고,

⑤ 보석으로 꾸민 옷을 입더라도 상호로써 몸을 단장하고,

⑥ 또 음식을 취해도 선열(禪悅)로써 맛을 삼고,

⑦ 놀이하고 유희하는데 끼어도 사람을 제도하고,

⑧ 여러 가지 다른 도(道)와 함께 하여도 바른 믿음을 잃지 않고,

⑨ 세속의 여러 학문을 익혀도 불법으로 즐길 수만 있다면 구태여 출가할 필요가 없는 것입니다.

그러나 욕망이란 악마의 함정과 같아서 한번 빠지게 되면 헤어나기 어려우므로 일체의 모든 것을 버리고, 세속의 모든 습관을 버리고 출세간에 들면 욕망의 지배를 항거하기 쉽기 때문에 출가하는 것입니다.

그러므로 버리는 것은 얻기 위한 것이고 이탈하는 것은 포섭을 위한 것이지 결코 도피가 아니고 은둔이 아닙니다. 만일 도피하고 은둔함을 일삼아 출가한다면 이는 진실로 불법을 욕되게 하는 것입니다.

(2) 사미계(沙彌戒)의 발생

아버지이신 부처님의 정신적 유산을 받기 위해 출가한 라훌라는 나이가 너무 어렸기 때문에 수행상 여러 가지 고충을 겪게 되

었습니다. 나이가 어려 하루에 한 끼 먹고는 도저히 견딜 수가 없었고 또 집이 없이 산림을 은거지(隱居地)로 하는 출가 스님들 사이에 끼어 때로는 부처님께서 사용하는 화장실 안에서 밤을 새기도 하고 때로는 남의 방에 들어가 자기도 하여 이로부터 일일이식계(一日二食戒)와 사미와 함께 자지 말라는 신사미동행계(愼沙彌同行戒)가 생기게 된 것입니다.

또 라훌라는 종종 장난삼아 거짓말을 잘했는데 그 때문에 부처님을 만나러 왔다가 골탕을 먹는 사람들이 적지 않아 이로부터 작은 거짓말을 하지 말라는 소망어계(小妄語戒)가 생기게 되었습니다.

(3) 라운경(羅云經)의 말씀

한번은 부처님께서 죽림정사에 계셨는데 라훌라는 그 부근 온천 가까운 곳에 있었습니다. 어떤 사람이 부처님을 방문하고자 부처님이 계신 곳을 물으니 엉뚱한 곳을 가르쳐 주어 매우 피곤하게 하였습니다.

부처님께서 뒤에 이 사실을 알고 라훌라가 있는 온천장으로 갔습니다. 라훌라는 멀리서 부처님께서 오시는 것을 보고 쫓아나가 옷과 발우를 받고 물을 떠서 부처님의 발을 씻겨 드렸습니다. 부처님은 발을 씻고 자리에 단정히 앉아 라훌라에게 물었습니다.

"너 그 발 씻은 물을 마실 수 있겠느냐?"

"마실 수 없습니다. 이 물은 원래 깨끗한 물이었으나 발을 씻어 더러워졌으므로 마실 수 없습니다."

"라훌라야, 너도 꼭 그와 같다. 내 아들로 왕손으로 태어나 속세의 영화를 버리고 사문이 되었다고는 하지만 정진해서 몸을 닦고 입을 지킬 생각을 않는구나. 그와 같이 3독의 더러움이 네 가슴에 충만한 것이 마치 이 물과 같아서 다시 쓸 수 없다."

부처님은 라훌라에게 다시 그 물을 버리게 했습니다. 그리고 물었습니다.

"너 이 그릇에 음식을 담을 수 있겠느냐?"

"담을 수 없습니다. 그릇이 벌써 부정한 물 때문에 더러워졌기 때문입니다."

"너도 또한 그와 같다. 사문이 되었다고 하지만 입에 진실함이 없고 마음에 경건함이 없으면 마치 그릇이 부정한 물로 더럽혀진 것 같다."

그리고 부처님은 발가락으로 대야를 밀었습니다. 그랬더니 대야가 땅으로 떨어져 굴러가다가 마침내 그냥 멎고 말았습니다. 부처님은 그 광경을 보고 있다가 다시 물었습니다.

"라훌라야. 너 저 그릇이 굴러가는 것을 보고 깨지지 않을까 걱정하지 않았느냐?"

"발을 씻은 그릇은 값이 싸기 때문에 걱정하지 않았습니다."

"너도 이 놈. 마찬 가지다. 설사 스님이 되었다 하더라도 몸가짐을 바르게 하지 못하고 쓸데없는 거짓말로 사람들을 괴롭혔으니 그들이 좋아하지 아니 했을 것이다. 미혹의 세계로 굴러가는 고뇌야 말로 할 수 없고 끝이 없다."

그 뒤 라훌라는 '굴릿씨니' 법문인 숲속의 삶을 아침저녁으로 외워 학족제일(學足第一) 수행자가 되었습니다.

"숲속에서 사는 수행자는
동료수행자를 공경하고 존중할 줄 알아야 한다.

앉을 자리에 앉아
노소(老少) 수행자들에게 결례를 범하지 말아야 하고
아침 · 저녁 · 낮으로 때를 알아 출행하며
식사전이나 후에 가정집을 방문해서는 아니 된다.

충고를 잘 받아들이고
좋은 벗을 사귀며
감각능력의 문들을 잘 단속하여
음식 · 의복에 절제할 줄 알아야 한다.

언제나 깨어있어
정진하는 마음을
새기고 확립하여
집중심을 길러야 한다.

밝은 지혜를 갖추고
높은 가르침과 청정한 계율로 본을 보여
뛰어난 행을 실천함으로써
세속사람과는 다른 사미승이 되어야 한다."

6. 난다의 출가

(1) 강제 삭발

다음날은 부처님이 이모 아들이고 이복동생인 난다의 약혼식 날이었습니다. 학자들은 여인이 이미 난다와 동거 생활을 하고 있는 것으로 보아 약혼식 날이 아니고 어쩌면 결혼을 기념하는 날이 아닌가 생각하는 사람들도 있습니다. 어떻든 그것은 확실히 알 수 없는 일이고 난다라는 동생이 그저 미모의 여인에게 크게 마음을 빼앗기고 있는 사실만은 틀림없는 일로 생각됩니다.

그런데 부처님은 그날 따라 성중으로 들어갔다가 마중나온 난다에게 발우를 주고 그냥 궁전을 나와 성문을 거쳐 그가 임시 거처하던 니그로다 동산으로 돌아왔습니다. 인도의 풍습은 어떤 사람이던 유행자에게서 발우를 받으면 그가 명령을 내릴 때까지는 마음대로 할 수 없게 되어 있습니다. 그래서 난다는 할 수 없이 발우를 손에 들고 부처님의 뒤를 따라 성문을 나와 부처님이 계신 곳으로 갔습니다. 그런데 부처님은 곧 그의 머리를 깎게 하고 승가리(僧伽梨·袈裟)를 입혀 중을 만들어 버렸습니다. 그러나 난다는 그가 스스로 원해서 출가한 것이 아니었기 때문에 매우 불만스러운 심경이었으나 그렇다고 과감하게 환속할 수도 없고 하여 난다는 세속욕심을 쫓아 번민의 나날을 보내고 있었습니다.

⑵ 천당과 지옥의 풍경

경전에는 난다가 그 여자를 잊지 못하여 마음이 들떠 있자 부처님은 밖에 나갈 때마다 도량을 청소하게 하고 물을 긷도록 하였으며 정사(精舍 : 절)의 문을 단속하도록 하기도 하였는데 난다가 맡은바 임무를 빨리 수행하고 그 여인을 만나러 가려고 서둘러 일을 하였으나 동쪽 뜰을 청소하면 서쪽에서 바람이 불어와 다시 어지러워지고, 남쪽 뜰을 청소하면 북쪽에서 바람이 불어와 종일토록 해도 끝이 나지 아니했습니다. 또 물을 길을 때도 이 통에 물을 채우면 저 통에 물이 비고, 저 통에 물을 채우면 이 통에 물이 비어 끝을 마칠 수 없었으며 또 부처님의 정사를 살피면 싸리뿟따의 방문이 열리고, 싸리뽓따의 방문을 닫으면 목갈라나의 방문이 열리어 일이 끝이 없었으므로 하루는 그만 모든 일을 팽개치고 집으로 도망가다가 부처님을 만났습니다. 부처님을 만나는 것을 피하기 위해 먼저 멀리서 보고 이 길로 가면 그 길에 부처님이 나타나고, 저 길로 가면 저 길에 부처님이 나타나 종일토록 길을 방황하다가 마침내 진짜 부처님을 만나 사실을 토로하니 부처님은 어느 산골짜기로 그를 데려가 천상에 사는 여인들을 만나게 하였습니다.

그런데 여덟 명의 여인들이 꽃 관을 쓰고 노래 불렀습니다.
"난다 서방님 어서 오세요.
난다 서방님 어서 오세요."
난다가 너무나 기뻐 가까이 가서 물었습니다.
"그대들이 어떻게 내 이름을 아는가?"
"우리들은 천상의 천녀들인데, 난다 서방님이 중노릇을 잘하여 우리 천당에 이르게 되면 우리 여덟 명이 함께 모시게 될 것이기 때문에 서방님 이름을 알고 있습니다."
난다는 그 말을 듣고,
'정말로 중노릇을 잘해야 되겠구나.'
생각하고 돌아서자 그 아래 개울가에서는 큰 가마솥을 놓고 기름국을 부글부글 끓이고 있었습니다.
"이것이 무엇 하는 것인가?"
하니 뿔 달린 두 사자가 앞으로 바짝 다가서면서 말했습니다.
"난다란 놈을 기다리고 있다. 난다란 놈이 중노릇을 잘하여 천당에 올라가면 선녀들이 모시게 되어 있는데, 평등한 마음으로 8선녀를 똑같이 사랑하여야 하는데 평등심을 내지 못해 사랑을 받지 못하는 선녀들의 마음을 부글부글 끓게 한 죄로 화탕지옥에서 그 과보를 받도록 되어있어 지금부터 기름국을 끓이고 있노라.”

　난다는 마치 얼음바다에 빠진 것처럼 머리가 꼿꼿이 서고 가슴이 뛰어 부처님께 달려오니 부처님께서 물었습니다.

　“구경 잘 했느냐?”

　“구경이 아니라 진짜 두려웠습니다.”

　“가자.”

(3) 비린 냄새와 향냄새

　함께 걸어오는데 길가에 지푸라기가 떨어져 있자

　“주워보아라.”

　집어 보니 비린내가 나서 다시 던져버리자 부처님께서 물었습니다.

　“왜 버리느냐?”

　“생선을 엮었던 지푸라기인 것 같습니다.”

　또 얼마를 오다가 땅에 헝겊이 떨어져 있는 것을 보고,

　“집어 보아라.”

　하여 집었더니 향냄새가 진동하여 주머니에 넣었습니다.

　“무슨 냄새가 나느냐?”

　“향냄새가 납니다.”

　“본래부터 그 지푸라기나 헝겊에 비린내나 향기가 있었겠느냐?”

　“아닙니다. 그 속에는 본래 냄새가 없었는데 생선을 엮고, 향료를 쌌기 때문에 비린내와 향내가 난 것입니다.”

　“너도 마찬 가지이다. 임금님의 아들로 부처님의 동생으로 본래 순수한 사람이었는데, 이것저것을 생각하다 보니 여인의 냄새가 내 몸에서 나서 천당과 지옥이 벌어진 것이 아니냐.”

　“예, 그렇습니다. 다시는 그런 생각을 하지 않겠습니다.”

그런데, 그때 어떤 사람이 부처님을 뵙고 인사를 하였습니다.

"어디를 다녀오시는 길입니까?"

"설산에 갔다 오는 길이오. 당신은 어디 갔다 옵니까?"

"갠지스강에 갔다 오는 길입니다."

두 사람이 인사를 나누고 각기 자신의 목적지를 향해 가다 보니 두 사람의 거리가 까마득하여 잘 보이지 아니 했습니다.

"난다야, 보라. 저 사람과 우리가 만났던 자리에서는 촌보(寸步)도 틀리지 아니했는데 여기서 보니 하늘과 땅의 차이가 나게 되었구나. 인생은 모두 한 생각에서 천당과 지옥을 만들고 있으니 네 문제는 네가 알아서 해야 할 것이다."

"예, 부처님. 정신 차리겠습니다."

⑷ 싸리뿟따와 목갈라나의 수행경

난다는 그로부터 싸리뿟따와 목갈라나가 외우고 다니는 "존경받는 수행자"의 글을 외워 장차 20대 제자 중 한 사람이 되었습니다.

물에 빠진 사람이
바다에 대한 두려움과
악어 · 상어에 대한 두려움
소용돌이에 대한 두려움이 있듯이
출가자는 생 · 노 · 병 · 사의 고통에 빠진다.

집 있는 곳에서
집 없는 곳으로 출가하여
옷 세벌, 발우 하나를 가지고

하루 한 때 얻어먹고 사는 생활이
어떻게 보면
자연에 대한 도전이며
세상에 대한 두려움이다.

그러나 부처님은
하루 한 때만 공양하시고
만족하시고 건강하시고
무병장수하시니
그 편안한 마음이
도를 구하는 마음에서 오리라.

올바른 견해와 사유
올바른 언어와 행위
올바른 생활·정진
올바른 새김과 집중이 이루어지지 못한 우리는
아직도 궁극적인 앎과
해탈의 자유를 얻지 못하고 있으니
어느 때에나 존경받는 수행자가 될 것인가!

제15강 샤카족들의 출가와 여러 가지 계율

1. 샤카족들의 출가

부처님은 오래간만에 고향에 돌아와 아버지 정반왕을 중심으로 많은 사람들을 교화한 뒤 10일 동안 성밖 숲속에 머물러 있다가 다시 왕사성으로 돌아가려고 말라(末羅)족이 사는 아누피야 근처에 갔습니다. 그런데 그 때 샤카족 중의 젊은 왕자들이 이곳까지 와서 부처님의 제자가 되겠다고 하였습니다.

그 중에는 마하나마와 아니룻다 형제를 중심으로 여러 샤카족 청년들이 있었는데, 먼저 마하나마가 동생 아니룻다를 보고,

"우리 종족에서 부처님이 출생하여 4해의 법왕이 되어 많은 사람들이 그를 따라 출가하는데 우리들도 출가하는 것이 어떠냐?"

물으니 아니룻다는 그 말에 느끼는 바가 있어 어머니께 여쭈었습니다. 어머니는 좀처럼 승낙을 하시지 않다가,

"만약 밧디야깔리 고다뺏다가 출가한다면 허락하여 주겠다."

하였습니다. 아니룻다는 당장 밧디야에게 가서 출가할 것을 애

원하고 또 더 나아가 아난다(이들보다 훨씬 뒤에 출가함), 바구, 킴빌라, 데바닷다의 출가를 권하고 난 후 이발사 우팔리를 데리고 부처님 뒤를 쫓아 갔습니다.

국경을 넘어서자 그들은 몸에 달았던 금은 보석을 다 떼어 버리고 이것을 우팔리에게 주어 귀국케 하였습니다. 그러나 이발사 우팔리는,

"만약 내가 금은 보석을 혼자 가지고 나라로 돌아가면 이는 왕자님들을 죽인 강도로 오인 받아 혹 죽음을 당할지도 모르니 왕자님들께서 허락만 하신다면 저도 따라서 출가하고 싶습니다."

하여 모두 함께 부처님께 나아가 출가하였습니다.

(1) 일미평등의 불법

그런데 어떤 경전에는 그 때 우팔리를 먼저 가라고 하여 우팔리는 부처님에게 바로 가 출가하고, 여섯 왕자는 그 보석을 팔아 일주일 동안 즐겁게 놀다가 출가하였는데, 여섯 왕자가 부처님께 가니 벌써 우팔리가 출가하여 윗자리에 앉아 있었습니다. 부처님께서는 그에게 절을 하도록 명령하자 왕자들은,

"옛날 하인에게 어떻게 절을 할 수 있느냐."

하며,

"저런 천인이 어떻게 우리의 상좌에 앉을 수 있습니까."

하니 부처님께서는 너무나도 태연히,

"대천이 바다에 들어가면 모두 한 맛이 되듯이 4성(姓)이 출가하면 똑같이 한 부처님의 제자가 된다."

하였습니다. 이것을 중국 사람들은

대천입해(大川入海)에 동일하미(同一喊味)요
사성출가(四姓出家)에 동일석씨(同一釋氏)라

번역하였습니다.

이렇게 해서 그들은 결국 이발사 우팔리 발 아래 절하고 부처님의 제자가 되었습니다. 부처님이 위대하다고 하는 것은 생사의 긴긴밤을 영원히 벗어나 열반 피안에 이르게 한 데도 있지만 수천년 동안 인도 사람들이 지켜온 종성사상(種姓思想)을 일시에 타파하고 일미평등의 절대적 휴머니즘을 선언한 데 더욱 큰 의의가 있다고 하겠습니다.

부처님께서 동방원림 녹자모 강당에 계실 때 바아싯타와 브하라다라 하는 두 바라문이 견고한 신념을 가지고 출가해 있었습니다. 그들은 성실히 부처님의 법을 따라 수행하고 있었으나 많은 바라문들이 '실없는 놈들'이라고 비난 했습니다.
"우리 바라문족 출신이 제일이고 다른 족은 야비하고 비천하다. 우리 종성은 청백하고 다른 종성은 검고 어둡다. 우리 바라문종성은 범천의 입에서 탄생하였기 때문에 이 세상에서 청정한 지혜를 얻었다. 그런데 너희들은 무엇 때문에 이처럼 청정한 종성을 버리고 고따마의 이교도 속에 들어가 있느냐?"
이렇게 비난했습니다. 세존은 이 이야기를 듣고 말했습니다.
"지금 이 더할 나위 없이 바르고 진정한 도에는 종성을 문제삼지 않고 교만한 마음을 가지지 않는다. 왜냐하면 그러한 차별심을 가지면 내 법 가운데서는 증오(證悟)를 얻지 못하기 때문이다. 왕족 중에도 살생하고 도둑질하며, 간음하고 거짓말하는 자가 있고,

두 혀를 가진 자(한입으로 두 말 하는 자), 말버릇이 나쁜 자, 쓸데 없는 말을 많이 하는 자가 있으며, 또 인색하고 질투하며, 삿된 견해를 가진 자가 있다. 마치 세상의 모든 강이 큰 바다에 모여들고 하늘에서 내리는 빗줄기가 큰 바다에 몰려들지만 그것 때문에 바다는 더 늘거나 주는 일이 없듯이 모든 사람들이 불법을 체득하여 니르바나에 들어간다 할지라도 그것 때문에 니르바나가 줄거나 불어나지 않는다. 마치 큰 바다가 한 맛 밖에 없듯 부처님의 가르침엔 오직 해탈의 맛밖에 없다.”

그러므로 부처님의 법에는 왕족이거나 바라문이거나 또는 상인, 노예이거나 근본적으로 차별이 없고 오직 거기에 기준이 있다면 그것은 깨달음의 경지인 니르바나의 한 맛 뿐인 것입니다. 대개 사람들은 이것을 일러 오하일미(五河一味)라 하는데 당시 인도에는 갠지스강, 야무나강, 사라부우강, 아티라바티이강, 마히니강 등 다섯 개의 강이 있었기 때문에 이 다섯 개의 강물이 바다에 이르면 모두 한 맛으로 변하기 때문입니다. 그래서 처음 여섯 왕자는 우팔리를 꺼려하여 얼마간의 불평도 없지 않았지만 부지런히 공부하여 모든 출가인의 모범이 되었습니다.

⑵ 밧디야와 아니룻다

밧디야는 깔리고다라는 부인의 아들로 귀성제일(貴姓第一)로 알려져 있습니다.

부처님께서 아누삐야 망고동산에 계실 때 밧디야가 큰소리로,
“아! 행복하다.”
하니 부처님께서 물었습니다.

"무엇이 그렇게 행복한가?"

"옛날 집에 있을 때는 안팎으로 보호자가 있고 성곽밖에도 보호자가 서 있었으며, 어느 한 곳에 가도 자유가 없었습니다. 그런데 출가하여 안으로 분노가 존재하지 않고, 밖으로 어떤 걱정도 없으니 이보다 더 행복한 일이 있겠습니까."

한편 아니룻다는 부처님의 사촌동생으로 부처님께서 돌아가실 때도 머리맡에서 임종한 위대한 아라한입니다. 그는 항시 잠이 많아 여러 사람들 앞에서 하품을 자주 하여 핀잔을 받았는데, 언젠가 한번은 부처님의 법문을 듣다가 깜박 졸아 꾸지람을 받고 나서는 줄곧 잠을 자지 않아 눈이 물러져 오랫동안 고생을 하다가 결국 장님이 되었는데 그래도 끝까지 잠을 자지 않고 용맹정진하여 천안통을 얻어 항하의 모래알과 하늘에서 내리는 비를 헤아릴 정도로 뛰어난 혜안(慧眼)을 얻었습니다.

하루는 8선정을 통하여 1천세계를 보고,
"그러나 아직도 갈애가 남아있다."
하고 상속심과 교만심, 산만심을 제거하여 여덟 가지 해탈을 얻고 전생의 부인을 제도하였습니다.

하루는 아니룻다가 길을 가다 어느 여관집에 들어갔는데, 눈이 어두우니 처음에는 아래 목에 있다가 점점 밀려나 마당 가운데까지 왔습니다.
주인마님이 밤중에 순방을 돌다가 스님을 발견하고 안방으로 모셔 편히 쉬게 하였는데, 그 모습이 귀인이라 연정을 느껴 가까이 가니 그냥 그대로 몸이 떠 공중에 앉아 있는 지라 놀라 사죄하고 평생의 단나가 된 일이 있습니다.

아니룻다가 말했습니다.

"그대가 전생의 나의 부인이었으니 그러한 생각이 날 법도 한데, 이미 생사를 초월한 아라한을 범하면 천생(千生)의 윤회를 면치 못하게 되니 정신 차려 공부하여 함께 해탈합시다."

그래서 그 주인마님이 더욱 감격하여 평생의 시주자가 되었다고 합니다.

여덟 가지 해달은 다음과 같습니다.

① 형상을 가지고 형상을 보고
② 안으로 형상을 자각하면서 밖으로 형상을 본다.
③ 오로지 아름다움에 전념하다
④ 미세한 물질계를 떠나 감각적인 지각이 사라진 뒤
⑤ 다양한 정신활동에 귀를 기울이지 않으므로 무한한 공간을 본다.
⑥ 무한한 공간을 뛰어넘어 무한한 의식을 보고
⑦ 무한한 의식을 뛰어넘어 아무 것도 없는 세계를 보고
⑧ 아무 것도 없는 세계를 뛰어넘어 지각도 아니고 지각 아닌 것도 아닌 세계에 들어가 느낌의 소멸을 성취한다. 그래서 지혜로써 모든 번뇌를 소멸한다.

(3) 킴빌라와 바구

킴빌라는 샤카족의 명문출신으로 아니룻다·난디야와 의좋게 지내며 수행을 잘 하여 코오삼비국에서 비구들 사이에 쟁론이 있

을 때도 이 세 사람만은 숲속에서 수행을 전념하였기 때문에 '고요한 곳에 단정히 앉아 오로지 수도에만 전념했다'는 부처님의 칭찬을 듣기도 하였습니다.

바구는 수행 중 자기가 태만한 것을 부끄럽게 여겨 방을 나가 높은 대상으로 올라가려다가 넘어져 이를 부러뜨렸는데, 이를 계기로 증오를 얻었다 하며,

① 다른 비구들을 위해 탁발하려고 머물던 곳을 떠나고
② 상·하의를 정돈하고
③ 탁발을 다니고 법을 설하고
④ 탁발음식에 대해 감사하고
⑤ 음식을 먹고 시읍에서 돌아오고
⑥ 발 씻고
⑦ 발우를 가방에 넣고
⑧ 발우와 법의를 정돈하되
⑨ 바른 생각으로 말을 잘 하지 않아 유명해졌습니다.

(4) 아난다와 데바닷다

아난다는 형 데바닷다와는 달리 마음씨가 곱고 사람들에게 친절하여 25년 동안이나 부처님을 가까이서 모셨습니다. 또 머리가 총명하고 기억력이 뛰어나 부처님의 말씀을 모조리 기억하여 뒤에 불전을 결집할 때 제1의 송출자가 되어 법장(法將)이라 불렀습니다. 인정이 많고 인물이 출중하여 비난을 당한 이야기들이 불전 여러 곳에 나와 있으며, 부처님이 돌아가신 뒤에는 부처님의 유골을 받들고 울면서 사위성을 나와 왕사성으로 돌아오자 제자 밧지풋타가 이성 없이 매일 울고 다닌다고 크게 꾸짖어 그때부터 더욱 노력하여 깨달음을 얻었다 합니다. 부처님 입멸 후에는 마하가샤

파와 더불어 교단의 중심인물로 활약하였으며 다문제일(多聞第
一), 정념제일(正念第一), 행지제일(行持第一), 근시제일(近侍第
一)의 칭호를 받았습니다.

실로 아난다는 인물이 잘나
보는 것만으로 기쁘고
교법을 가르치면 또 한 번 기뻤습니다.

특히 비구, 비구니, 우바새, 우바이들은
아난다의 아름다운 모습이
인내 속에서 나왔다고 칭찬하였습니다.

그의 행은 진실하고
인사성이 밝고
수행에 관심을 갖고 있었기 때문입니다.

근기에 맞게 설법하고
스승의 의무를 다하게 하고
깊고 깊은 믿음을 촉발시켰습니다.

마치 전륜성왕을
왕족들과 바라문, 거사, 사문들이
보는 것만으로도 만족하듯이
아난다는 이렇게 하여 보는 것으로 만족하였습니다.

데바닷다는 일반적으로 한역경전에서는 아난다의 형이라 하고 팔리경전에서는 야소다라비의 오빠라고 기록하고 있으나 어느 쪽이 진실인지 확실히 알 수 없으나 긴요한 종교적 묘미를 얻지 못하고 세속적 명예와 일방적 사상에 물들어 잘못 빗나가 부처님을 매우 안타깝게 했습니다.

끝으로 우팔리는 이발사에서 불제자가 된 뒤에도 늘 새로 출가하는 이들의 삭발사가 되어 부처님이 말하는 계율을 빠짐없이 잘 기억하여 제1결집 때는 지계제일(持戒第一)로 계율의 송출자가 되기도 하였습니다. 행이 맑고 깨끗하여 비록 천인출신이긴 하지만 불교교단의 법률가로서 제1인자의 대접을 받았습니다.

2. 계율의 제정

(1) 성자의 길

그러나 이와 같이 많은 출가중이 생기고 보니 자연히 그들의 생활규범이 생기지 않을 수 없게 되었습니다. 탁발을 할 때는 어떻게 해야 할 것인가, 부녀자들은 어떻게 대할 것인가, 설법은 어떻게 할 것인가 등 여러 가지 문제가 생겨났습니다.

처음에 부처님께서 가르친 생활상의 대원칙은 '모든 악을 짓지 말고 모름지기 선을 받들어 행하라. 스스로 그 마음을 깨끗이 하면 이것이 불교다.'로 만족하였습니다. 그런데 이것이 점차 억제하고 구속하는 색체를 띤 계율로 발전해 갔습니다.

"내 너희들에게 성자의 길을 가르치리라. 비록 행하기 어렵다 하더라도 잘 참고 견디어라.

① 비구는 때 아닌 때 나아가 돌아다니지 말라.

② 걸식을 하도록 정해진 때에만 나아가 걸식을 하라.

③ 비구는 적당한 때에 홀로 나무 그늘에 앉아 자신을 반성하며 조심성 있게 먹되 마음을 바깥 경계에 어지럽히지 말라.

④ 음식은 알맞게 정도를 알고, 즐기기 위해서 먹는 것이 아니라 도를 위해 먹는 것으로 생각하라.

⑤ 식사의 득실을 잘 알아 욕심을 적게 하여 탐욕하지 말라.

⑥ 비구는 욕심이 없어야 안락할 것이며 굶주림을 떠나야 안락할 것이다.

⑦ 숲 속에 있으면서 화염의 불꽃처럼 여러 가지를 날카롭게 느끼라.

⑧ 여인은 침묵을 지키더라도 유혹의 대상이 되기 쉽다. 비구는 마땅히 그 여인에게 유혹되어서는 아니 된다.

⑨ 크고 작은 동물에 대하여 남의 것이라 하여 미워하고 내 것이라 하여 애착하지 말라.

⑩ 스스로 죽이지 말며 남으로 하여금 죽이게 하지 마라.

⑪ 만일 비구가 할 말이 있으면 좋은 이치만을 말하라.

⑫ 남을 비방하는 말은 하지 말라. 도랑물은 소리를 내고 강물은 소리 없이 흐른다.

⑬ 물이 적은 것은 소리를 내고, 가득한 것은 고요하다.

⑭ 범부는 반쯤 든 병과 같고 지혜 있는 사람은 가득 찬 병과 같다.”

또한 제자들을 받아들이는 의식도 처음에는 3보(불·법·승)에 대한 3귀의를 선서하는 간단한 것이었으나 점차 복잡해져 수디나가 음행을 범하고 단니카가 도적질을 하면서부터는 정식 계율이 생기게 되었습니다.

(2) 대망어계(大妄語戒)

부처님께서 싸밧띠를 떠나 베라냐를 거쳐 네란자야 강변 만다라바 나무 아래서 쉬고 계실 때 이 소식을 들은 마을 사람들이 몰려와 법문을 들었습니다. 그 가운데 마을 장로 베라냐 바라문이 법문을 듣고 기쁨을 이기지 못하여 3개월 동안 그 곳에 계시면서 법문을 해 주신다면 그 동안의 공양을 책임지고 해드리기로 약속한 후 집으로 돌아 왔으나 여러 외도들의 교사로 인하여 그 약속을 이행하지 못했습니다. 마침 우기가 되어 비는 끊임없이 내리고 커다란 홍수까지 겹쳐 비구들은 모두 굶어 죽게 되자 생각하다 못한 싸리뿟따가 부처님께 여쭈었습니다.

"지금 우리 교단에 많은 비구들이 아사지경에 놓여 있습니다. 신통력이 있는 비구들로 하여금 웃다라쿠루 같은 데 가서 자연산의 쌀을 가져오게 하면 어떻겠습니까?"

"아서라, 그만 두어라. 지금 너희 비구들 가운데 신통을 얻은 비구는 그럴 수 있다 하지만 미래의 비구들은 어떻게 할 것이냐. 비구에게는 생각해야 할 일과 생각해서는 아니 될 일이 있고, 반드시 해야 할 일과 해서는 아니 될 일이 있다. 생각해야 하고 행동해야 할 일을 하면 바른 법이 이 세상에 오래 머물겠지만 생각해서는 안 될 일과 행해서는 아니 될 일을 하면 세상을 속이는 큰 거짓이 되어 바른 법이 오래 머무를 수 없게 된다."

그런데 원숭이 강변에 살던 500명의 비구가 자신의 무리 속에 도를 깨달은 사람이 있다고 하여 조상 제사 지낼 물건, 자식 결혼식에 쓸 물건들을 가져와 한 철을 잘 났습니다. 안거가 끝나자 여래 대중들이 모였는데 유독 미후강편의 비구들과 수디나의 권속들만 얼굴이 밝으므로 그 이유를 묻자 사실대로 이야기 하니 '이 불법을 말아먹을 거짓말쟁이'라 하여 크게 꾸짖고, '큰 거짓말을 하면 아니 된다'는 대망어계(大妄語戒)와 불음계가 생겼습니다.

(3) 불음계(不婬戒)

가란타촌 장자의 아들 수다니가 출가한 뒤 흉년이 들어 굶어 죽는 스님들이 많아지자, 그 때 수디나는 이런 생각을 했습니다.

"만일 이대로 가다가는 큰 일이 나겠다. 다만 몇 사람이라도 우리 집 근처로 가면 우리 집은 부자이니 이 흉년을 면할 수 있지 않겠는가."

그리하여 수디나는 여러 스님들을 모시고 고향으로 갔습니다. 이 소식을 들은 수디나의 어머니는 기쁨을 감추지 못하고 스님을 공경하는 한편 아들에게 환속할 것을 종용했습니다. 그러나 워낙 수디나는 신심이 굳고 신행이 청정했으므로 말을 듣지 않았습니다. 어머니는 그 며느리를 데리고 와서 애원했습니다.

"수디나야, 너의 아버지는 이미 돌아가셨고, 집 재산은 많은데 후계자가 없으니 이제 모든 재산은 국고로 넘어가게 되었다. 정히 네가 환속하기 싫다면 이 어미에게 뒤를 이을 자식 하나만 낳아다오."

그때 여러 스님들이 듣고 권했습니다.

"새로 장가드는 것도 아니고 옛 여인과 함께 살아 아이 하나만 낳아주면 우리도 먹고 사는 데 마음에 부담이 적지 않겠는가?"

하여 낮에는 대중과 함께 지내고 밤에는 집에 가서 자고 온 결과 9개월 만에 종자(種子)라는 총명한 아들을 낳았습니다.

그런데 그때부터 스님들이 수디나를 '수디나스님'으로 부르지 않고 '종자아버지, 종자아버지' 하고 불렀습니다. 그로부터 수디나는 무엇인지 모르게 마음이 불안하고 편치 아니했습니다. 그리하여 수디나는 부끄러움을 무릅쓰고 부처님께 고백하였습니다.

"부처님, 저는 부정한 짓을 했습니다."

"비록 형세는 딱하나 옳은 일은 못된다. 수디나야, 청정한 법을 닦아 애욕의 번뇌를 끊지 못하면 열반은 멀어진다. 그러니 다음부터 다시 이런 일이 있어서는 안 된다."

이렇게 해서 수디나는 다시 청정한 행을 닦게 되고 음행하지 말라는 불음계(不婬戒)가 생기게 되었으며, 그 뒤 종자와 종자 어머니, 그리고 할머니까지 모두 출가하여 부처님 제자가 되었습니다.

(4) 불투도계(不偸盜戒)

부처님께서 왕사성에 계실 때 큰 장마가 지나간 뒤 많은 스님들이 희생되었으므로 빔비사라왕께서 부처님께 권장하여 4방 6자 한 칸씩의 승방을 짓도록 허락하였습니다. 그런데 왕궁 벽돌공장의 기술자로 있던 단니카는 큰 집에서 살아 본 경험이 있기 때문에 그 같은 집을 원하지 않아 짓지 않고 있었는데 도반들이 굳이 권하자 죽은 나뭇가지를 꺾어 작은 집을 얼기설기 지어 놓고 탁발 나갔다 돌아와서 보니 집이 없어져 버렸습니다.

"누가 내 집을 떼어갔느냐?"

"마을사람들이 까치집인 줄 알고 가져가 버렸다."

속이 상한 단니카는 궁중의 벽돌처럼 빨간 벽돌로 집을 한 칸 지었는데, 부처님께서 보고,

"기생집 같다."

하자 도반들이 가서 헐어버렸습니다. 이에 화가 난 단니가는 왕실 목재를 빼어내 부처님 향실처럼 한 칸 초옥을 지었습니다. 그런데 그것을 우사(雨舍)대신이 임금님께 고발하여 사형 당하게 되

자 왕은 이 사실을 듣고,

"세속사람 같으면 사형을 하는 것이 마땅하나 내가 부처님의 제자로서 어떻게 같은 부처님의 제자를 죽이겠느냐. 그러니 그 자를 부처님께 돌려 불법대로 처리하는 것이 좋겠다."

하고 곧 놓아 주었습니다. 부처님은 단니가를 불러 꾸짖으신 다음 물었습니다.

"세속에서는 얼마만한 도적질을 하면 사형에 처하느냐?"

"5푼 이상이면 사형에 처합니다."

"앞으로 5푼 이상의 물건을 훔치면 도계(盜戒)를 범한 것으로 하여 승중에서 물러나도록 하겠다."

선언하니 여기에서 도둑질에 관한 계율이 생겼습니다.

이것이 본이 되어 근본 4계가 생겼습니다. 이 계를 범하면 승려의 자격이 박탈되게 되어있으므로 단두죄(斷頭罪)라 불렀습니다.

(5) 계율 제정의 목적

부처님은 모든 비구중을 모아 놓고 다음과 같이 말하였습니다.

"원래 불법은 선을 받들고 악을 그치며, 제 마음을 밝히는 것이지만 이렇게 자주 선악을 구분하지 못하고 죄악을 범하는 자가 생기면 승단의 규율이 문란하게 되므로 계율을 제정하여 꼭 지키도록 하겠다. 계를 정하는 목적은

첫째는 교단의 질서를 잡고,

둘째는 대중을 기쁘게 하고,

셋째는 대중을 안락하게 하며,

넷째는 믿음이 없는 이를 믿게 하고,

다섯째는 이미 믿음이 있는 자들에게 믿음을 더 굳게 하고,

여섯째는 다루기 어려운 자를 잘 다스리고,
일곱째는 부끄러워 할 줄 알고 뉘우치는 자를 안락하게 하고,
여덟째는 현재의 실수를 없애고,
아홉 번째는 바른 법이 오래 지속되게 하기 위해서이다."
라고 했습니다. 또

"과거 모든 부처님들의 가르침을 보면 어떤 것은 오래갔고, 어떤 것은 오래가지 못했다. 그 가르침이 오래 존속된 부처님들은 반드시 계율을 제정하여 제자들에게 실천하도록 가르치셨다. 계율을 받아 지님으로써 바른 법을 따르는 데에 게으른 생각이 나지 않도록 했던 것이다."

이 일은 하고, 저 일은 하지 말라. 이 일은 생각하고, 저 일은 생각하지 말라. 이것은 끊고, 저것은 마땅히 갖추어 지켜라. 이와 같이 분명히 가르치지 아니 했어도 부처님이 살아있는 동안은 잘못됨이 별로 없었다. 그러나 부처님들이 돌아가신 후에는 갖가지 이름과 서로 다른 성과 온갖 집안에서 출가하여 저마다 제 성질을 부리게 되니 바른 법이 빨리 멸하여 오래 머물 수 없었던 것이다. 마치 아름다운 꽃들을 책상위에 올려만 놓고 붙들어 매는 끈이 없으면 머지않아 바람에 날려 흩어져 버리는 것과 같기 때문이다."

부처님은 이와 같은 말씀이 있는 뒤로 법장(法將) 싸리뿟따를 시켜 다음과 같은 계율을 제정하여 부처님의 허락을 받은 뒤 대중 앞에 선언했습니다.

1) 네 가지 근본 계율(능엄경)
① 음행하지 말라.

② 살생하지 말라.

③ 훔치지 말라.

④ 거짓말 하지 말라.

2) 신도 5계(우파샤카계경)

① 산 목숨을 함부로 죽이지 말라.

② 주지 않는 것을 취하지 말라.

③ 사음하지 말라.

④ 거짓말 하지 말라.

⑤ 술을 마시지 말라.

3) 사미 10계(사미십계법)

① 산 목숨을 죽이지 말라.

② 훔치지 말라.

③ 음행하지 말라.

④ 거짓말 하지 말라.

⑤ 술 마시지 말라.

⑥ 꽃다발을 사용하거나 향을 바르지 말라.

⑦ 노래하고 춤추거나 악기를 사용하지 말고,
그러한 것이 있는 곳에 가지도 말라.

⑧ 높고 넓은 평상에 앉지 말라.

⑨ 때 아닌 때 먹지 말라.

⑩ 금은보석을 가지지 말라.

4) 8관재계(佛說齋經)

① 산 목숨을 죽이지 말라.

② 남의 것을 훔치지 말라.

③ 음행하지 말라.

④ 거짓말 하지 말라.

⑤ 술 마시지 말라.

⑥ 몸에 패물을 달거나 화장하지 말며, 노래하고 춤추지 말라.

⑦ 높고 넓은 평상에 앉지 말라.

⑧ 때 아닌 때 먹지 말라.

그런데도 청정대중을 분열시키고 욕하는 사람이 있으므로 경계하였습니다.

"그는 나를 비난했다. 그는 나를 때렸다.
그는 나를 이겼다. 그는 나를 약탈했다."
한꺼번에 시끌벅적 떠들어대며
아무도 스스로 어리석은 자라 생각하지 아니 한다.

이 세상의 원한은 원한으로 그치지 않는다.
원한을 떠나야만 참된 평화가 온다.
뼈를 부수고 목숨을 빼앗고, 소와 말, 재산을 약탈하고
나라를 도둑질한 자들도 화합하는데…"

이것은 부처님께서 꼬쌈비 스님들이 다투는 것을 보고 읊은 시입니다.

제16강 포살과 안거, 화합의 법문

오늘은 포살, 안거, 화합에 대한 법문을 말씀드리겠습니다. 그런데 지난 시간에 빠진 근본 4계 가운데 불살·불생·불음주계에 대하여 먼저 말씀드리겠습니다.

1. 불살생계와 불음주계

그런데 그때 바구공원에는 병든 비구들이 모여 거사님들의 특별 간호를 받고 있었습니다. 한 스님이 병이 들어 오랫동안 치료하여도 차도가 없자,

"이제 나이 들어 살아보았자 별 효과가 없을 것이니 차라리 죽어 다른 몸을 받아야 하겠다."

생각하고 몇 번이나 자살을 기도 하였으나 죽지 못하고 있었는데, 마침 기운이 센 녹장비구가 지나가다 들리자 사정하였습니다.

"내가 이 송곳 칼로 몇번이나 죽음을 시도하였으나 상처만 남기고 죽지 못하고 있으니 나를 죽여주면 이 옷과 발우를 다 주겠노라."

"그런 말씀하시지 마십시오. 사람이 사람을 어떻게 죽입니까."

"종교가 무엇이오. 고통 있는 사람에게 고통을 없애주는 것이고, 소망 있는 사람에게 소망을 성취시켜 주는 것 아닌가. 부처님께서 이생에서 죽으면 다음 생을 받는다 하였으니 죽여 달라."

사정하였습니다. 그래서 죽이고 그 피 묻은 칼을 바구강에 가서 씻으면서,

"내가 미친놈이다."

하고 후회하니 다른 병자들이

"잘했다."

칭찬하면서,

"나도 죽여 달라. 나도 죽여 달라."

하여 자그마치 1주일 동안에 18명을 죽였다 하고, 어떤 경전에서는 석달 동안에 64명을 죽였다 하였습니다.

부처님께서 이 소문을 듣고 부르자 녹장비구는 떳떳한 마음으로 그 동안에 사람 죽이고 얻은 보시물을 한 짐 짊어지고 가서 자랑했습니다.

"고통 받는 사람에게서 고통을 벗겨주었습니다."

부처님은 크게 꾸짖었습니다.

"이 세상에서 생명처럼 귀한 것이 없는데 자기 생명을 업신여기는 사람이 다음 생에 가서 귀한 몸을 받을 수 있겠느냐. 녹장비구는 참으로 어리석은 짓을 하였도다. 다음부터는 녹장비구와 같이 살인하거나 살인을 교사하는 사람은 승려의 자격을 박탈한다."

하여 살생하지 말라는 계율이 생기게 된 것입니다.

그런데 그때 까삘라국에서 대신을 지냈던 사가타비구가 6군비구와 함께 카욱삼바디에 가서 큰 상인의 초대를 받고 공양 갖다가

따라간 스님들과 함께 소마주 대접을 받고 돌아오는 길에 쓰러져 있는 것을 부처님께서 발견하시고 구제하신 뒤,

"다시는 술을 마시면 아니 된다."

는 경고를 받아 불음주의 계율이 생기게 된 것입니다. 왜냐하면 술은 잘 마시면 약이 되지만 잘못 하시면 미치는 약이 되기 때문입니다.

2. 포살의 유래

부처님께서 왕사성으로 돌아와 기사굴 산중에 계실 때 빔비사라왕이 와서 청했습니다.

"저 보행외도(普行外道)의 일파가 매 반달마다 제8일, 14일, 15일, 그리고 그믐날을 정기 집회일로 정하고 신도들이 모여 경전을 외우고, 듣고, 신념을 일으켜 자신들의 믿음을 굳혀가는 것을 보니 매우 잘 된 신행 행위인 것 같습니다. 우리 불자들도 그렇게 하면 어떻겠습니까?"

부처님께서는 설사 외도들이 행하는 바라 할지라도 정법에 응용할 만한 것이 있으면 서슴지 않고 본받아 응용하고 있었으므로 만일 그렇게 해서 좋겠다고 생각된다면 그렇게 하라고 허락하였습니다.

그래서 불교에서도 매달 15일과 29(또는 30일)일을 포살일로 정하고 신도들이 모여 성구를 외우고, 그 동안의 한 일을 반성하여 왔습니다. '포살'은 범어 우파바소타(Upavasotha)로서 공주(共住), 선숙(善宿), 근주(近住), 장양(長養), 정주(淨住)라 번역합니다.

베다에서는 소마제를 지내는 자나 목우행을 하는 사람이 다음 날 있을 방법을 숙고, 준비하면서 깨끗한 믿음과 계율, 다문, 베풂, 지혜 등 고상한 자질을 갖추는 것이고, 브라만들은 준수할 법을 맹세하고, 자이나 교우들은 비폭력을 실천하였습니다.

그런데 출가한 스님들은 이날 특히 계경(戒經)을 설하고 재가 신도들에게는 보살계 등을 설하여 그 날만이라도 바르고 참된 진리를 몸소 실천하고 참회하여 안으로 몸과 마음을 맑게 하고 밖으로 사회를 정화하는 길잡이가 되게 하였습니다.

"제자들이여, 승가교단 비구들은 매월 15일과 그믐날을 포살일로 정한다. 교단은 이날에 포살을 행하고 바라제목차(Paratimaksa. 계율)를 외워라. 그리고 누구든지 계를 범한 일이 있거든 겉으로 드러나게(發露) 참회하라."

그런데 여기에는 지역에 따라 지키는 계율이 조금씩 달랐는데, 북쪽사람들은 자연계를 지키고, 종족, 가문, 지역 분파에서는 관습계를, 임신자는 법성계, 숙명을 믿는 자는 숙명계, 악취에서 벗어나고자 하는 자는 방호계, 감각을 수호하는 자는 감관계, 깨끗한 생활을 희망하는 사람은 환영계, 네 가지 필수품을 얻고자 원하는 자는 의지계, 끊고 여의고 다시 범하지 않기를 희망하는 사람들은 단계, 이계, 사계, 율의계, 불법계를 지켜 매우 복잡하였습니다.

지금도 남방불교에서는 이같은 전통을 지켜 실천하고 있습니다. 가능하면 우리도 바라제 목차를 외우며 혼자 사는 출가자는 출가자대로, 재가자들은 재가자들대로 자리를 지켜갈 수 있게 했으면 좋겠습니다. 남방에서는 출가자들은 구도 전법에만 열심하

고 재가자들이 절 살림을 맡아서 하는데 재가자들의 생활이 출가
자들보다 더 청정하기 때문에 큰 문제가 생기지 않고 있는 것 같
습니다.

3. 안거의 유래

또 인도에서는 매년 열(熱), 한(寒), 우(雨)기의 세 계절이 있어
원래 한번 비가 오기 시작하면 근 3개월이 계속됩니다. 그 때에는
풀이 자라고, 그 밑에서 벌레가 성하여 온갖 잡충들이 일어나 사람
들이 다니기 곤란하므로 바라문교에서는 일찍부터 이 우기를 안
거기(安居期)로 정하고 오직 공부에만 열중할 뿐 외부출입을 금했
습니다.

그래서 부처님께서도 이 제도를 받아들여 안거제도로 실행하도
록 하였습니다. 안거는 아사타월(阿沙陀月. 6-7월), 만월일(滿月
日. 보름날)로부터 카제월(迦提月. 9-10월) 만월일까지 약 4개월에
걸쳐 시행했는데 우리나라에서는 음력으로 4월 15일부터 7월 보
름까지 10월 15일부터 정월 보름까지 두 번 실시하고 있습니다.

4. 상카(僧伽)의 제도

불교교단을 상카(Samgha. 僧伽)라 부르는 것은 옛날 인도 대상
들이 쓰는 가나(Gana)제도에서 따온 것입니다. '가나'란 원래 단결,
약속의 뜻으로 물건 값을 한번 약속하면 절대로 어기지 않는 것이
니 만일 어기면 죽입니다. 그래서 불교에서는 화합의 뜻으로 몸과
입과 뜻이 화합하는 것을 상징합니다.

그런데 이렇듯 가나의 단결정신이 화합정신으로 바뀌어 ‘승가’라 하였지만 때로는 계율 자체에 대한 시비가 생겨 불화를 자초한 일도 없지 않았습니다. 부처님께서 코삼비에 계실 때 어떤 비구가 자신의 생각에는 계를 범한 것이 아닌데 다른 비구들의 의견이 계를 범했다 하여, 범했느니, 범하지 않았느니 한참 시비를 하다가 결국은 대중의 뜻을 따라 쫓겨나고 말았습니다. 이 억울한 비구는 오랫동안 수행하여 왔기 때문에 아는 스님들도 많고 신도들도 많아 그들에게 호소하여 결국은 큰 패싸움이 벌어지게 되었습니다. 그래서 부처님께서 이 때 유명한 장수왕의 설화를 이야기하여 이 두 비구승을 화합시키고, 6화합의 법문을 하셨습니다.

부처님께서는 말씀하였습니다.
“비구들아, 이 얼마나 성스러운 행사냐. 사람들이 화합하지 못하는 것은

첫째, 계율과 계율이 아닌 것,

둘째 법과 법이 아닌 것,

셋째 범하고 범하지 않은 것,

넷째 가볍고 무거운 것,

다섯째 여지가 있고 여지가 없는 것,

여섯째 추악하고 추악하지 않은 것,

일곱째 할 것과 해서는 아니 되는 것 등 이 일곱 가지를 바로 보지 못하는 까닭이다. 그러니 너희들은 이제부터 어떠한 불화가 있을지라도 양편의 말을 잘 참작하여 법답고 법답지 못한 사실들을 잘 알아보아라. 그리고 설사 쟁론을 다스리게 되는 일이 있을지라도 본인이 앞에 있을 때 범죄를 결정하라. 또 본인이 스스로 자백하도록 하되 여러 사람들의 증거로 죄상을 다스리도록 하라. 한

사람의 증인만으로는 죄상을 다스릴 수는 없다. 혹 패싸움이 되어 오래도록 해결하기 어려울 경우에는 양쪽 대표가 만나 일체를 불문에 붙이고 풀로 진흙땅을 쓸어 덮는 것과 같이 하라."

"① 같은 계율은 같이 지키고
② 의견을 같이 맞추고
③ 받은 공양을 똑같이 나누고
④ 한 장소에서 같이 모여 살라.
⑤ 항상 서로 자비롭게 말하고
⑥ 남의 뜻을 존중하라."

이것이 여섯 가지 화합의 법문(六和散行)입니다.

그리고 다시 말씀하였습니다.

이제부터 제자가 스승을 모시기를 어버이 같이 하고, 스승이 제자를 보는 것을 나를 보듯 하되 죽을 때까지 그치지 말라. 모든 물건을 평등하게 나누어 쓰고, 만약 가진 물건이 없으면 보시를 할 만한 사람에게 가서 구해오도록 해라. 좋은 것은 병자에게 주고, 나쁜 것은 스스로 먹어라. 병들어 있는 이웃을 보살피는 자는 곧 나를 보살피는 것과 같다.

화살을 맞고 참는 전쟁터의 코끼리처럼 나는 사람들의 비방을 잘 참는다. 세상 사람들은 실로 계를 지키지 않는다. 모두가 칼을 두려워하고 모두가 죽음을 무서워한다. 자기를 좋은 예로 삼고 남을 해치며 또 손상케 하지 말라.

사람은 가만히 앉아 있어도 비방하고 말을 많이 해도 비방하며, 말을 적게 해도 비방한다. 그래서 이 세상에서 비방을 받지 않는 사람은 한 사람도 없다. 아무 한 일 없이 비방만 받거나, 아무 한 일 없이 칭찬만 받는 사람은 지난 날에도 없었지만 앞으로도 없을 것이다. 큰 바위가 힘센 바람이 불어도 흔들리지 않는 것같이 마음이 있는 자는 비방과 칭찬 사이에서 동요하지 않는다.”

5. 경전바라문과 비란야의 회의

(1) 경전바라문

불교교단이 대형화 되어 비구의 수가 불어나 얻어먹는 사람이 많게 되자 이에 대해 불만을 품는 사람들이 없지 않았습니다. 부처님께서 마가다국에 계실 때 남산바라문 촌에 사는 한 바라문이 이에 대해 대단한 불평을 가지고 부처님을 면박할 기회를 벼르고 있었습니다. 그런데 하루는 한 마을 사람들이 모여 농경제를 지내고 동네잔치를 하고 있을 때 부처님께서 탁발을 오자 그 바라문이 말했습니다.

“사문이여, 나는 밭갈이 하고 씨를 뿌리고 나서 먹습니다. 사문께서도 밭갈이 하고 씨를 뿌리고 잡수십시오.”

“바라문이여, 나도 또한 밭을 갈고 씨를 뿌리고 나서 먹는다.”

“그러나 나는 밭에 서있는 사문의 모습도 쇠스랑도 보지 못했습니다. 그런데 어떻게 밭을 갈며 씨를 뿌리고 먹는다 하십니까?”

“바라문이여, 믿음은 씨요, 마음을 가다듬는 것은 비요, 지혜는 보습이고, 삽이며, 부끄러움은 멍에요 의사(意思)는 밧줄이며, 깊은 생각은 자침(刺針)이다. 몸을 막고 말을 막으며, 음식의 종류를 제한하여 먹는다. 진실을 빌며, 유화(柔和)는 내 멍에이다. 내 일

손은 근심 없는 곳에 이르러 다시 돌아옴이 없다. 내 밭갈이는 이렇게 하여 결실되고 그래서 감로의 결실을 거둔다. 모든 사람들이 농부의 일을 하면서도 진실로 이렇게 마음의 밭을 갈 줄 안다면 일체 고통에서 벗어날 것이다."

이것이 심전계발(心田啓發)의 법문입니다.

이때 밭갈이를 하던 바라문은 황금의 발우에 우유죽을 가득 채워 부처님께 바치고,

"사문은 진짜 밭을 가는 분입니다. 참으로 감로의 열매를 맺는 훌륭한 농부입니다."

하고 그의 제자가 되었습니다. 실로 노동이란 꼭 육체노동만을 말하는 것은 아닙니다.

그런데 그날 모인 바라문들 가운데서는 나이 많은 사람들이 있어 비난했습니다.

"세존이시여, 당신은 어찌하여 바라문 장로들에게도 경의를 표하지 않습니까?"

"그들은 신을 숭배하기 때문입니다. 그들이 신앙하는 범천도 오히려 내 앞에 와서 무릎을 꿇거늘 어떻게 그에게 경배를 할 수 있겠습니까? 천상세계나 인간 세상 가운데 내가 경의를 표할 자는 없습니다. 다만 인간적인 면에서 사랑을 베푸는 것을 제외하고 말입니다."

"세존이시여, 내가 들으니 세존께서는 바라문들의 제사행위와 고행을 모두 청정치 못한 것, 잘못된 것이라 하여 배척하신다 하는데, 그 말이 사실입니까?"

"그렇지 않습니다. 고따마가 모든 제사와 고행을 무조건 배척한

다 하면 그것은 잘못 전해진 말입니다. 왜냐하면 이러한 나의 질책은 제사를 일삼는 사람, 고행을 일삼는 사람을 잘못했다 꾸짖은 것입니다. 제사를 일삼는 사람, 고행을 일삼는 사람도 죽으면 어떤 사람은 지옥에 떨어지고 또 어떤 사람은 천상에 태어나는 것을 나는 보고 있습니다.”

부처님은 무슨 일이나 절대적으로 옳고, 절대적으로 그르다는 일방적인 견해를 갖지 아니 했습니다. 그러나 교단의 규율을 바로 세우고 잘못에 물든 수행자들의 비행을 막기 위해 만들어진 계율에는 상당한 금욕적 염세적 사상을 배태하여 일반에서는 부처님의 가르침을 ‘건조무미하고 즐거움이 없으며, 일체 향락을 부정하는 단멸주의이고, 무슨 물건이고 기피함으로 도피주의이며, 금염(禁厭)주의이고, 여자의 수태를 반대하는 이태주의(離胎主義)’라고 비난했습니다.

여기에 대해서도 부처님께서는 “빛, 소리, 냄새, 맛, 감촉의 5진을 싫어하기 때문에 무미한 설법이라 하고, 빛, 소리, 냄새, 맛, 감촉이 가져오는 향락을 버렸기 때문에 즐거움이 없다 하며, 몸과 입과 뜻으로 일어나는 일체의 악업을 싫어하기 때문에 염리주의(厭離主義)라 하고, 참 진리에서 벗어난 악업을 극복했기 때문에 금범(禁犯)주의, 몸과 입과 뜻을 버리려고 무한히 노력하기 때문에 곤고(困苦)주의라 하며, 후세에 다시 부모의 태 안에 들어가기를 피하기 때문에 이태(離胎)주의라 한다.”고 할 수 있다 하였습니다.

제17강 웨살리에서 재난을 구하다

1. 웨살리의 건설

웨살리는 현 베살리성입니다. 전 베나레스 왕 첫째 왕후가 살덩어리(肉圍) 아이를 낳아 바가지 그릇에 넣어 갠지스 강물에 버린 것을 은둔 수행자가 거두어 기르다 보니 거기서 남녀 쌍태(雙胎)가 태어나 자라게 되었습니다.

아이들이 성장하자 주민들의 권유에 의해 그들을 마을 사람들에게 맡기고 수행에만 전념하였는데 16세에 남녀를 결혼시켜서 베나레스에서 분리된 릿차족의 왓지국의 왕이 되게 하였습니다. 그런데 거기서 다시 남녀 쌍둥이를 16명이나 낳았고 그들이 다시 장차 커서 끼리끼리 결혼시켜 거기서 또 16쌍씩 쌍둥이를 낳아 갑자기 인구가 불어나 도시는 비약적으로 발전하였습니다.

그런데 법정과 회당·정원·놀이동산·호수 등이 7천개가 넘는 대도시를 형성했을 때 큰 가뭄이 들어 기근으로 많은 사람들이 죽게 되었습니다. 그래서 시체들을 여기저기 갔다 버리니 거기서 나쁜 병균들이 시내로 돌아와 소위 사풍병(蛇風病)이 되어 사람들의 몸이 뱀허물처럼 부풀었다 터져 죽는 무서운 병으로 퍼져 나갔습니다.

처음에는 귀신병으로 알고 온갖 방법을 써서 천신에게 기도하고 재를 올렸으나 효력이 없었습니다. 여섯 분의 선지식 6사외도 즉 부란나 가섭과 말가리 구사리자 · 산자야 비라지자 · 아기다시사 흠비라 · 가라구타 가전연 · 니건타야 제자와 그의 권속을 모셔서 대단한 희생재를 지냈는데도 효험이 없었습니다.

그래서 마지막으로 생각한 것이 부처님을 모시자고 하였습니다.

2. 왓지왕자들의 청

왓지왕께서 빔비사라 왕께 청했습니다.

"알 수 없는 병이 국경에까지 다다랐으니 당신의 나라를 지키기 위해서라도 특별한 조치를 베풀어 주옵소서. 듣건대 당신의 나라에는 부처님이 탄생하여 계신다 하니 그 힘을 빌려 역병을 물리칠 수 있게 해 주십시오."

빔비사라왕이 부처님께 건의하자 부처님께서 승낙하였습니다. 빔비사라왕은 부처님의 승낙을 받고 라자가하와 갠지스강 사이 5요자나까지 천막을 치고 500명의 비구들이 길을 떠나게 하였습니다.

5일간 여행 끝에 국경에 도착하자 왓지왕은 그의 권속들과 함께 와서 부처님을 맞이하였습니다. 부처님은 비구들을 거룻배로 인도한 뒤 갠지스강을 건넜습니다. 빔비사라왕은 부처님께 간절히 부탁했습니다.

"부처님 건강하게 돌아오셔야 합니다."

강물이 목에 찰 때까지 거룻배를 잡고 두 번, 세번 부탁한 다음 빔비사라 임금님은 1요자나나 되는 큰 강물을 배들이 안전하게 건널 때까지 지켜보고 있었습니다.

그런데 부처님의 거룻배가 강가에 닿자마자 4방에서 검은 구름이 일어나더니 우레와 번개를 치고 소낙비가 쏟아져 웨살리 일대에 있는 모든 시체를 모두 갠지스강으로 쓸어 넣어 떠내려 보냈습니다.

한편 오랜 가뭄 속에 허덕이던 백성들은 비만 보아도 살 것 같았고 또 시체에서 날아다니는 파리, 모기만 없어도 죽을 것 같지가 않았습니다.

3. 7일간의 특별법회

부처님은 3일간의 여행을 거쳐 웨살리에 도착하여 아난존자에게 일렀습니다.

"네가 이것을 가지고 보호의 방책으로 낭송하라."

경전 이름은 '라타나숫타'였습니다. 왕자들은 손에 꽃을 들고 아난다 뒤를 따라 도시의 세 담벽을 돌면서 라타나숫타를 읽으며 돌았습니다. 아난존자는 머리가 총명하여 부처님께서 일러주는 라타나숫타를 음의 높낮이와 발음과 끊기를 정확히 하여 큰소리로 읽었습니다.

부처님은 물을 가득 채운 발우를 가지고 아난다 뒤를 따르며 온갖 시내에다 물을 뿌렸습니다.

역병의 세균들은 우선 뇌성벽력에 놀라고 쏟아지는 비에 견디지 못하고 아난존자의 독경소리에 귀를 기울였다가 부처님의 뿌리는 물을 맞고 모두 마음이 청량해져서 다들 도망갔습니다.

사람들은 악귀, 요괴, 귀신, 악마들이 모두 다 물러났다고 꽃과 향을 가지고 사방에 뿌렸으며 부처님은 도시 중앙에 있는 법정 강당에 나아가 라티나숫타를 설하셨습니다.

왕과 시민들은 자신들이 꾸민 옥좌 밑에 둘러 앉아 7일간 법문을 들었습니다. 첫째 날 비를 맞고, 둘째 날 도량을 돈 사람들은

"부처님이야말로 우리에게 행복과 평화를 주신 분이다. 우리도 불경을 외워 일체 귀신과 악귀로 부터 해방될 수 있도록 하여야겠다."

생각하였습니다. 그러나 부처님께서는

"이러한 경전은 아무나 함부로 읽어서는 아니 된다."

하시고 낭송자의 조건과 성공의 실패에 대하여 다음과 갈이 말씀하여 주셨습니다.

(1) 독경의 원리

"첫째는 문장·구절·음절을 낭송음에 잘 맞추어야 하고

둘째는 자신이 읽고 있는 경전의 내용을 확실하게 이해하고 있어야하며

셋째는 우정과 슬픔에 충만한 순수한 마음으로 경전을 읽어야 한다.

예를 들면 우리는 모든 경전을 읽을 때 먼저 '정구업진언(淨口業眞言)'을 외우는데 '정구업진언' 이란 입으로 지은 모든 업을 깨끗

이 한다는 말이니 여기에는 선악·빈부·귀천의 생각이 있어서는 아니 된다는 말입니다.

왜냐하면 천수천안을 갖춘 관자재보살이 광대원만(廣大圓滿) 무애대비심(無碍大悲心)으로 행한 백천대다라니를 잘못 실천하여 신·구·의 3업으로 많은 죄업을 지었기 때문입니다. 그래서 '수리수리 마하수리 수수리 사바하'를 먼저 하는 것인데, 그냥 말로만 해서는 아니 되기 때문입니다.

먼저 '수리'는 과거의 모든 것을 깨끗이 하는 것이고, 다음의 '수리'는 현재의 마음을 깨끗하게 가지는 것이며 '마하수리'는 미래의 마음을 청정하게 가지겠다는 뜻입니다.

귀신 잡귀나 천신들의 마음은 그 소리만 들어도 저절로 마음이 평온해지고 깨달음을 얻기 때문에 '오방내외안위제신진언(五方內外安慰諸神眞言)'이 되는 것입니다.
동·서·남·북·중앙 5방의 안 밖에는 온갖 정신을 가진 것들이 존재하고 있는데 그들 마음을 편안하게 위안하는 진언이 '오방내외안위진언'이므로 '나무 사만다 못다남 옴 도로도로 지미 사바하'를 하지 않아도 마음들이 평온하게 되는 것입니다. 그런데 만약 그 뜻까지 확실히 알고 외운다면 어떻게 되겠습니까.

'나무'는 귀의한다는 말이고 '사만다'는 훌륭하다는 뜻이며 '못다남'은 최고라는 뜻이 있으니 '최고로 훌륭한 선생님께 귀의하라' 그리하면 그 다음에는 저절로 편안해질 것입니다.

왜냐하면 ‘옴’은 처음부터 끝까지의 뜻이고 ‘도로도로’는 신성하다는 뜻이며 ‘지미’는 항상 밝다는 뜻이고 ‘사바하’는 끝까지 원만히 성취하여 살겠다는 뜻입니다. 이것은 이미 깨달은 자를 말하며 곧 부처님이 되는 것이지만 장차 깨달은 것으로 말하면 곧 자기 자신이 되는 것입니다. 그러므로 마음의 법칙은 ‘무상심심미묘법(無上甚深微妙法)’이고 ‘백천만겁에도 만나기 어렵다(百千萬劫難遭遇)’ 한 것입니다.

이 세상 모든 종교는 자기 이외의 독특한 신이나 원리에 귀의시키고 있습니다. 그러나 지금까지 그 원리와 신을 확실히 본 사람은 없습니다. 앞사람이 본 신이 다르고 뒷사람이 들은 말이 다르기 때문에 그 말과 모습을 따라 여러 가지 종파가 생긴 것입니다.

그러나 앞사람이나 뒷사람이나 그 신을 보고 소리를 들은 자기 자신의 마음을 갖지 아니한 사람은 없습니다. 그 마음은 누구나 가지고 있는 것이지만 그 마음이 깨끗하지 못하므로 보고 듣는 것이 달리 나타나게 되는 것이므로 예로부터 지금까지 가지고 있는 관념과 사고를 싹 쓸어버리고 순수한 자기 본래의 마음으로 돌아가 경전을 읽고 외워야 한다는 것입니다.

이것이 경전을 읽는 조건입니다. 그렇지 않으면 녹음테이프를 틀어 놓아도 효과는 똑같을 것입니다. 그러나 같은 경전을 읽는 사람의 정성과 신심에 따라 그 효과가 다른 것이니 경전도 읽는 분들은 자기 자신부터 정화할 필요가 있습니다.

(2) 독경의 조건

　실제 경전을 독송하고 듣는데 효과를 내는 것은 파요가위팟티와 앗자사야위팟티 두 가지입니다. 첫째 파요가위팟티는 경전 자료의 단어들과 구절들을 정확히 이해하고 읽는 것이고, 둘째 앗자사야위팟티는 이익과 명성을 갖고자 낭송하는 것입니다.

　이러한 경우는 백번 읽어 한번 성공하기 어렵고 이와 반대되는 파얏티 삼밧티 맛사야나 삼밧티를 읽고 들어야 하나니 올바른 방식의 발음과 낭송의식을 능숙하게 거행하고 보상과 이기적인 마음이 없이 해탈로 이끌어 가는 의도가 우정과 동정심으로 꽉 차야 한다는 것입니다.

　청취자도 마찬 가지입니다.

　첫째는 즉각적인 징벌이 뒤따르는 5역죄에서 벗어나야 합니다.
　① 아버지를 죽인 죄
　② 어머니를 죽인 죄
　③ 아라한을 죽인 죄
　④ 부처님의 목숨을 빼앗은 죄
　⑤ 불제자들의 목숨을 빼앗은 죄
　둘째는 삿된 견해에서 벗어나야 하고
　셋째는 독송의 효력에 끄달리지 않아야 하며
　넷째는 열심히 깊은 존경심으로 들어야 한다는 것입니다.

　그러니까 열심히 읽기는 읽었으나 성공하지 못하는 데는 정진력과 집중력이 부족한 경우이고 그 경전의 효과에 대해서 의심하는 자입니다.

그러므로 파요가위팟티나 삼밧티를 듣는 사람은 그 글에 대한 확신과 존경심 그리고 그 해당자에 대해 어여삐 여기는 마음이 꽉 차 있어야 합니다.

왜냐하면 라티나숫타나 망갈라숫타, 멧타, 칸다, 다작가숫타, 보장가, 아티나숫타는 위대한 힘을 가지고 있지만 상대에 대한 급이 있기 때문입니다.

신라 때 흥륜사 스님 법척이 경전을 읽다가 머리가 터져 피를 흘리고 죽은 일이 있는데 밀본법사가 온다고 하니 말만 듣고도 귀신들이 모두 도망가 경전 한마디 읽지 않고도 임금님 병이 나은 일이 있습니다.
그래서 경전에는 7일간 멧타숫타와 다자가 라타나를 먼저 낭송한 다음 아나타티야숫타를 읽어야 한다고 되어 있습니다.

그러나 그 후에도 그 효과가 제대로 나타나지 아니할 경우 상대방의 영혼과 연관을 지어서 음식을 금기 한다든지 장소를 다시 한 번 정화한다든지 호법신장을 거느리고 독경을 해야 한다고 하였습니다.
말하자면, 첫째 음식으로서는 떡과 고기, 생선을 먹으면 안 되는 경우가 있고, 둘째 그런 것이 묘지에 머무르면 악령에 사로잡힐 염려가 있으며, 셋째 그 장소가 청결하지 못해도 효과를 내지 못하는 경우가 있다는 것입니다.
특히 영가를 상대하는 일이나 귀신을 상대하는 일은 관심과 정성을 겸해야 합니다.

4. 최치원의 경험담

신라수이기에 보면 최치원이 중국 율수현 현위가 되어 갔다가 초현관 앞에 있는 두 묘지를 보고 시를 지어 읊었습니다.

뉘집 두 딸이 묻혀 있는 이 무덤인가
적적한 황천문에서 가는 봄을 얼마나 원망하였는가.
모양과 그림자는 시냇물에 비치는 달에 부질없이 남아있고
이름은 무덤가 먼지에 묻기 어렵도다.

그런데 갑자기 그날 밤 한 여인이 나타나 주머니 하나를 주면서 말했습니다.
"수많은 사람이 내 집(묘) 앞을 지나도 관심 갖는 사람이 없었는데 현수님께서는 어찌하여 우리 형제를 이렇게 어여삐 여기시나이까."
이에 그 주머니를 펴 보니 다음과 같은 시가 적혀 있었습니다.

저승의 혼이 이별의 원한을 외로운 무덤에 붙이고 있으나
복사꽃 같은 얼굴 버들 같은 눈썹엔 아직도 봄빛을 띠었습니다.
학을 타고 구천의 길을 찾기 어려워
봉새 무늬 비녀가 부질없이 구천의 먼지 속에 떨어져 있습니다.

그래서 최치원은 그들을 불러 위로하여 그 곳에 여러 가지 글[13]을 남겨 지금까지도 그 묘지를 보호하고 있습니다.

이렇게 글과 시, 경은 상대방을 감동시킬 수 있는 깨끗한 마음과
정성이 깃들어야 하는 것입니다.

5. 일본 나가노의 정토3존불

일본 정토종에서는 그때 아난존자가 부처님을 모시고 웨살리에
가게 된 것은 무남독녀 여시녀(如是女)와 그의 인색한 아버지 때
문이라고 하였습니다. 어떻든 부처님께서 물을 뿌리고 다닐 때 서
쪽 하늘에 아미타불과 관세음보살, 대세지보살이 구름 가운데 나
타나 양유수를 뿌려 병고액난을 고쳤다하여 백제 임금님들은 그 3
존불을 모셔 높이 신앙하다가 일본에 법을 전할 때 나가노 선광사
에 이 부처님을 주어 현재 거기에 모셔져 있다고 합니다.

선광사는 일본 나가노시 한복판에 있는데 지난번 일본에서 동
계올림픽을 거행할 때 그 절 종소리를 시작으로 하여 개원식을 시
작한 일이 있습니다.

그러니 경전을 읽고 '왜 효과가 나지 않는가' 하는데 경전을 읽
기 전이나 읽은 후의 주위 환경을 한번 돌아보시고 또 경전을 읽
는 사람들과 그 경전을 들었던 사람들이 과연 법규에 맞게 했는가
를 생각해 볼 필요가 있습니다.

하여간 이렇게 하여 웨살리의 재앙은 모두 소멸되었으며 부처
님의 위신은 하늘 높이 올라갔습니다.

---

13) 신라 수이전 최치원편 참고

6. 용궁신앙과 지신숭배

(1) 용들의 공양과 청법

웨살리 시에서 2주일동안 머문 뒤 부처님은 릿차위를 떠났습니다. 릿차위 왕자들은 빔비사라왕 보다는 두배 이상 더 우대하면서 부처님을 3일에 걸쳐 갠지스강가에까지 모셨습니다. 강을 건널 때 뱃사공들은,

"여기만 건너가면 살아오는 사람이 거의 없다"

하고 하찮게 생각하셨는데 돌아올 때 릿차위 왕자들의 융숭한 대접을 받으며 돌아오는 것을 본 뱃사공들이 그들의 총 지휘자 용왕님께 알렸습니다.

"용왕님. 부처님과 부처님 제자들이 한 사람도 희생되지 않고 릿차위 왕자들의 존경과 사랑을 받으면서 갠지스강가에 이르러 있습니다."

"그렇다면 8대 용왕이 중심이 되어 황금 배와 은으로 만든 배, 옥배에 각각 금은 좌복을 깔고 갠지스강을 꽃 여울로 장엄하라. 그리고 바로 강을 건너드리지 말고 우리 집에 오셔서 공양하고 가실 수 있도록 청을 하라. 내 주위에 있는 지신(地神)들과 장자, 거사들에게도 연락하여 함께 동참하도록 하겠다."

용신들은 용왕의 명령을 받고 서둘러 배에 꽃들을 장엄하고 부처님께 청하였습니다.

"저희 용왕께서 공양청을 해왔사온데 들어 주시겠습니까?"

부처님은 침묵으로 승낙하고 비구스님들께 일렀습니다.

"용궁에는 여러 지역에서 모여든 용왕들이 있으니 몸과 마음을 단정히 하여 법답게 공양하라."

용궁에 이르니 8대 용왕이 나와서 맞이하고 낱낱이 소개하였습니다.

"① 이분은 난타 용왕인데 모든 사람에게 기쁨을 주는 용왕이고

② 이분은 발난타 용왕인데 비를 내려 만물을 기쁘게 하는 용왕이며

③ 이분은 사가라 용왕인데 바다에서 살다가 무슨 일이 있으면 여기까지 옵니다.

④ 이분은 화수길 용왕인데 두뇌를 여러 가지로 잘 써 머리가 많은 용왕이라고 부릅니다.

⑤ 이분은 덕차가 용왕인데 독이 있습니다. 만약 우리 지역을 외적이 침범하면 독을 써서 우리 지역을 지키는 용왕입니다.

⑥ 이분은 아나바달다 용왕인데 저 히말라야의 아뇩달지에서 삽니다.

⑦ 이분은 마나사 용왕인데 몸이 크기 때문에 그렇게 부르고

⑧ 이분은 우발라 용왕인데 청연지에 살고 있습니다.

우리는 원래 물을 상대로 무역을 하고 또 물속의 고기를 잡아 어업 생활을 중심으로 하는데 육지 사람들을 한두 사람이 상대하여서는 우리 자리를 지킬 수 없으므로 우리 여덟 명이 뜻을 모아 연합하고 나를 배경으로 하여 한 세계를 형성하고 있는데 부처님께서 우리의 세계를 방문해 주시니 진실로 큰 영광입니다. 차린 음식은 물속에서 나는 것을 중심으로 준비하였는데 잘 맞으실는지 알 수 없으나 달게 잡수시옵소서."

부처님과 대중은 기쁘게 공양하고 그들을 위해 축복하였습니다. "하늘과 땅 사이에 산과 물이 있는데 물을 담당하여 살아가는 용신들이 날새들(金翅鳥)의 침해를 받지 않고 안락한 생활을 할

수 있도록 축원하노라"

"감사합니다. 부처님. 저희들은 히말라야에서 흘러내리는 물 가운데 인더스강과 갠지스강이 있는데 인더스강은 서유럽과 연관이 있으므로 모든 권한을 그들에게 맡기고 저희들은 동쪽으로 흐르는 갠지스강을 배경으로 하여 연합전선을 펴고 있으나 비, 바람이 모질게 나타날 때 많은 희생자를 내고 있습니다."

"인심이 천심이라는 말이 있듯이 지상이나 물에 사는 사람들의 마음이 온전치 못하면 기후도 따라서 변화가 심해지기 마련이니 항상 마음속에 탐·진·치(貪·瞋·痴)를 경계하고 하심(下心)하여 남을 공경하면 그런 액난이 적게 일어날 것이니 그러한 재난을 통해 더욱 열심히 정진하시기 바랍니다."

(2) 지신들의 공양

그때 초청되어 왔던 지신이 말했습니다.

"저희들은 갠지스강의 양편 언덕에 살면서 이 용들이 무역하고 있는 일을 돕고 있습니다. 강 동쪽이 5요자나, 서쪽이 3요자나나 되어 8요자나나 되는 큰 땅을 가지고 수천 명이 노동하여 살아가고 있습니다. 그러니 저희들을 어여삐 여겨 저희들의 공양을 받아주십시오."

부처님께서 역시 승낙하시고 그 이튿날 용왕들께서 준비해 준 배를 타고 갠지스 강을 건넜습니다.

갠지스강의 동쪽에는 수십만 평 대지위에 야자수·바나나 나무가 꽉 차 지상이 잘 보이지 아니했는데 서쪽은 허허 벌판이라 참으로 광활한 땅이었습니다.

지신들은 그곳에 수십 개의 천막을 치고 비구스님들을 거처하게 하고 부처님께는 특별히 향실을 지어 편히 쉬시도록 하였습니다. 부처님은 그 곳에 이르러 물었습니다.

"여기에 오래된 탑이 없습니까?"

"예. 수시마 탑이라 하는 아름다운 탑이 여기서 약 1Km 정도 떨어진 곳에 있습니다."

부처님은 공양을 마치시고 그들과 함께 그 탑이 있는 곳으로 가서 전생의 이야기를 들려주었습니다.

"옛날 옛적 탁실라에 상카 바라문이 있었는데 그의 아들 수시마가 16세에 유학을 하겠다하여 바라나시로 보내 교육을 받게 하였는데 베다 공부를 하다가 '이것만으로는 처음과 끝의 학문을 다 마칠 수 없다.' 하고 미가다야 이시파타나 숲에 살고 있는 벽지불을 찾아 갔었다.

미가다야는 그 곳에서 벽지불의 지도를 받고 출가하여 비구가 되어 독경과 바른 계행(戒行)을 실천하였으나 위없는 깨달음을 얻는 위빠사나 명상법이 없어 목적을 달성하지 못하고 거기서 열반에 들었느니라.

상카 바라문은 아들이 오랫동안 소식이 없자 바리나시에 가서 벽지불에 대한 이야기를 듣고 갔으나 아들이 열반에 들었다는 소식을 듣고 그 곳에 탑을 세워 꽃과 향으로 공양하였기 때문에 이 탑이 생긴 것이니 그때의 상카 바라문은 바로 나였느니라."

부처님은 이러한 인연 때문에 그 곳에 와서 적대감을 받지 않고 8대 용왕과 지신들의 공양을 받게 되었다고 말씀하셨습니다.

이것이 저 본생설화의 상카 바라문 이야기입니다.

그때 지신이 물었습니다.

"저희들은 조상대대로 내려오면서 발다라·라린길·교목도·나라달·수미심·인저달·화륜근·무연관 등 8대보살의 명호를 부르며 '아거니 니거니 아비라 만례 만다례'란 주문을 외워 모든 재앙을 소멸해 왔는데 그 뜻이 무엇이지 알 수 없습니다."

"발다라 보살은 지혜의 눈이 뜨여 세상의 이치를 묘하게 관찰하는 지혜(妙觀智察)를 얻어 다시는 번뇌를 일으키지 않고도 세상의 화해를 도모하신 분이고,

라린길 보살은 귀가 트여 묘하게 소리를 듣고 옳고 그름을 판단할 수 있는 지혜(妙音智慧)를 얻은 분이고,

교목도 보살은 코가 트여 묘향당지(妙香幢智)를 얻으신 분이고,

나라달 보살은 혀가 트여 맛을 통해 법희지(法喜智)를 얻은 분이고,

수미심 보살은 몸을 깨달아 촉진(觸塵)에 묘색신지(妙色身智)를 얻은 분이고,

인저달 보살은 의식이 트여 무슨 일이든지 하고 싶은 일을 마음대로 하는 성소작지(成所作智)를 이루신 분이고,

화륜근 보살은 거만한 마음이 평등성지를 형성해서 보는 것과 보여지는 물건을 확실히 보는 지혜를 얻으신 분이고,

무연관 보살은 진속이제(眞俗二諦)에 편벽되지 않는 지혜를 형성하여 거울과 같이 만 가지 경계를 있는 그대로 비쳐보는 대원경지(大圓鏡智)를 이룬 분입니다.

인간은 누구나 뼈대와 살결로 만들어진 몸뚱이에 차고 더운 공

기를 소통시킴으로써 거기에서 일어난 전기의 힘으로 살아가고 있습니다.

눈은 색을 보고 눈의 지식을 일으키고
귀는 소리를 듣고 귀의 지식을 일으키고
코는 냄새를 맡고 코의 지식을 일으키고
혀는 맛을 보고 혀의 지식을 일으키고
몸은 접촉을 통해서 몸의 지식을 일으켜
그 지식과 상식을 가지고 살아가고 있습니다.

그런데 거기서 얻어진 지식과 상식이 우리 마음 가운데 저장되어 종자를 일으킴으로써 세상에 태어나면 영리한 사람과 미련한 사람, 잘난 사람과 못난 사람이 생기면 그것을 가지고 난 척 하고 미워하고 사랑하고 존경하는 마음을 일으켜 온갖 세상의 분별시비가 이루어집니다.

그런데 이들 보살들은 눈·귀·코·혀·몸·뜻의 작용이 모두가 한 생각 속에 나타난 것인 줄 알아 그들 시비에 걸리지 않게 하였으니 그들이 일러준 다라니야 어느 곳에는 통하지 않겠습니까?

더군다나 그 다라니의 이름은 역대 우리 인류를 구제하고 보호하신 신이나 임금님 또는 귀신들이나 악한 짐승들이 보지 못하는 비밀신호가 들어 있기 때문에 번역하지 않고 그냥 읽으라 한 것이니 읽는 자의 마음은 앞의 웨살리에서 읽은 진언법과 같습니다.

그러므로 신이나 왕은 사악한 신이나 인정 없는 왕이 아니고서는 모두 백성들과 중생들을 보호하고 땅과 물, 산을 보호하는 것을 기본 업무로 삼고 있는 것이니 지신을 모시고 숭배한다는 것은 곧 땅의 정신을 실천하는 자라 할 수 있습니다.

땅이 언제 네 땅, 내 땅을 가렸으며 거기에는 떨어지는 열매를 내 것, 네 것으로 구분한 일이 있습니까. 아무리 큰 바람이 불어도 아무리 큰물이 휩쓸고 간다 해도 천년만년 거기에 나무와 곡식들을 꽃피워 중생들을 위해서 통째로 공양하고 있습니다. 이러한 땅의 정신을 배우고 공경하면 그것이 곧 지신숭배를 잘하는 것이 될 것입니다."

"참으로 거룩하신 부처님. 무지를 깨닫게 하여 세상을 빛내시는 부처님. 저희들은 지금까지 여러 지방의 지신들이 추천하여 지신의 대장노릇을 하고 있으면서 무슨 일이 있으면 이들 보살들의 이름과 축문을 외우고 있으나 그 뜻을 바르게 알지 못하고 있었으며 또한 지신의 노릇을 잘못 이해하고 있었습니다.

오늘부터는 나를 찾아오는 모든 신자들에게 땅의 정신을 올바로 깨우쳐 주고 세상의 땅을 정정당당하게 보호하고 사용할 것을 가르치겠습니다."

그리하여 부처님은 그 곳에서 지신들의 공양을 3일 동안 더 받고 전생의 아들(수시마) 탑을 꽃같이 장엄하여 누구나 구도의 정신을 촉발 할 수 있도록 가르치고 떠났습니다.

제18강 곡예사 욱가세나와 여성교단의 성립

부처님께서 갠지스강 가에서 용왕의 청공과 지신의 공양을 받고 마갈타국으로 돌아가니 라자가하에서는 대대적인 연극제가 벌어지고 있었습니다. 매년 한 번씩 7일 동안 벌어지는 행사인데, 이번에는 부호의 아들 욱가세나가 기능배우자가 되어 곡예를 펼치는 장면이 있다하여 사람들이 인산인해를 이루고 있었습니다.

1. 곡예사 욱가세나

곡예사 욱가세나는 20년전 연극을 보러 갔다가 극단 주인 지도자의 딸이 연기하는 것을 보고 반해 부모의 반대에도 불구하고 지참금 1천 냥을 가지고 가서 결혼하기로 하였습니다.

그러나 그의 장인은
"돈이 문제가 아니고 그가 집을 나와 우리 딸과 함께 유랑극단인이 되어야 한다."
고 해서 그 조건으로 결혼하여 천하를 주유하게 되었습니다. 그러나 그 여인은 신랑에 대하여 만족하지 않았습니다. 극단 내에서는 기능보유자만이 대중의 사랑을 받을 수 있었기 때문입니다.

그래서 아이를 낳아 기르면서 아버지 귀에 거슬리는 말을 아이에게 서슴없이 하였습니다.

"짐차 지키는 자의 아들아, 나는 네가 빨리 잠들기를 바란다.
공부하지 않고 엄마 궁둥이만 따라다니는 자의 아들아,
나는 네가 빨리 잠들기를 바란다."

이러한 자장가 소리를 들으니 너무나도 속이 상했습니다. 그렇지만 곡예단이 유랑할 때마다 소여물을 먹이고, 장물을 관리하며, 그들의 수입을 관리하는 경리책임자였으니 어떻게 합니까. 일반적으로 생각하면 그 또한 대단한 직업이지만 인도에서는 양반이 천민집으로 장가가면 자기 성씨까지도 천해지게 되는 것이기 때문에 많은 사람들의 업신여김을 당했습니다. 그런데 부인까지 자기를 업신여기니 견딜 수가 없었습니다.

그래서 자신도 곡예사가 되겠다 맹세하고 밤잠을 자지 않고 대나무를 묶어 60완척까지 올라가니 사람들은 놀라 넋을 잃었습니다. 떨어지면 꼭 죽고 말 것인데도 부인보다 더 인기가 높아지는 것이 최고의 명예로 생각하였으니 그로 인해 부를 누릴 수도 있다는 것도 좋은 동기가 된 것입니다.

그런데 그날은 60완척 높이에 올라가 사람들의 환호성을 받았는데 조금 있으니 청중들이 조용해져 내려다보니 그 건너편에 태양보다도 더 밝은 빛이 쏟아지는 것을 보고 모두가 그쪽으로 관심이 쏠렸습니다. 그래서 욱가세나는 그날 공연을 마치고 그 빛이 쏟아져 나온 장소에 가서 보니 부처님께서 삼매에 들어 계셨습니다.

날마다 재주를 부려 청중의 박수갈채 속에 사랑을 받고 살던 사람이지만 너무나도 평화스럽게 앉아 계신 것을 보고 자기도 모르는 사이에 여러 생각이 조용히 가라앉았습니다. 부처님께서 말씀하셨습니다.

"욱가세나야, 돈과 명예, 사랑만이 이 세상 전부가 아니다. 사람은 태어나면서 나, 내것을 중심으로 한 업의 지배를 받기 때문에 그 업을 이 세상의 끝까지 남기기 위해서 육체적인 생명관과 유전적인 인생관으로 산다.

육체적인 인생관은 이 세상에 존재하는 한 오래 오래 건강하게 부자로 잘살 것을 생각하고, 유전적인 생명관은 내가 하지 못하는 일을 자식에게 전해서 죽은 후에라도 끌고 나갈 것을 갈망하는 것이다. 그래서 자식이 있으면 기뻐하고 자식이 없으면 슬퍼하며, 자식이 있어도 그 자식이 자기 자신보다 위대하게 되면 좋아하고 잘못되면 괴로워하는 것이다. 스승과 제자도 마찬가지이다.

그러나 그것만으로 만족할 수 없기 때문에 명예적인 생명관을 갖는다. 자식이 있든지 없든지 그 이름을 세상에 남기고자 하는 욕망은 사람뿐 아니라 호랑이도 가죽을 남기고, 물방울도 뜰 돌에 구멍을 뚫고 바위들은 굴려가면서 산등성이에 흠집을 낸다. 죽은 사람은 자기 시체 위에 자기 이름을 써 놓으면 좋아하기 때문에 초상 때에도 영정이라는 것을 쓰게 된 것이다.

명예를 남기는 데는 글과 무술이지만 그것보다 세상 사람들은 공과 덕을 더 귀하게 생각한다. 그래서 사람들은 힘을 길러 승부를 가리고 글을 써서 명예로 삼고자 하는 것이나, 이것은 아무나 마음먹는다고 되는 것이 아니다.

그러니 보아라. 이 세상에 아무리 오래 사는 사람도 100살을 넘기가 어렵고, 자식과 돈 그리고 명예를 가진 사람도 죽음 앞에서는 어찌 할 수 없다. 그래서 종교라는 것이 생겨 이 세상에서 못한 일을 저 세상에까지 가서 하기 바라는 것이나, 이것 또한 어리석은 짓이다. 이 세상에 있든지 저 세상에 있든지 둘이 아닌 경지에서 자기의 주인을 찾아 생로병사에 관심 없는 사람이 되어야 대장부가 되는 것이다."

욱가세나는 처음 부처님을 뵈올 때부터 생각이 달라지기 시작했지만 마지막 법문을 듣고 나니 하얀 종이위에 빨간 물감이 물들듯 온통 이 세상이 깨달음으로 꽉 찬 것 같았습니다.

"부처님 고맙습니다. 제가 무엇 때문에 지금까지 집안 망신을 시키고 아내와 자식에게 만족을 주지 못하면서 헛된 이름과 돈만 가지고 미친 사람 노릇하고 살았는가를 새삼스럽게 깨닫게 되었습니다. 오늘 저는 부처님 법문을 듣고 당장 출가하고 싶사오나 거느리고 다니는 권속들이 있기 때문에 곡예단에 가서 하직하고 오겠습니다."

하고 가서 가족들의 승낙을 받고 출가하여 부처님의 칭찬을 받고 열심히 수행하여 아라한과를 증득하였습니다.

지혜로운 구도자는

이미 만들어진 이목구비나
장차 일어날 몸, 지금 일어나고 있는 몸에
대하여 집착하지 않는다.

"부처님, 저는 이미 3세의 5온에 대한 집착을 끊었으며, 육욕, 색욕, 무색욕을 통해 취해야 될 것과 버려야 될 것을 잘 알고 깨달았습니다."

비구스님들이 물었습니다.
"참으로 희유한 일입니다. 세상의 명성을 한 몸에 받고 그 기능 하나로 한 도시의 돈을 한꺼번에 다 긁어모으던 사람이 하루아침에 출가하여 아란한이 됩니까?"
"그는 옛날 카싸빠 부처님께 공양하고, 그가 열반에 드신 뒤 그의 부인과 함께 탑을 세우고 성불하기를 맹세한 일이 있다. 얼마 안 있으면 그의 아내도 출가하여 대도를 얻을 것이다."
하였는데 과연 욱가세나의 아내도 아이를 길러 아버지에게 부탁하고 출가하여 여성불자 가운데 비구니 20대 제자의 한 사람이 되었습니다.

2. 노히니 강변의 싸움

노히니 강은 까삘라국과 구이성을 통과하는 작은 강입니다. 그러나 하나의 젖줄이 되어 두 나라 농토를 축여주기 때문에 여기에 만약 문제가 생긴다면 두 나라가 다 잘못될 염려가 있었습니다.

그런데 작년부터 계속해서 가뭄이 들어 개울물이 마르므로 강물 또한 줄어들어 한쪽에서 쓸 물도 넉넉하지 못했습니다. 그래서 사람들은 사이 사이에 도랑을 파고 물들을 자기 논으로 끌어 넣다 보니 밑에 있는 사람들은 물 한 방울도 얻기 어렵게 되었습니다.

두 부족이 끼리끼리 모여 의논하다가 나중에는 마을마다 물싸움이 생겨 그 싸움이 국가적인 차원으로 번져가게 되었습니다. 까삘라국과 구이족은 예로부터 여러 세대를 거쳐 부모형제, 일가친척이 되어 왔는데, 막다른 골목에 이르니 눈에 보이는 것이 없었습니다.

그래서 선전포고를 하고 내일 두 강변에서 전쟁을 할 것을 약속하자 남녀노소 없이 두 강변에 진을 치게 되었습니다. 그때 부처님은 제타동산에 계시다가 이 소식을 듣고 한걸음에 뛰어오셔서 두 언덕 사이 강물 가운데 자리 잡고 앉아 계시니 활과 창을 던지고 돌멩이를 쏘던 사람들이, "부처님!, 부처님!" 하면서 모두가 무기를 땅에 놓고 무릎을 꿇고 앉았습니다.

부처님께서 물으셨습니다.
"물은 무엇 때문에 필요한가?"
"농사를 짓고 마시기 위해서 필요합니다."
"농사를 짓고 물을 마시는 것은 무엇 때문에 필요한가?"
"살기 위해서입니다."
"이 어리석은 사람들아, 살기 위해서 필요한 물을 가지고 사람을 죽이는 싸움을 한다니 말이나 되는가?"
모든 사람들은 크게 뉘우치고 한 방울의 물이라도 나누어 먹을 것을 약속하였는데, 그날 저녁에 비가 와서 두 나라에 물 풍년이 드니 이 또한 부처님의 공덕이라 생각하고 모두가 감사하였습니다. 이 인연으로 500명 석가족 청년들이 출가하고 또 정반왕의 열반으로 500명 석가족 여인들이 출가하게 됩니다.

3. 숫도다나왕의 열반과 여인들의 출가

부처님께서 까삘라국에 가까이 있는 마하와나 숲에 계시다가 다섯 번째 안거를 치르기 위하여 웨살리 근처 뾰족탑으로 이루어진 쿠타가라 승원으로 가 계셨는데, 그때 부처님의 아버지 숫도다나왕의 열반이 알려져 왔습니다.

숫도다나왕은 성자 부처님께서 처음 고향에 돌아온 이후 왕보와 불보의 소식을 듣고 초견성하였으나 그 뒤 야수다라와 라훌라, 난다의 깨달음을 보고 자신도 황금궁전의 하얀 일산아래 앉아 명상을 하다가 아라한과를 성취하였다 합니다.

첫째 온갖 것이 인연 속에서 나타났다가 사라지는 것을 보고 수다원과를 얻고,
둘째 자신이 얻고 있는 지식과 상식이 한계가 있음을 보고 사다함과를 깨닫고,
셋째 가족과 국가, 그리고 세계가 인연 따라 모였다 흩어지는 가운데서도 그것을 알아볼 수 있는 마음이 있다는 것을 깨닫고 아나함과를 얻고,
넷째 마음속에 온갖 분별과 시비가 사라지는 것을 보고 아라한과를 얻었다고 합니다.
"이 몸도 오히려 버려야 하겠거늘 하물며 이 나라와 세계이겠는

가."

　이렇게 생각했을 때 지옥, 아귀, 축생, 인, 천, 아수라(阿修羅)의 세계가 눈 앞의 날파리처럼 나타났으며, 그들 모든 세계가 태, 난, 습, 화(胎, 卵, 濕, 化) 등 4생에 의하여 업(業) 따라 나타나는 것을 보고 욕계(欲界), 색계(色界), 무색계(無色界)와 같은 세계가 무진하게 동, 서, 남, 북, 4유 상하로 뻗쳐져 있는 것을 보았습니다.

　그래서 까삘라국에 대한 애착을 5, 6월 염천에 아지랑이처럼 털어버리고, 나라를 4촌 6촌들에게 맡긴 뒤 조용히 열반에 들었습니다. 그래서 부처님은 그때 500명의 석가족 비구들과 함께 와서 아버지의 초상을 치렀습니다.

　까삘라 왕궁으로부터 약 1km 떨어진 지점에 아버지의 유해를 묻고 붉은 벽돌로 봉분을 만든 뒤 다시 웨살리 뾰족탑으로 갔습니다. 그때 노히니 강가에서 무기를 가지고 있다가 부처님의 법문을 듣고 출가한 500명의 석가족 부인들이 마하빠자빠티 왕후를 찾아가 청원했습니다.

　"저희들은 여자의 몸으로 더 이상 세상생활을 할 수 없으니 대부인께서 부처님께 청탁하여 출가비구니가 되게 하여 주옵소서."

　그래서 빠자빠띠는 아난존자를 시켜 두세 번 간청하였으나,
　첫째 여인은 주처가 일정치 않아 비구니가 될 수 없고
　둘째 밥을 얻기 위해 여러 곳으로 다니다가 여러 가지 사고가 생길 염려가 있으므로 비구니가 될 수 없고
　셋째 친척비구니들이 비구 가까이 있으면 말썽이 많이 나게 되므로 안 되고,

넷째 여자는 남자보다 신체적으로 장애가 많아 비구니가 될 수 없다

하고 단호하게 끊어서 말하였지만 아난존자가 눈물로서 호소하였습니다.

첫째 까삘라국 여인들은 누구도 보호할 사람이 없고

둘째 특히 신진 비구 500명의 아내와 가족들은 불법도 바로 알지 못하고 있으며

셋째 그래도 그분들은 왕가출신이기 때문에 품성이 일반사람과는 다르고

넷째 마하빠자빠띠는 부처님의 양어머니로서 우리들이 보호해야 할 의무가 있지 않습니까.

그리하여 부처님으로부터 간신히 출가 허락을 받고 나가니 문 밖에 서있던 마하빠자빠띠를 비롯한 많은 여인들이 스스로 머리를 깎고 스님의 모습들을 하고 있었습니다.

아난존자는 이들을 목욕시키고, 승단에 대한 기본예의를 가르쳤습니다.

첫째 100세 이상 된 여인이라도 출가하여서는 10세의 사미에게도 절을 한다.

둘째 목숨을 걸고 계를 지키며, 안거도중에는 비구대중으로부터 멀리 떨어져 있으면 아니 된다.

셋째 초하루와 보름 포살일에는 반드시 비구승단에 와서 바라제목차를 외우는 것을 듣고 잘못이 있으면 참회하여야 한다.

넷째 혹 비구스님들이 비구니스님들의 잘못을 보고 지적하면
화를 내지 않고 받아드려야 한다.
다섯째 만약 계를 어기었으면 반달동안 별거생활을 하여야 한
다.
여섯째 비구니가 다른 여인들을 출가시킬 때는 먼저 18세부터
20세 사이, 2년간의 예비비구니 제도를 거쳐 스님이 되게 한다.
일곱째 어떤 일이 있더라도 비구니는 비구를 험담할 수 없다.
여덟째 어떤 경우에도 비구니는 비구를 가르칠 수 없다.

이것을 비구니 8경계법라 부르고, 이에 더해서 비구니 6법계는
다음과 같습니다.

"첫째 염심을 가지고 있는 남자와 몸을 부딪치면 아니 된다.
둘째 남의 돈 4전 이상을 훔치면 아니 된다.
셋째 축생을 죽이면 아니 된다.
넷째 작은 거짓말을 하면 아니 된다.
다섯째 때 아닌 때 음식을 먹으면 아니 된다.
여섯째 술을 마시면 아니 된다.

이렇게 하여 마하빠자빠띠 비구니는 500명의 비구니를 거느리
고 꼬살라국 사위성에 가니 빠쎄나디왕이 왕궁 옆에 왕사(王寺)라
는 비구니 절을 지어주어 그 곳에서 공부하며 살 수 있게 되었습
니다.

그 뒤에 여러 나라 왕상의 부인들과 귀족들이 출가하여 큰 단체
를 이루었으며, 여성교육의 모범이 되어 여러 나라에서 사람들을

보내 사회적으로 여성운동을 크게 하게 되었습니다.

사실 이 세상일이란 오직 남자만이 할 수 있는 일이 따로 없습니다. 남녀가 협조하여야 되기 때문에 비구승단의 여러 가지 어려운 일들도 비구니스님들이 중심이 되어서 해결할 문제가 많이 있었습니다.

그때 부처님께서 비구니들에게 당부하였습니다.

"참음과 견딤은 최상의 도덕적 수행이고
갈애에서 벗어나는 것 최상의 열반이며
남을 해치고 죽이는 자 출가한 자가 아니며
남에게 피해를 주지 않는 자가 번뇌를 소멸한 자이다.

모든 악을 짓지 말고 흠 없는 선을 행하라.
마음속에 탐욕과 성냄, 어리석음, 거만, 의심을 제거하라.

남을 비방하지 말고, 남으로 하여금 비방하게 하지도 말고
남을 해치지도 말고, 남으로 하여금 해치게 하지도 말고

계율을 지켜 물들고 오염된 것을 방지하라.
먹는데 적당한 양을 알고
떨어진 장소에 머물고
관지(觀智)를 토대로 8등지(八等智)를 얻으라.

부처님께서 쌋밧티 뿝바라마 승원 마가미뚜마 강당에 계실 때

비싸카의 어머니가 손자를 잃고 옷과 머리를 적신 채 대낮에 찾아
왔습니다.
　“어찌하여 그렇게 되었는가?”
　“손자가 죽었습니다.”
　“무엇이 희망인가?”
　“싸밧티 사람의 수만큼 권속을 갖고 싶습니다.”
　“이 세상 한 사람도 죽지 않은 자가 있는가?”
　“없습니다.”
　“날마다 송장을 치러야 하겠구나.”

하고 노래 불렀습니다.

　“세상의 갖가지 슬픔과 비탄 고통이
　사랑하는 자를 조건으로 하여 생긴다.
　세상 어디에도 사랑하는 자가 없으면
　슬픔을 여의고 행복을 얻으리라.”

　비구니스님들은 부처님과 이 여인의 문답을 듣고 더욱 크게 깨
달아 세상의 애착마저 털어 버릴 수 있었습니다.

제19강 아나타삔디까와 기원정사

1. 무역상인 아나타삔디까

부처님께서 라자가하에서 두 번째 안거를 보내는 동안 싸왓티 시의 부호 아나타삔디까가 라자가하에 사는 처남 집에 왔다가 부처님께서 세상에 태어나 계신다는 놀랄 만한 말을 들었습니다.

그들은 부모님 대부터 사돈관계의 인척을 맺고 라자가하에서 나는 물건을 사다가 싸왓티시에서 팔고 싸왓티시에서 나는 물건을 사다가 라자가하에서 팔아 큰 부호가 되었습니다. 물건을 수송할 때는 500대의 짐마차에다 물건을 가득 싣고 도착하기 10리 전부터 대 환영회를 베풀어 소문을 퍼뜨리고 두 사람이 함께 마차를 타고 가면서 적당한 가격을 정한 뒤 알맞게 시장에 풀어 대무역을 형성하였습니다.

그런데 그 날은 라자가하의 큰 부호가 시타와나의 은둔승원에서 막 부처님 법문을 듣고 이튿날 1250명 스님들을 초청하여 공양하기로 약속하여 마중을 나갈 수 없게 되었습니다.
아나타삔디까는 쓸쓸한 마음으로 라자가하에 도착하였는데 여러 가지 음식을 창고 속에 가득 채워가고 있었습니다.

"친구여. 무슨 즐거운 잔치라도 있는가?"

"부처님과 스님들을 초청하여 공양코자 하노라."

"부처님. 부처님이란 말은 듣기도 어려운 말인데 실제 부처님이 탄생하여 계신단 말인가."

"그렇다네. 까삘라국 왕자로 일찍 출가하여 깨달음을 얻고 빔비사라 임금님의 초대를 받아 지금 깔란타동산에 계신다네."

"그렇다면 나도 직접 가서 그 분을 뵙고 싶은데!"

"지금은 저녁시간이라 안되고 내일 아침 일찍 가도록 하소."

하고 길 안내인을 소개해 주었습니다.

2. 부처님을 뵈온 아나타삔디까

아나타삔디까는 밤새도록 자지 않고 흥분되어 있다가 새벽녘에 안내자를 앞세우고 부처님 계신 곳으로 가니 라자가하와 영축산 중간만큼 시체를 버리는 공동묘지 근처 사타와나동산에서 막 경행을 마치고 정해진 자리에 앉아 계셨습니다. 얼굴에서 밝은 빛이 쏟아져 나오는 것을 본 아나타삔디까는,

"안녕하십니까. 저는 사위성에서 온 수닷타입니다."

하고 인사를 드리니,

"전생에도 많은 복을 지어 외롭고 쓸쓸한 사람을 돕더니 금생에도 큰 복을 짓고 있군요."

"그래서 사람들이 저를 아나타삔디까 급고독장자라 부르고 있습니다. 오늘 초대하신 장자는 저희 처남집입니다."

"잘 알고 있습니다. 그대는 감각적 쾌락에 물들지 않고 불타는 격정에도 물들지 않고 모든 번뇌에서 벗어났으므로 장차 안락한

생활을 하다가 마침내 열반을 얻을 것입니다. 앞으로도 지금처럼 보시하고 계를 지키고 애욕에서 벗어나 진실을 행한다면 천당은 곧 당신 것이 될 것입니다.”

아나타삔디까는 말만 들어도 지금 당장 천당에 태어난 것 같은 기분이 들었습니다.

“영광스런 부처님. 저는 지금 부처님을 뵙고 뒤집힌 생각이 바로 서고 덮인 것이 벗겨지고 길 잃은 사람이 길을 찾아 어두운 밤에 등불을 만난 것과 같습니다. 저도 3보에 귀의하고자 합니다.”

그래서 3귀의계를 받고 이튿날 공양청을 한 뒤 기쁜 마음으로 내려왔습니다. 공양시간이 되자 1250명이 복장을 단정히 하고 일렬로 줄을 서 시내로 들어오는데 마치 천상 사람들이 지상에 내려오는 것과 같았습니다.

“아, 불교란 다른 것이 아니로구나. 옷 잘 입고 걸음 잘 걷는 것이로구나. 일반 수행자들을 보면 두 사람, 세 사람씩 짝을 지어 가며 해야 할 말과 해서는 안 될 말들을 주고받으며 어지럽게 걸어가는데 불교는 바로 옷 잘 입고 길을 잘 걷는 것이로구나. 하루 빨리 가서 이들의 거처를 지어 모시도록 해야지.”

하고 스님들이 오셔서 자리 정돈하고 앉아서 밥 먹는 것을 구경하였습니다.

질서 있게 앉으니 물이 돌아가고 식사가 분배된 뒤 시주를 위해 복덕경·행복경을 읽고 순서를 따라 공양을 하는데 1시간 이내에 1250명 대중의 공양이 모두 끝났습니다.

마을에서 같으면 한나절이나 걸려야 할 큰 잔치인데 1시간동안에 끝나니 부처님께서 시주자를 칭찬하고 떠났습니다.

“오늘 시주자의 복은 방울 물이 모여 바다를 이루듯 하고 지혜는 초생달이 보름달처럼 커져라.”

독경 소리를 들으니 마치 큰 바다를 보름날 저녁에 보는 것과 같았습니다. 이튿날 자신의 공양청에도 꼭 같은 방식에 의해 이루어졌으므로

“불법은 밥 잘 먹는 것, 이것만 가지고도 사왓티 국민들을 문화국민으로 만들 수 있다.”

생각하고 부처님께 청했습니다.

“부처님. 저도 고향에 돌아가 죽림정사에 버금가는 승원을 하나 지어 바치고자 하는데 받아 주시겠습니까?”

“좋습니다. 그 구체적인 상황은 나의 제자 싸리뿟따와 의논하여 하십시오.”

그는 서둘러 가지고 간 물건을 처리하고 돌아오면서 그와 인연 있는 사람들에게 부탁하였습니다.

“머지않아 부처님과 그의 권속들이 이 길을 걸어오실 것이니 정원을 가꾸고 쉬면서 머물 수 있는 장소를 만들어 주십시오. 그리고 승원을 세우고 그 곳에 보시물품을 저장해 놓으면 우리는 그 대가로 무진한 복을 받게 될 것입니다. 힘이 닿는 분은 자신이 비용을 내서 하시고 여력이 없는 분은 제가 돈을 대어 드리겠습니다.”

그래서 45요자나 되는 머나먼 거리에 수십 개의 휴게소와 숙소를 마련하도록 하였습니다.

3. 대지 구입과 건축

　우선 절 지을 땅을 구입하여야 하므로 싸왓티시 근처 8km 이내
의 모든 토지와 산과 들을 모두 답사하였습니다.
　그 가운데 왕자 제타태자가 가지고 있는 제타동산이 제일 적당
한 것 같았습니다.

　부처님께서 제시하신 대로
　첫째는 도시에서 그리 멀지 않고
　둘째는 너무 가깝지도 않으며
　셋째는 길이 잘 닦여져 있어야 하며
　넷째는 사람들이 쉽게 접근할 수 있고
　다섯째는 마을의 소음이 들리지 않고 유락 시설이 없는 곳이었
기 때문입니다.

　그래서 제타왕자를 찾아가 청했습니다.
　"왕자님, 돈은 얼마든지 드릴 테니 동산을 나에게 파십시오."
　"아니. 왕자보고 땅을 팔라고 하는 사람이 어디 있습니까. 진짜
로 당신이 내 땅을 사려면 5푼 두께로 금은전을 쫙 까세요."
　농담으로 한 말이었는데 그는 그 말을 곧이곧대로 듣고 서른 여
덟 가마니에 해당되는 동전을 가지고 가서 5푼 두께로 쫙 깔았습
니다.
　세상에서는 처음 보는 돈이라 마을 사람들이 떼를 지어 돈 구경
을 왔습니다. 소문이 퍼지자 제타태자도 왔습니다.
　"아니, 장난말로 한 것인데 진짜 사려고 하십니까?"
　"꼭 필요합니다."

"뭘 하는데 그렇게 큰돈을 주고 땅을 사려 하십니까?"

"부처님을 모실 절을 지을 것입니다. 부처님을 모시면 우리 국민이 모두 문화국민이 될 수 있습니다."

하고 힘을 주어 말하니

"그렇게 훌륭한 분이라면 나도 이 숲을 그냥 내놓겠습니다. 다만 홍예문만은 내가 직접 짓도록 하겠습니다."

그래서 아나타삔디까는 1억8천만 금전을 들여 먼저 깔았던 대지에 부처님 시자 아난다의 거처를 짓고 3백 명이 거처하도록 하였으며 또다시 1억8천만금을 갖다가 싸리뿟따와 목건련 등 여러 제자들이 지낼 수 있는 방을 붉은 벽돌로 짓고 큰 우물을 여덟 군데나 파서 먹고 목욕하는데 지장이 없게 만들었습니다.

그리고 부처님의 향실은 특별히 3층으로 짓고 그 앞에 대강당을 세운 뒤 경행처까지 마련하였습니다. 경전에는 당시의 집 이름이 ① 까레라꾸띠 ② 꼬삼바꾸띠 ③ 간다꾸띠 ④ 살라라게하 로 표시되어 있습니다. '꾸띠'는 마른 풀 움집이기 때문에 흔히 '토굴'이라 번역하고 '게하'는 건물입니다.

그 건물이나 토굴이 까레리 나무 앞에 있었으므로 '까레리(와나루木)꾸띠'라 불렀고, 꼬삼바·간다·살랄라도 마찬 가지 입니다. 살랄라 건물은 빠쎄나디왕이 세운 것이고, 나머지 셋은 급고독장자가 지은 것입니다.

꾸띠 즉 움집은 검소하고 조그만 수행자의 외딴 거처이지만 지을 때는 반드시 승가의 허락을 받아야 합니다. 적어도 꾸띠를 수용할 수 있는 비구는 토굴생활을 하더라도,

① 게으르지 않고

② 재가자의 비난을 받지 않을 만큼 수행력이 있고
③ 20평 이하의 건물을 짓되
④ 수행처를 승가공동체의 것으로 인식, 개인소유로 하지 않아야 하기 때문입니다.

현재도 까레리꾸띠는 부처님의 향실로 잘 보존되어 있고, 부처님 당시에는 원행 천막이 처져 있었기 때문에 까레리 만다빠라고 부르기도 하였다 합니다.

이 같은 계율은 비구계목 두 번째 무거운 계목 승잔죄(僧殘罪) 가운데 여섯 번째 계율로서 규정되어 있습니다.

대부분의 성숙된 비구들은 나무 밑이나 풀자리에서 한가하게 토굴생활을 하였으므로 '한거(閑居)' 즉 '파이웨까'라 불렀습니다. 제타숲 속에는 이 네 개의 꾸띠 이외에도 아난존자가 거처하던 자리, 사리불과 목건련이 거처하던 자리, 수보리와 라훌라 등이 거처하던 자리가 여덟 곳이나 있고, 각기 그 절에는 많은 스님들이 대중생활을 하였으므로 우물도 따로 마련하고 목욕탕도 따로 있었습니다.

이렇게 제타숲에 부처님과 스님들이 거처할 곳이 마련되자 아나타삔디까는 사람을 보내 부처님을 청했습니다.
"부처님, 부처님과 제자들이 거처할 절이 비산비야에 이룩되었으니, 우리나라에 오셔서 복밭이 되어주십시오."
부처님은 아나타삔디까가 보낸 심부름꾼의 말을 듣고 물었습니다.

“그 절을 누구와 함께 지었느냐?”

“제타태자가 숲을 제공하고 아나타삔디까 장자께서 돈을 내어 지었습니다.”

“그러면 그 두 사람 이름을 합해서 기수급고독원(祈樹給孤獨園)이라 부르라.”

하고 길을 떠났습니다.

4. 6군 비구들의 망행(妄行)

부처님은 천천히 많은 대중들을 거느리고 가기 때문에 1요자나를 하룻길로 잡아 45일 동안 가기로 하였는데 웨살리에 이르러서는 마하와나 대림정사(大琳精舍)에서 쉬게 되었습니다.

그래서 장차 이들 대중스님들께 바쳐진 절을 수리하고 보호하기 위하여 책임자를 대중의 의사를 물어 선정해 주었습니다.

그런데 6군 비구의 제자들이 먼저 길을 앞서가면서 좋은 건물이나 좋은 침상을 보면

“이것은 우리 스님 것이다.”

하여 선점하여 다른 사람들이 수용할 수 없게 만들었습니다.

6군 비구란 발란타 · 난타 · 가류타이 · 천노 · 마사 · 불나발 등인데, 6군 비구니와 함께 성질이 간교하고 험악하여 나쁜 일을 많이 하여 불교 교단에 늘 물의를 일으켰던 분들입니다.

싸리뿟따 존자는 맨 뒤에 가면서 나이 들고 힘이 없는 노스님들과 사미행자들 그리고 병든 비구들을 살피며 천천히 갔는데, 먼저 간 사람들이 자리를 차지하고 있었으므로 어떤 날은 남의 발끝에 누워 잠들어야 하는 경우도 있었습니다.

그래서 부처님은

"내가 살아있는데도 이 지경이면 내가 죽어 없어지면 어떻게
되겠느냐?"

하고 비구들을 모아 사실을 확인한 뒤 물었습니다.

"누가 좋은 자리를 선점하여 잘 수 있겠는가?"

"어떤 사람은 왕족, 바라문, 수드라 식으로 순서를 정해서 말했
으나 부처님은 하루 한 시간이라도 먼저 출가한 사람이 순서를 따
라 숙소를 정하고 먹고 입는 것도 마찬 가지다. 설사 뒤에 와서 신
통력을 구족한 아라한이라도 이 법칙을 어겨서는 안 된다."

하였습니다.

이 법칙은 지금도 그대로 실천되고 있습니다. 집안 사정 때문
에 두세 번씩 환속했다 오는 스님들도 옛날에 중노릇을 했던 것은
백지로 돌리고 다시 시작한 날부터 계산하므로 선후의 경계가 분
명해 졌습니다. 실은 불교에서는 출생·혈통·품성·사회적 지
위·경·율·론 3장의 통용여하에 관계없이 출가년한을 기준한
연장자를 존중하게 되어 있습니다.

부처님은 강조하였습니다.

"그대들의 교수사 싸리뿟따는 일찍이 출가하여 목갈라나와 같
이 종단의 교수사로 임명된 사람인데, 어젯밤 자리가 없어 나무 밑
에서 경행하다가 한 사미승의 발밑에서 새우잠을 자게 되었으니
되겠느냐. 원숭이, 자고새, 코끼리도 모이면 서로 자리를 양보하
고 먹이를 제공하는데 하물며 사람이 짐승만도 못해서야 되겠느
냐."

하고 6군 비구를 꾸짖고 그들이 거느리는 제자들을 경계하고
여기서 열 가지 계율을 제정하였습니다.

① 먼저 구족계를 받은 비구가 나중에 구족계를 받은 비구를 공

경하면 안 된다.

② 비구 아닌 자를 공경해서도 안 된다.

③ 다른 집단의 연장자라 하더라도 법 아닌 것을 설하면 공경하지 아니한다.

④ 여자를 공경하지 않는다.

⑤ 거세된 남자를 공경하지 않는다.

⑥ 별주비구(허물이 있어 따로 사는 사람)를 공경하지 않는다.

⑦ 아나타비구(참회의 기한이 정해진 스님)를 공경하지 않는다.

⑧ 처벌이 있어 참회하는 기간이 있는 비구를 공경하지 않는다.

⑨ 허물이 없더라도 마나타행을 하는 비구를 공경하지 않는다.

⑩ 복권된 자라도 참회 비구와 마나타 비구는 하심하여야 한다.

반대로

① 일찍 구족계를 받은 비구는 늦게 구족계를 받은 비구의 공경을 받을 수 있다.

② 다른 집단에 소속된 연장 비구로써 법답게 설하는 자는 공경을 받을 수 있다.

③ 인천·브라흐만 중에서 여래·응공·정변지는 모든 중생들의 공경을 받을 수 있다.

다시 승문에 대하여 경계하였습니다.

① 보시 이전의 물건이라도 전체 승단을 위해 마련된 건물이나 창고 등은 연장자로부터 사용되어야 한다.

② 각 곳에 마련된 높고 낮은 자리와 양탄자, 덮개, 양모, 솜이불 등은 형편 따라 사용하되 출가자가 사용해서는 안 될 것이면 함부로 사용하지 말라. 특히 긴자리, 긴의자, 침대 등은 사용하지 말고

낮은 자리에 앉고 누워 사고가 나지 않게 하라.

5. 제타와나 동산과 취사(聚沙)이야기

드디어 제타와나 승원에 이르니 꼬살라 국왕의 딸 수마나가 500명의 시녀들과 함께 물과 향과 꽃으로 채워진 항아리를 가지고 와서 환영하고 신선한 우유로 공양하였습니다.

부처님은 칭찬하셨습니다.

"옛날 위빠시 부처님 당시에도 이렇게 환영하여 세세생생 가난이 없는 공주로 만인의 사랑을 받은 사람이 되더니 금생에도 이 인연으로 행운이 깃들기를 바라노라."

이어서 아나타삔디까의 딸 출라수밧다라 마하숫바다도 500명의 처녀들과 함께 나와 환영하였고, 재가신자 수 천명이 함께 환영하였으며 부호의 아들들 아나타삔디까 권속들, 아내 푼나락카나가 500명의 장자 거사들의 부인들과 함께 정장을 하고 나와서 마중해 주었습니다.

제타동산은 축제 분위기로 꽉 찼으며 말 그대로 인산인해를 이루었습니다.

환영식이 끝나자 부처님은 저 유명한 취사(聚沙)이야기를 들려주었습니다.

"내가 전생에 한 수행자가 되어 길을 지나가는데, 세 아이가 길가에서 모래로 탑을 세워놓고 장난을 하다가, 제일 큰 놈이 모래 한 바가지를 들고 와서 말했다.

'제 공양을 받으세요.'

'무슨 공양이냐?'

‘쌀밥 공양입니다.’

‘음. 너는 내생에 전륜성왕이 되어 8만4천개의 탑을 세우리라.’

중간 놈이 있다가 또 그릇에 흙을 담아 가지고 와서 말했습니다.

‘저의 공양도 받으세요.’

‘무슨 공양이냐?’

‘좁쌀 공양입니다.’

‘오냐. 너는 내생에 큰 부자가 되어 고독한 사람들을 구하다가 큰 절을 지어 좁쌀알 같은 중생들을 제도하리라.’

또 한 놈이 말했습니다.

‘스님, 날씨가 더우니 그늘 밑에 앉아 잡수세요.’

‘그래라. 그렇게 하지.’

그래서 나무 그늘에 앉아,

‘너는 내 생에 큰 임금님의 아들이 되어 좋은 숲의 주인이 될 것이다.’

하고 예언한 바 있는데, 오늘의 기타태자는 그때의 나무 그늘을 제공한 사람이고, 급고독장자는 좁쌀밥을 공양한 사람이다. 다음 한 사람은 내가 세상을 떠난 지 100년 뒤에 태어날 것이다 하였는데, 그가 곧 아쇼카 임금님이 될 것이다.”

이렇게 해서 그날은 날이 저물었으므로 아나타삔디까는 부처님께 이튿날 공양청을 하고 헤어졌습니다.

6. 봉헌의식과 축원

아나타삔디까 장자는 여러 권속들과 함께 맛있는 음식을 골고루 장만하여 부처님과 대중들을 그의 집으로 초청하여 정성껏 대접하였습니다.

부처님과 대중들이 그들의 시중을 받으며 공양을 마치자 부처님께 청하였습니다.

"제타동산을 어떤 방식으로 봉헌하는 것이 좋겠습니까?"

"4방에서 이미 와 있거나 지금 오는 중이거나 앞으로 도착할 모든 비구들에게 봉헌하는 것이 좋겠다."

그리하여 아나타삔디까 장자는 맑은 물병에서 물을 따르며

"4방에서 이미 와 있거나 지금 오는 중이거나 앞으로 도착할 모든 비구들에게 이 동산을 봉헌합니다."

부처님께서 감사하고 축복하였습니다.

"이 절은 앞으로 4대 색신을 추위와 더위, 불과 바람, 맹수들로부터 보호해 줄 것이다. 비구들은 정신적 혼란 없이 공부를 잘 할 수 있게 되었으니 인천의 큰 복전이 될 것이요, 아나타삔디까와 그의 권속, 제타태자는 이 절 이름과 같이 영원히 그 명예가 없어지지 아니할 것이다."

과연 이 절에서는 320경이 넘는 경전이 설해지고 부처님께서 45년 동안 안거하시는 가운데 반 이상을 이곳에 머물러 많은 사람들을 구제하시니 그들의 역사가 바로 이 절에서 일어난 가운데 영원한 불꽃의 생명으로 승화되었습니다.

그런데 앞의 죽림정사에서는 한 대신이 나라의 임금님께 봉정하여 전 인류의 수행지가 되도록 하였는데, 여기에서는 4방승께 봉정하여 명자 그대로 수행승들의 복지관이 되게 하였으니 조금은 입장이 다르나 그 정신은 전세계인의 수행처요, 만인의 도량이 되었기 때문에 지금은 유네스코에 등록되어 세계인류의 복음지가 되어 있습니다.

제20장 말이부인의 출세

1. 건반공양과 왕후선출

부처님께서 기수급고독원에 계실 때 사위성에 야야달이란 대바라문이 있었습니다. 전답 곡식이 헤아릴 수 없고, 칠보영락과 코끼리 말과 하인들이 창고에 가득하였으며, 위엄 또한 구족하여 왕에 지지 않았습니다.

그는 많은 종들을 데리고 있었는데, 황두(黃頭)라는 여인을 보내서 말이(末利)동산을 지키게 하였습니다. 황두는 항상 생각하였습니다.

'어떻게 해야 이 여종의 몸을 벗어날꼬.'

그런데 하루는 주인의 생일날을 맞아 3백석 쌀밥으로 대중을 공양하는 것을 보고,

"부자가 역시 부자가 되는구나. 전생에도 저렇게 보시하였기 때문에 금생에도 저렇게 잘 살며 복을 지으니 내생에야 더 말 할 것 있겠는가."

하고 자기 몫의 건반(밥 · 반찬)을 들고 동산으로 가면서 생각하

였습니다.

"나는 이 세상에 태어나서 처음 받은 쌀밥이다. 이것이라도 보시하여 가난한 복을 빌어보리라."

하고 걸어가는데 뜻밖에 한 사문이 나타났습니다. 그녀는 곧 그에게 나아가 합장하고 물었습니다.

"거룩한 성자시여, 저의 이 공양을 받으시겠습니까?"

행자는 서서 밥을 받고 불쌍히 여겨 그의 앞길에 밝은 빛이 있기를 기원한 뒤 이내 절로 돌아갔습니다.

그녀는 너무나도 기분이 좋아 아침과 점심을 걸렀는데도 입에서 저절로 노래가 나왔습니다. 그런데 그때 황두가 동산에 이르러 오후 3시쯤 되었는데 갑자기 어떤 분이 말을 타고 오다가 그의 앞에서 쓰러졌습니다. 여인은 뛰어가서 연잎으로 물을 떠다가 발과 얼굴을 씻겨 주고, 또 먹을 물을 떠서 목을 축이게 한 뒤에 누워서 편히 쉬게 하고, 곧 팔 다리를 주물러 주었더니 얼마 후 깨어났습니다.

"네가 누구냐?"

"저는 야야달 댁의 여종이온데 저는 여기 동산을 지키고 있습니다."

황두는 그 야들야들한 솜씨로 임금님의 팔 다리를 마디마디 주무르며 피로가 풀리게 하니 임금님은 곧 그의 신하들이 오는 것을 보고 말했습니다.

"너희 중 한 사람이 가서 야야달 바라문을 불러 오너라."

야야달 바라문이 도착하자 임금님이 말했습니다.

"이 여자가 네 집의 종이냐?"

"예, 그러하옵니다."

“내가 데려다가 아내를 삼으려 하니 값을 흥정하라.”

“값으로 말하면 백천 냥(百千兩)을 받아야겠으나 제 어찌 임금님에게 값을 받겠습니까?”

“아니다. 나를 살린 은인을 어찌 값을 치르지 않고 그냥 데려갈 수 있겠느냐.”

하고 곧 임금님은 많은 돈을 주기로 약속한 뒤 사신을 궁으로 보내서 여러 가지 영락과 의복 노리개를 가져오게 하여 여자의 몸을 씻기고 장엄한 뒤에 수레에 싣고 궁중으로 들어가니 일개 종이 일약 왕후가 되었습니다. 그는 인연된 동산의 이름을 따서 곧 말이부인으로 일컬어졌습니다.

임금님께서 말했습니다.

“그대는 오늘부터 나와 함께 지내야겠다.”

“고마우신 말씀이오나 저는 산에서 살던 사람이라 궁중의 법도를 모릅니다. 3개월 동안만 말미를 주시면 잘 배워 모시겠습니다.”

“다른 여인들은 몸치장을 하고 날마다 나를 기다리는데 그대는 정말로 특이한 사람이로다.”

하고 궁궐의 나인들을 불러

“이자가 배우고자 하는 것이 있으면 무엇이든지 친절히 가르쳐 주라.”

하셨습니다. 그리하여 그는 이튿날부터 임금님이 즐겨 드시는 차, 음식, 좋아하는 꽃, 의복 등을 골고루 배우고 또 음악, 무용까지도 읽혔습니다. 석달 후에는 매년 있는 한가위 달이 되어 궁중의 모든 여인들이 자신의 기능을 발표하였습니다. 말이부인은 낱낱의 기능에서는 전문인만 못하였지만 종합점수에서는 제1인자가 되어 5백 궁녀 가운데 최상좌에 앉게 되었습니다. 그는 스스로 생각하였습니다.

"내가 무슨 인연과보로서 이런 자리에 올랐는가. 아마 꿈에 탄 건반(乾飯)을 그 사문에게 보시한 공덕이리라"

생각하고, 곧 "이러 이렇게 생긴 사문이 어느 절 안에 있는가?" 물었더니 뜻밖에도 그는 삼계무주(三界無住)의 성자 샤카무니 부처님으로 기수급고독원에 있는 것을 알았습니다.

그래서 그녀는 왕에게서 허락을 받고 5백 수레에 공양을 가득 싣고 부처님을 찾아갔습니다. 말이부인은 절 앞 멀리 떨어진 곳에서부터 수레에서 내려 걸어가 공양하고 한 쪽에 꿇어앉아 물었습니다.

"무슨 인연으로 여인의 몸을 받고 얼굴이 추하여 보는 이가 기뻐하지 않고, 재물이 부족하고 위력이 없으며, 어떤 인연으로 얼굴이 단정하여 보는 이가 기뻐하고 재물이 풍족하여 큰 위력이 있나이까?"

"혹 어떤 여인은 성내는 마음이 많아서 남을 걱정시키기 좋아하며, 인색하여 보시를 잘 하지 않아서 많이 이익을 얻는 것을 보면 곧 시기 질투하는 마음을 냅니다. 그러므로 이런 여자는 얼굴이 추하고 보는 이가 기뻐하지 않으며, 보시가 없으므로 재물이 부족하고 질투하므로 위력이 없습니다."

"대덕이시여, 저는 참으로 전생에 성을 잘 냈는가 봅니다. 지금 이 얼굴이 매우 추하고 하녀의 노릇을 해야 했던 것을 생각하면 말이죠. 그러나 부처님께 건반을 공양하듯 전생에도 항상 보시하기를 좋아하고 시기 질투하는 마음이 없었으므로 가장 하천한 가운데서 가장 존귀한 여인이 되어 위세를 갖게 된 것 같습니다. 다음부터는 절대로 성을 내지 않는 여인이 되겠습니다. 그리고 목숨이 다할 때까지 3보를 옹호하여 크게 섬기고 공양하겠습니다. 그러하오니 곧 우바이가 되게 하옵소서.”

부처님은 곧 3귀 5계를 주시고 우바이가 되게 하였습니다. 이로부터 부처님과 여러 비구들은 왕궁을 무상출입하게 되었습니다.

그런데 하루는 카알루다인이 위의를 갖추고 왕궁에 들어갔다가 임금님과 말이부인이 낮잠 자는 것을 보았습니다. 부인은 사문이 궁 안으로 들어오는 것을 보고 급히 일어나 옷을 입고 평상을 털어 앉게 하려 하다가 귀한 옷이 땅으로 떨어지므로 알몸이 되어 웅크리고 있으니 카알루다인은 곧 궁중을 나와 절로 갔습니다. 임금님이 물었습니다.

“당신의 알몸을 그 비구가 보았지.”

“비록 보았다 하더라도 형제와 같아서 조금도 다름이 없아오니 염려하지 마옵소서.”

그런데 카알루다인은 곧 절에 오자마자 여러 비구들에게 ‘나는 쁘라세나짓 왕의 제일가는 보배를 통째로 보았다’ 하고 자랑하였습니다.

이로 인해 부처님은 다음과 같이 제계하였습니다.

“어떤 비구가 크샤트리야로서 머리에 물을 뿌리고 왕의 종족인 왕이 아직 잠자리에서 일어나지 않았거나 아직 보배를 간수하기 전에 왕궁에 들어가서 대궐의 문턱을 지나면 파아얏티카이니라.”

<비구계>

2. 이 세상에서 제일 귀한 것은 자기 생명이다

말이부인이 부처님께 공양을 올리고 오더니 의기가 양양해졌습니다. 빠쎄나디왕이 물었습니다.

"무슨 좋은 일이라고 생겼습니까?"

"예. 이 세상 모든 것들은 자기가 지어 자기가 받는다는 인과법에 대해서 들었습니다."

"뭐라고! 이 세상 모든 것들은 모두가 제 복대로 살고 있다고?"

"그렇습니다. 자기 생명 때문에 살고 있으니 자기를 업신여기면 아니 된다고 하였습니다."

"당신이 지금 누구 때문에 왕후가 되어 하늘처럼 높이 받들어지고 있는 줄 아세요."

"모두가 임금님 때문이지요. 그렇지만 내가 애초에 없었다면 임금님의 사랑인들 받을 수 있겠습니까. 그러므로 부처님께서 이 세상에서 제일 귀한 것은 자기 생명이니 자기 생명을 귀하게 여기는 것처럼 남의 생명도 자기 생명처럼 존경하라 하였습니다."

그러나 임금님 입장에서는 별로 마음에 들지 않는 답변이었습니다.

3. 사생제와 계박경(繫縛經)

그런데 그때 빠쎄나디왕이 큰 재를 베풀기 위해, 황소 천 마리를 기둥에 매어놓고 공양물을 모으고 있었습니다. 많은 비구들이 탁발 나갔다가 이 광경을 보고, 부처님께 아뢰자 세존께서 게송으로 말씀하셨습니다.

"날마다 큰 모임 베풀어 백천 번에 이르더라도

바르게 얻는 것이 16분의 1도 되지 못한다.

삼보(三寶)를 믿고 계(戒)를 지키면 그 복업(福業)이 훨씬 많기 때문이다.

어떤 사람이 억 년 동안 복업을 베풀더라도
정직한 마음으로 경례함에는 4분의 1도 되지 못한다.”
<사사경, 1234>

빠쎄나디왕이 이 말을 듣고 화가 나서 더 많은 사람을 잡아 가두
고 묶었습니다. 사생제(捨生祭)를 어길 때에는 이들의 목을 베어
하느님께 바치기 위해서였습니다. 이 소리를 들은 비구들이 부처
님께 아뢰자 부처님께서 또 게송으로써 말씀하셨습니다.

“밧줄·사슬·채워도 단단한 결박이 아니다.
물들어 더러운 마음 가지고
재물·보배·아내·자식들을 생각하면
이것이 큰 결박으로 아무리 늦추어도 벗어나기 어렵다.”
<계박경, 1235>

더욱이 화가 난 임금님은 몇 사람의 부하를 데리고 기원정사로
갔습니다. 그리고는 칼을 차고 군화도 벗지 아니한 채로 다짜고짜
물었습니다.
“부처님께서 조상 대대로 지내오는 사생제를 비방하셨다면서
요?”
“아닙니다. 남이 하는 일을 비방할 필요가 있습니까? 그러나 잘
못된 것을 가르쳐 주어야 하기 때문에 한 말씀 일렀습니다.”
“하느님께 희생제를 지내지 아니하면 벌을 받아 재앙이 생긴다
하였습니다.”
“그것은 잘못된 생각입니다. 하느님은 일 없이 아무에게나 벌을
주지 않습니다.”

"무슨 말씀입니까? 짐승들의 목을 베어서는 하느님께 바치고, 피를 뿌려 지상신들께 바치고, 그 고기를 백성들에게 주어 잔치를 합니다."

"그것은 사람의 생각입니다. 하늘 사람들은 감로(甘露)를 마시고 사는데 뭘 먹을 것이 없어서 털 달린 짐승의 머리를 먹겠습니까? 지상의 신들도 흡혈귀 이외에는 정갈한 음식을 좋아합니다."

"그러면 저의 조상들이 잘못해 왔단 말입니까?"

"조상들을 가르친 사제들이 문제입니다."

"그러면 어떻게 하여야 좋은 재가 될 수 있겠습니까?"

"하늘 사람들은 선행(善行)하는 것을 좋아합니다. 죽을 생명을 살려주고, 주지 않는 것은 빼앗지 않으며, 정조를 지키고, 거짓말 하지 않는 것을 제일 좋아하고, 지상신들은 자연을 훼손하지 않고 부모에게 효도하며 어른과 스승을 잘 섬기면 제일로 칭찬합니다.

그러니 양떼들을 모두 모아서 어린 짐승들은 각 마을에 나누어 기르도록 하시고, 늙은 짐승들은 잡아 경로잔치를 열며, 백성들에게 즐겁게 베풀어 주십시오."

듣고 보니 그 동안 너무도 많은 무지한 행동을 해 왔다는 것을 깨달았습니다. 임금님은 바로 와서 짐승들과 죄인들을 풀어주고, 대 잔치를 벌려 다음부터 희생제를 따로 지내지 않으니 각자 재산을 모아 이웃돕기 운동을 하자고 제안하였습니다.

모든 국민들은 이 말을 듣고 환호성을 올리고 만세를 불렀습니다.

"빠쎄나디왕 만세, 빠쎄나디왕 만세."

하고 말입니다.

그런데 그 후로 얼마 있다가 빠쎄나디왕께서 열 가지 꿈을 꾸었는데, 매우 불길한 꿈인 것 같아 밤잠을 설쳤습니다.

4. 빠쎄나디왕의 꿈 이야기

그 열 가지 꿈이란 다음과 같습니다.

첫째는 세 개의 병이 나란히 있는데 양쪽에 있는 병은 가득 차 있고, 중앙에 있는 병은 비어 있었습니다. 그런데 가득 찬 두 병에서는 수증기가 왕래하는데, 빈병으로는 들어가지 않았습니다.

둘째는 말이 입으로도 먹고 꽁무니로도 먹는 것이었습니다.

셋째는 작은 나무에서 꽃이 핀 것이었습니다.

넷째는 작은 나무에 열매가 많이 맺혀 있었습니다.

다섯째는 한 사람이 노끈을 엮으니 뒤에 따르는 양이 주인의 노끈을 먹는 것이었습니다.

여섯 번째는 여우가 금그릇에서 밥을 먹었습니다.

일곱째는 소 4마리가 4면에서 논에 달려와서 서로 대들어 싸우려하여 합할 듯 합할 듯 합하지 않고, 소는 간곳이 없어졌습니다.

아홉째는 큰 방죽물이 중앙은 흐리고 네 귀퉁이는 맑았습니다.

열째는 시냇물이 새빨간 것이었습니다.

왕은 꿈을 꾸고 나서 매우 불길한 생각이 들었습니다. 희생재를 지내지 않아 나라가 망하지 아니할까, 혹 몸이 아프지나 아니할까, 근심과 걱정에 날이 밝기도 전에 공경 대신들을 불러 해몽을 재촉

하였습니다.

그런데 한 신하가 말했습니다.

"꿈을 풀어 설명할 수는 있으나, 혹 잘못하여 누를 끼칠까 걱정됩니다."

"괜찮으니 말해보라."

"이 꿈은 천신이 공양을 받기 원한 꿈이니 왕께서 가장 사랑하는 태자 한 사람과 왕후 한 사람, 신하 한 사람, 노비 한 사람, 그리고 가장 아끼는 흰 코끼리를 죽여서 하느님께 제사를 지내면 임금님의 몸이 건강하고 나라가 태평할 것입니다."

왕이 듣고 재실에 나아가 근심하자 말이부인이 물었습니다.

"대왕께서는 무슨 생각을 그렇게 깊이 하고 계십니까?"

"그대는 차라리 듣지 않는 것이 나으리라."

"대왕이시여, 왕후는 대왕의 반 몸입니다. 근심도 같이 하고 걱정도 같이 하며, 즐거움도 함께 나누는 것이 옳지 않겠습니까?"

그리하여 왕은 사실대로 말하였습니다.

말이부인이 말했습니다.

"그렇다면 근심하실 것이 없습니다. 태양보다도 밝은 지혜를 가지신 부처님께서 기수급고독원에 계시니 한 번 가서 물어보십시오."

이에 대왕은 파라연이란 뚜껑이 높은 차를 타고 몇 대의 수레와 함께 기수급고독원으로 달려갔습니다. 대왕은 부처님께 예배드리고 꿈 이야기를 하였습니다.

이에 부처님께서는

"두려워 할 것이 없으니 근심하지 마십시오. 내 자세히 풀어드리리다."

하고 다음과 같이 꿈 해몽을 하였습니다.

첫째, 세 병의 물은 가난한 사람과 부자인데, 물이 가득 찬 병은 부자들이고 가운데 빈 병은 가난한 자입니다. 그러나 세상 사람들은 가난한 사람은 살피지 않고 도리어 부자들끼리만 통하니 뜨거운 김이 두 병만 통한 것입니다.

둘째, 입과 꽁무니로 먹는 것은, 관리들이 임금님에게서도 녹을 먹고 백성들에게도 뇌물을 받는 것이며,

셋째, 작은 나무의 꽃은 나이 서른의 젊은 사람들의 머리털이 희어지는 것이고,

넷째, 작은 나무에 열매가 열린 것은 어린 나이에 시집가서 아기를 낳는 것을 상징하니, 장차 이것은 세상에서 일어날 일을 예고한 것입니다.

다섯째, 노끈 꿈은 본 남편이 돈 벌기 위해 먼 길 나가면 부인들이 집에서 다른 남자들과 연관을 맺는 것이고,

여섯째, 여우가 금그릇의 밥을 먹는 것은 앞으로의 시대에는 천한 사람이 돈을 많이 벌어 높은 자리에 앉아 진미를 먹는 것이며,

일곱째, 큰 소가 송아지 젖을 먹는 것은 세 사람의 어미가 딸을 위하여 중매를 서서 다른 남자를 데려다가 딸과 한방에서 자게 하고 어미는 문을 지켜 매음을 조장하는 것입니다.

여덟째, 4방에서 우는 네 마리의 소는 대신들이 바람을 피워 하늘에서 제때 비를 주지 않으면 제왕과 제사장이 괴이한 짓으로 비를 빌면 구름이 모였다가 금방 흩어지는 것을 상징합니다.

아홉째 큰 방죽의 물은 남섬부주 중앙에서 사는 사람들이 부모님께 효를 하지 않고, 어른과 늙은이를 공경하지 아니하며, 반성하지 않는 것을 말하고,

열째, 시냇물이 빨갛게 된 것은 말세의 나라들이 큰 전쟁을 하여 세상을 피로 물들이는 것을 의미합니다.

　그러니 임금님께서는 걱정하지 마십시오. 나라도 걱정 없고 건강도 걱정 없고, 왕자·왕후·대신·노비·코끼리도 죽일 것 없습니다. 단지 법을 두려워하고 음탕한 마음과 탐욕심을 비우고 어른을 공경하고 가난한 자를 살피면 나라는 부유하고 백성들은 안락하게 살게 될 것입니다.”

　왕과 신하 백성들은 모두 안심하고 그와 같은 삶을 실천할 것을 다짐하여 사위국은 장차 인도 16대국 가운데 하나로 성장하게 되었습니다.

　〈사위국왕 몽경집사경·사위국왕 십몽경·국왕 불이선니십몽경〉

꿈꾸고 부처님을 찾아가는
쁘라세나짓 임금님

제21강 빠쎄나디왕의 깨달음

1. 전투(戰鬪)와 불방일(不放逸)

　빠쎄나디왕이 마가다국 왕과 사이가 좋지 않았습니다. 아사세왕이 병사를 일으켜 침입해오자 빠쎄나디왕은 그 힘이 저와 비교가 아니 되기 때문에 도망가 물러섰습니다. 이 말씀을 들은 부처님께서는 다음과 같이 게송으로 말씀하셨습니다.

　"이기면 원수가 불어나고
　지면 괴로워 누워도 편치 못하다.
　이기고 지는 두 가지를 다 버리면
　누웠든 깨었든 고요한 즐거움이다."

　그런데 빠쎄나디왕이 대오를 정비하여 한번에 쳐 아사세왕을 생포하여 부처님께 데리고 왔습니다.
　"세존님. 아사세왕은 저의 친구 빔비사라왕의 아들입니다. 아사세왕은 생포되었으나 옛정을 생각하여 놓아주려 합니다."
　"참으로 잘한 생각입니다. 그를 놓아주면 오래오래 행복하실 것입니다."

빠쎄나디왕이 사색 중에서

"바른 법은 현재 세상에서 모든 번뇌를 여의고, 시절을 기다리지 않고 통달하여 밝게 보고, 바른 법을 스스로 깨달아 증지하는 것이니, 이야말로 좋은 짝이요 나쁜 벗이 아니다."

이렇게 생각하고 부처님께 나아가니 부처님께서 게송으로 말씀하셨습니다.

"방일(放逸)하지 않음을 찬탄합니다.
부처님의 올바른 가르침으로 선정을 닦아
방일하지 아니하면
모든 번뇌 밝게 알아 증득할 것입니다."

"그렇습니다, 세존님. 닦고 익히고 많이 닦아 익히면 현세에서 소망을 만족하고, 다음 세상 소원을 만족하게 할 것입니다. 제석도 불방일로 도리천에 태어났습니다."

빠쎄나디왕이 삼매 중에서 '이 세상의 늙고 병들고 죽음이 없었더라면 세존께서는 세간에 태어나지 아니하셨을 것이다.' 이렇게 생각하고 부처님께 아뢰자 부처님께서는 다음과 같이 게송으로 말씀하셨습니다.

"대왕께서 타고 다니는 수레도 결국 낡아 부셔질 것이고
이 몸도 결국 늙고 말 것입니다.

그러나 여래의 법은 쇠하거나 늙지 않나니
바른 법을 믿은 사람은
영원히 안온함을 얻을 것입니다."

<삼법경, 1240>

부처님께서 기수급고독원에 계실 때 빠쎄나디왕이 이카푼다리카(一奔陀利) 코끼리를 타고 대신 시리밧다(尸利阿荼)와 함께 사위국을 나오다가 아난을 만났습니다.
"어디서 오십니까?"
"동원 녹자모 강당에서 옵니다."
"그렇다면 나와 함께 이치라봐티이(阿夷羅婆提)강으로 갑시다."
강에 도착한 임금님은 아난존자께 큰 절을 하고 앉아 물었습니다.
"부처님께서는 사문이나 바라문에 대해서 미워하는 일이 있습니까?"
"그런 일이 없습니다. 어떤 사람도 미워하는 일이 없습니다."
"왜 그럴까요?"
"부처님은 이미 탐욕을 떠났기 때문입니다."
"스님께서도 마찬 가지입니다. 이제 바아히티카옷을 오늘 빠쎄나디왕이 법을 위하여 아난존자님께 보시했습니다."
"저는 받지 않겠습니다."
"여래의 이름으로 받아주신다면 고맙겠습니다. 스님은 그대로 여래의 화신이기 때문입니다."
아난존자는 그 옷을 받아 부처님께 바치며 그동안의 모든 일을 말씀드리니,
"그래 내가 말한 것이 나를 비방한 것이 아니다."

하고 칭찬하였습니다.

그 스승에 그 제자입니다.

<중아함경 제59권, 1. 예품 비하제경>

2. 인과응보(因果應報)에 대하여

부처님께서 기수급고독원에 계실 때 빠쎄나디왕이 와서 물었습니다.

"과보(果報)를 얻으려면 어떤 사람에게 보시(布施)해야 합니까?"

"마음이 하고 싶은 곳에 하십시오. 그러나 큰 과보를 받으려면 큰 지혜를 가진 자에게 하십시오. 병정들 가운데서도 능력이 있는 자에게 상을 주지 않습니까."

하고 게송으로 말씀하셨습니다.

"창을 휘둘러 용맹스럽게 싸워 일을 감당해낸 용감한 사나이
공에 따라 상을 주듯 이 명성 혈통을 가리지 마십시오.
욕됨을 참고 어진 이를 돕고 진리를 보아 복전을 건립한 이
성현의 율의를 갖추고 신묘한 지혜 성취한 이에게
보시 하십시오.

행인들이 많은 길거리에 우물을 파 목을 축이게 하고
강이나 개울에 다리 놓고 먼 길에 여관을 지으면
마치 먹구름이 뇌성 번개를 치고 땅에 골고루 비를 내려
온갖 초목을 무성하게 자라게 하듯이 하십시오.

깨끗한 믿음과 사문의 지혜로

인색함을 가리고 풍족한 재물과 음식으로
언제나 좋은 복전에 보시하면
재물은 불어나고 이름은 널리 퍼져
공덕도 불어나고 기쁨 또한 넘쳐
마침내 열반을 얻을 것입니다."

<복전경, 1145>

3. 바라문의 죽음

"바라문이 죽으면 어느 집에 태어납니까?"
"어두운 곳에서 어두운 곳으로 가는 사람도 있고,
어두운 곳에서 밝은 곳으로 가는 자도 있으며,
밝은 곳에서 어두운 곳으로 가는 자도 있고,
밝은 곳에서 밝은 곳으로 가는 자가 있는데,
이는 오직 자기가 지은 업보를 따를 뿐입니다.
그러니까 바라문이 죽어 바라문이 될 수도 있고,
찰제리가 될 수도 있으며,
바이사·수다라가 될 수도 있습니다."

<명명경, 1146>

하루는 빠쎄나디왕이 머리에 먼지를 뒤집어쓰고 왔습니다.
"어디서 오십니까?"
"국토를 살피다 오는 길입니다. 많은 일들을 경영하는 가운데서
도 말로써 말과 싸우고, 재물로써 재물과 싸우고, 코끼리·전차·
보병으로 싸우는데 이기고 지는 것이 문제가 아닙니다. 그러나 그
가운데서도 오직 정의로운 행과 법, 복을 행하며 법의 가르침에 마

제21강 빠쎄나디왕의 깨달음 309

음을 기울일 뿐입니다."

"옳은 말입니다. 큰 바위도 산이 4방에서 들이 닥쳐 온 대지를 갈아엎을 때는 군사나 주술로써는 그것을 막아낼 수 없습니다. 악업(惡業)에는 노·병·사(老·病·死)가 항상 중생을 같이 괴롭게 하니 그래서 지혜로운 이는 삼보(三寶)에 귀의하고 맑고 깨끗한 믿음을 실천하는 것입니다."

<산경, 1147>

4. 아라한

니건자(離繫外道) 7인과 사기라(結髮外道) 7인 및 일사라(一衣外道) 7인이 기수급고독원 문밖에 서서 서성거리는 것을 보고 빠쎄나디왕이 합장하고 문안을 올린 다음 세 번이나 외쳤습니다.

"나는 꼬살라국 빠쎄나디왕입니다."

"무엇 때문에 그렇게 외치십니까?"

"아라한들에게 인사하는 것입니다."

"그 분들이 아라한이 틀림없습니까?"

"그건 잘 모릅니다."

"아라한이 아라한인 것을 알려면 아라한이 되어야 합니다. 오랜 세월 계행을 잘 지키고 선정을 닦아 지혜를 얻어야 합니다. 세상에서는 놋쇠·돌·구리쇠를 순금으로 도금한 것들도 없지 않으니 말입니다."

<형상경, 1148>

"아라한에는 몇 가지가 있습니까?"

"네 가지가 있습니다."

①은 빛, 소리, 냄새, 맛, 감촉, 법에 끄달리지 않는 수다원이고

②는 한번쯤 천당에 왔다갔다 하는 사다함이고

③은 다시는 왕래하지 않는 아나함이고

④는 왕래에 걸림 없는 아라함입니다.

빠쎄나디왕이 일곱 나라 왕과 대신을 거느리고 앉아 논의하였습니다.

"다섯 가지 탐욕 중에 어느 것이 제일인가?"

어떤 사람은 "물질, 어떤 사람은 소리 · 냄새 · 맛 · 감촉이라"

고 대답하자 자신들만으로는 결정지을 수 없으니 부처님께 물어보자고 하여 기수급고독원으로 갔습니다. 부처님께서 말씀하셨습니다.

"각자의 뜻에 따라 성향이 다르기 때문에 어느 것이 제일이라고 할 수 없습니다."

전단 우바새가 찬탄하면서 게송으로 말했습니다.

"앙카족의 왕 빠쎄나디왕이 진주 영락으로 된 갑옷을 입고

마가다국 대중 가운데 나타났는데 여래께서 그 가운데 계셔

명성이 두루 퍼지니 마치 설산왕과 같았습니다.

마치 깨끗한 물에서 핀 연꽃이 청정하고 티 없이 깨끗하게

맑은 향기 품어내는 것이

앙가국에 나타난 해와 달과 같았습니다."

<칠왕경, 1149>

5. 자호경과 작아도 업신여길 수 없는 것

  빠쎄다니왕은 몸이 너무 비대하여 숨이 찼습니다. 부처님께서 말씀하였습니다.

  "대왕의 몸이 너무 비대하시군요."

  "걱정입니다."

  "음식의 양을 조절하면 됩니다."

  그때 대왕께서 옆에 있던 울다라에게 말했습니다.

  "너는 오늘부터 내가 밥 먹는 장소에 앉아서, '음식의 양을 조절하여 잡수십시오.'라고 하라. 그러면 금전 10만을 주고 일생 동안 밥을 주리라."

  그래서 석달 동안에 15kg가 빠지자

  "자기 몸은 자기가 관리해야 된다는 것을 알았습니다."

  고백하여 그 경 이름을 자호경이라 하게 되었습니다.

<천식경, 1150>

  부처님께서 꼬살라국에서 유행하시다가 기수급고독원에 이르셨습니다. 그때 빠쎄나디왕이 와서 물었습니다.

  "부처님께서는 아뇩다라삼먁삼보리(위없는 깨달음 : 無上正等正覺)를 이루셨다고 하는데 사실입니까?"

  "그 말은 진실이요 거짓이 없습니다."

  "세존께서는 그렇게 말씀하시지만 사람들은 잘 믿지 않고 있습니다. 부란나가섭·말가리구사리자·산자야비라지자·아기다시사 흠비라·가라구타가전연·니건타야제자 등 나이 많고 덕이 있는 분들도 계시는데, 아직 나이 어린 출가자께서 그런 말씀을 하신다면 이해가 잘 안갑니다."

"아무리 작아도 소홀히 여길 수 없는 것이 네 가지 있습니다. 첫째는 왕자이고, 둘째는 불이고, 셋째는 뱀이고, 넷째는 깨달은 사람입니다. 왕자는 작아도 장차 왕이 되고, 불은 작아도 산과 집을 태우고, 뱀에게 물리면 죽고, 깨달은 자는 정·사(正·邪)를 구분합니다."

<삼보리경, 1226>

빠쎄나디왕의 할머니께서 돌아가 화장하고 사리에 공양한 뒤, 해진 옷을 입고 머리를 풀고 부처님 계신 곳으로 왔습니다.

"어디서 오십니까?"

"지극히 존경하던 할머니께서 세상을 떠나셨습니다. 세상에 모든 것을 다 주어도 우리 할머니와는 바꾸지 않으리라 생각하였는데, 할머니께서 돌아가시고 나니 부처님의 무상법문이 더욱 생각이 났습니다."

"그렇습니다. 이 세상에 태어난 자 치고 죽지 않는 것이 하나도 없습니다. 다만 아라한이 되어 반열반을 증득한 사람만은 제외합니다. 그렇지 않는 자는 각기 자기 업을 따라 지옥 천당에 가서 나게 되어 있습니다."

<모경, 1227>

빠쎄나디왕이 고요한 선정 속에서, '어떤 것이 자신을 생각하고 자신을 생각하지 않는 것인지' 의심이 생겨, '선악으로서 그를 판단하고 부처님께 나아가자, 부처님께서 그의 생각을 아시고 말씀하셨습니다.

"몸과 입과 뜻으로 선행을 하는 것은 자신을 생각하는 것이고, 악행을 하면 자신을 생각하지 아니한 것입니다. 그러므로 몸과 입과 뜻으로 짓는 업을 단속하여야 하는 것입니다."

<자념경, 1228>

　

빠쎄나디왕이 사색하다가 부처님께 나아갔습니다.

"이 세상 훌륭하고 값진 보물을 얻은 사람으로, 방일하지 않고 탐착하지 않는 사람이 있습니다. 중생들은 그것을 가지고 더욱 악행을 짓고 있어 참으로 딱합니다."

"그렇습니다. 대왕님. 탐욕(貪慾) 때문에 미혹하고 날뛰면서 깨닫지 못하니 마치 사냥꾼과 같습니다."

<재리경, 1230>

　

"제가 정전(正殿)에서 왕사(王事)를 판단해보니 찰제리 바라문들이 탐욕 때문에 서로 속이고 싸우는 것을 보았습니다."

"그렇습니다. 그것은 마치 어부가 하는 일과 같습니다."

<탐리경, 1231>

　

"세존이시여, 마하남은 순금이 백천억(百千億)이나 되는 데도 그의 아들은 싸라기밥을 먹이며, 콩죽에 썩은 새앙을 먹고 거친 베옷을 홑겹으로 입고 가죽신을 신고, 낡은 수레를 타고 나뭇잎으로 만든 일산을 쓰고 다녔습니다."

"그는 올바로 사는 사람이 아닙니다. 재물을 가지고 있으면서도 제 자신을 위해 쓸 줄 모르고, 부모님을 받들지 않고 처자 권속을 돌보지 않고, 사문 바라문들에게도 보시할 줄 모르는 사람은 참으로 불쌍한 사람입니다. 어떻게 천당에 태어날 수 있겠습니까. 마치 들판에 있는 못의 물이 가득 차 있으면서도, 사람들이 써주지 아니하면 햇볕에 말라 없어져 버리는 것과 같습니다. 지혜로운 사람은 재물을 얻으면, 자신도 즐기고 남도 쓰게 하고 널리 보시하여 공덕을 짓습니다."　　　　　　　　　　　　　　　　　<간경, 1232>

"마하남은 전생에 다가라시기 벽지불께 한 때의 공양을 올린 공덕으로, 일곱 번 33천에 태어났다가 일곱 번 이곳에 태어나 큰 부자가 되었지만, 이제 그 복이 다해 백천만 겁 동안 고통의 세계에 빠져 헤어나지 못하게 될 것 같습니다."<명종경, 1233>

"제가 어려서 젖 짜는 목동이 소의 몸속에 젖을 많이 저장해 놓았다 한꺼번에 짜겠다 하고 짜지 아니한 것을 보았는데 그 소는 결국 커서도 젖을 짜지 못했습니다. 그래서 복은 생기는 대로 지어야지 뒷날로 미루면 기회를 놓친다는 것을 여러 가지 사건을 통해 배우고 있습니다."
"일과 이치가 스승 아닌 것이 없습니다."
부처님 별호는 무상사 조어장부 천인사라 한 것이 모두 여기에서 연유된 것입니다.　　　　　　　　　　　　　　　<잡아함경>

6. 바보축제와 산불

부처님께서 제타동산에 계실 때 싸밧티시에서는 일주일 간 바보축제가 열렸는데, 사람들은 재(灰)와 소똥을 몸에 바르고 상하의 구별 없이 욕을 하고 떠돌아 다녔으나 흔적 없이 들어앉아 공부하는 스님들과 그 스님들을 봉사하는 신도들을 향해 말씀하셨습니다.

"지혜가 없는 자, 어리석은 사람은 방일에 사로잡히지만

지혜로운 사람은 최상의 재보처럼 방일하지 않는다. 칭찬하고
뻡딸리 동굴에서 지내며 공부하고 있는 깟싸빠를 비추어 보고,
‘생각을 이리 저리 돌리는 것은 생사에서 벗어날 수 없고
행·주·좌·와, 어·묵·정·동에 한결 같아야
무명을 제거할 수 있다.’ 가르쳤습니다.”

그때 한 수행승이 부처님께 있다가 숲에 불이 난 것을 보고 민둥
산에 올라가 숲을 태우는 불을 보면서 생각하였습니다.

“불이 퍼져 나가면서 크고 작은 땔감을 태우듯이
지혜의 불로 크고 작은 생각을 태워 없애야 되겠다.”

부처님께 이를 고백하니 크게 칭찬하였습니다.

“방일하지 아니 함을 즐거워하고
방일 가운데서 두려움을 보는 자는
작거나 거친 결점을 불태우듯 태워 버린다.”

모든 수행승들이 왕의 초대와 아나타삔디까의 초대를 받고 가
서 기름진 음식을 얻어먹는데, 니가마바씨 띳싸는 그의 친지 마을
에 가서 홀로 음식을 받아먹었습니다. 부처님께서 이 말을 듣고
물었습니다.
　“그대는 친지들과 교제를 위해서 탁발하는가?”
　“저는 마을 사람들에게서 먹을 것 만큼씩만 음식을 조달해 먹으
며, 왜 음식을 먹어야만 하나 생각할 뿐 딴 생각이 없습니다.”
　“거룩하다, 니가마바씨 띳싸여. 방일하지 않음을 즐거워하고,

방일 가운데서 두려움을 보는 자는 퇴전할 수 없으니 열반이 그의
눈앞에 있으리라."
　빠쎄나디왕은 이와 같이 동네축제에는 아랑곳하지 않고 공부하
는 스님들과 궁중의 음식도 마다하고 마을의 걸식을 즐기는 수행
승들을 보고 크게 깨달음을 얻었습니다.

제22강 난다와 라훌라의 깨달음

이렇게 9개월 동안 싸밧티성에서 축하 행사가 벌어지고 있을 때 난다와 라훌라는 만족한 마음을 가지고 열심히 공부하고 있었습니다.

1. 라훌라의 공상

하루는 부처님께서 제타숲에 계실 때 아침 일찍 탁발하러 나가자 라훌라도 뒤따라 나갔습니다. 부처님의 발자국을 따라 가면서 이런 생각을 하였습니다.

부처님은 마치
밀림 속에서 나타난 수코끼리 같고
붉은 동굴에서 나타난 사자와 같으며
갓 동굴에서 나타난 호랑이 같고
목화 나무에서 나타난 가족과 같고
찻타쿠타산에서 하늘로 치솟는 황새와 같고
찻탄타호수에 나타난 배와 같고

윤회의 힘으로 허공을 향하는 전륜왕 같고
구름 없는 하늘을 비치는 별·달과 같다.

옥카카왕의 혈통을 이어
소라 껍질 속에 부은 우유처럼 순수한 부처님,
천상의 문 속에 박혀진 보석인가
활짝 핀 피리캇타카 나무의 꽃봉오리 인가
전생에 세운 서원으로
지배자 가운데서 나오신 사문
왕가의 품위와 단정한 용모
마치 황금가루가 보슬비처럼 내리는 것 같구나

번갯빛이 나타난 황금산
비록 누더기 옷을 입었어도
산호넝쿨이 장식된 황금 문어 등
주홍색 가루로 존경을 토해내는 황금 사탕과 같아라
붉은 구름 사이로 나타난 태양이여.

이렇게 생각한 라훌라는 생각이 자신에 이르자
"나 또한 아름다움을 갖춘 사자 새끼다.
만약 우리 부처님께서 4대륙 왕인 전륜성왕이 되었다면
그 분은 나를 첫째 아들로 보장된 지휘자
전륜성왕이 되게 하였을 것이다."

자신도 모르게 어깨가 으쓱해지자 사바세계 전체가 환히 빛나
는 것 같았습니다. 이 때 부처님은,

맑은 물속에 노는 고기를 관찰하듯이
둥근 거울 속에 나타난 그림자를 보듯이
라훌라의 공상을 살피고
감상의 대상을 되돌리게 하려고
마치 수코끼리가 획 돌아서 응시하듯이
라훌라를 쳐다보며 말했습니다.

"라훌라여, 과거의 색과 어제의 색, 현재의 색이 있다.
주관에 속한 색과 객관에 속한 색이 있으며
거친 색과 미세한 색,
열등한 색과 수승한 색,
멀리 있는 색과 가까이 있는 색이 있는데
이 모든 것은 나의 것이 아니고 내가 아니며
나의 자아가 아니다.
그러니 이제 너는 그만 색을 관하고
위파사나를 관하라."

이것이 이취선교지(理趣善巧智)입니다.

"그래, 하지 말아야 할 것, 해서는 안 될 것을 해서는 안되지."
하고 그는 가던 길을 돌아서서 탁발을 포기하고 어떤 나무 아래에 앉아 몸이 지극한 생각에 이르는 신지념(身志念)이란 불멸의 음식을 먹게 되었습니다.

싸리뿟따가 지나가다가 보고 말했습니다.
"안반념(數息觀)을 닦아라. 안반념을 닦으면 바로 아라한이 될 수 있다.”

라훌라는 그 자리에서 색은 무상하고, 부정하고, 괴롭고, 무아하다는 것을 통찰하였기 때문에 바로 안반념으로 들어갔습니다.

지·수·화·풍 등을 낱낱이, 혹은 종합적으로 관찰하고 자·비·희·사(慈·悲·喜·捨)에 대하여 철저히 관찰하여 마치 바히야다루치야 장로처럼 아나함과를 증득하였습니다. 그리고 싸리뿟따에게 물었습니다.

“절에 들어갈 때는 어떻게 해야 하고, 승단에 들어갈 때는 어떻게 해야 합니까?”

“절에 들어 갈 때는 어기거나 다툼이 없는 법을 연설하고
스승에게 나아갈 때는 잘 섬길 것을 생각하고
출가하기를 구할 때는 물러나지 않는 법을 가르치고
가사, 장삼을 벗을 때는 선근을 부지런히 닦을 것을 생각하고
머리털을 깎을 때는 번뇌를 영원히 여의기를 생각하고
가사를 입을 때는 마음이 물들지 않기를 생각하고
출가할 때는 온갖 중생을 구호할 것을 생각하고
부처님께 귀의할 때는 부처님의 종자를 계승하기를 생각하고
스스로 법에 귀의할 때는
지혜의 바다에 깊이 들어갈 것을 생각하고
스스로 승보에 귀의할 때는
대중을 통솔하고 잘 다스릴 것을 생각하고
계율을 받아 배울 때는 나쁜 일 하지 아니 할 것을 생각하고
교수와 스승의 교육을 받을 때는
온갖 위의를 갖추어 행할 것을 생각하고
화상의 가르침을 받을 때는
생멸이 없는 지혜에 들어가기를 생각하고

구족계를 받을 때는
모든 방편을 구족할 것을 발해야 하느니라.

또 승당에 들어 갈 때에는 편안히 머물기를 생각하고
평상을 깔고 앉을 때는 선법을 널리 펴서 진신(眞身)을 보기 원하고
단정히 앉을 때는
모든 중생이 보리좌에 앉아서 마음에 집착이 없기를 바라고
가부좌를 맺고 앉을 때는
선근이 견고하여 흔들리지 않을 것을 생각하고
선정을 닦을 때는 정력으로 마음을 조복하기 바라고
관법을 닦을 때는 실상의 이치를 깨닫기 원하고
가부좌를 그만 둘 때는
모든 변천하는 법이 흩어져 없어지는 것을 관찰해야 한다.

발을 내려 설 때는 믿음에 해탈을 얻기 원하고
발을 들 때는 생사의 바다에서 뛰어나기 원하고
아래옷을 입을 때는 부끄러운 마음을 갖기를 원하고
옷을 정돈하고 띠를 맬 때는
선근을 단속하여 흩어지지 않게 하고
세가사를 입을 때는
수승한 선근으로 저 언덕에 이를 것을 생각하고
승가리를 수할 때는
청정한 자리에 들어가 동요하지 않기를 바라야 한다."

라훌라는 다시 한 번 크게 깨달았습니다. 싸리뿟따의 교육은 아

주 구체적이었기 때문입니다.

2. 난다의 깨달음

한때 난다는 선녀들을 보고 발심하였으므로 '고용된 사람', '대가를 주고 산 사람' 이라는 평가를 받았으나 공부 중

"태어남은 부서졌고 청정한 삶은 이루어졌고
 해야 할 일을 다 마쳤으니 더 이상 윤회에 들지 않으리라."

노래하자 부처님께서는

"지붕이 잘못 이어진 집에 비가 스며들듯이
닦여지지 않는 마음에 탐욕이 스며든다.
지붕이 잘 이어진 집에 비가 스며들지 않듯이
잘 닦여진 마음에는 탐욕이 스며들지 않는다."

<증일아함 9>

그 형님에 그 동생, 배는 달라도 씨가 같으니
씨는 똑같이 석가였으나 씨 없는 경지에 이르니
그 이름이 아라한이요 부처였습니다.

그는 늘 밥 때(食時)가 되면 지팡이를 짚고 탁발 나가는 것을 꺼려하였습니다. 그런데 싸리뿟다가 그 방법을 구체적으로 가르쳐 주면서부터 마음이 달라졌습니다.

"난다여,
지팡이를 짚고 걸식할 때는 큰 보시회를 베풀고
실상과 같이 도 닦을 것을 생각하고
바리를 들 때는 법기가 될 것을 생각하고
발을 들고 길을 갈 때는 부처님 행 실천할 것을 생각하고
길을 보게 되면 마땅히 불도 닦는 것을 생각하고
길을 걸어 갈 때는 깨끗한 법 밟아 갈 것을 생각하고
올라 갈 때는 3도의 고통을 벗어날 것을 생각하고
내려 갈 때는 겸손하게 하심할 것을 생각하고
비틀어진 길을 걸어 갈 때는 바르지 못한 것을 버리고
나쁜 소견에서 벗어날 것을 생각하고
곧은 길을 볼 때에는
마음이 곧고 아첨하지 아니 할 것을 생각하고
티끌이 많은 길을 볼 때는 번뇌망상 여읠 것을 생각하고
먼지가 없는 길을 볼 때는 대비심을 일으킬 것을 생각하고
험한 길을 볼 때는 죄와 장난(障亂)이 없기를 바라고
대중이 모인 것을 볼 때는 깊은 법으로 화합 할 것을 생각하고
큰 기둥을 볼 때에는 다툼 없앨 것을 생각하고
우거진 숲을 볼 때에는 천인들의 공경을 생각하고
높은 산을 볼 때에는 선근이 뛰어나기를 바라고
가시나무를 볼 때에는 3독의 가시에서 벗어날 것을 생각하고
나무 잎이 무성한 것을 볼 때에는
선정과 해탈로써 그늘을 만들 것을 생각하고
꽃이 피는 것을 볼 때에는 신통의 꽃이 될 것을 생각하고
꽃핀 나무를 볼 때에는 상호를 원만히 갖출 것을 생각하고
열매가 맺는 것을 볼 때에는 보리를 얻을 것을 생각하고

큰 강을 볼 때에는 법의 흐름을 생각하고

연못을 볼 때에는 말 잘 할 것을 생각하고

우물을 볼 때에는 변재를 구족할 것을 생각하고

솟아오르는 샘을 볼 때에는 방편의 증장을 생각하고

다리 길을 갈 때에는 온갖 사람 제도할 것을 생각하고

흘러가는 물을 볼 때에는 의혹의 때 씻을 것을 생각하고

원두밭 매는 것을 볼 때에는 5욕에서 벗어날 것을 생각하고

시름 잊는 숲을 볼 때에는

탐욕과 애정에서 벗어나 근심걱정 없앨 것을 생각하고

돌산공원을 볼 때에는

여래의 행을 부지런히 닦아 보리행에 나아갈 것을 생각하고

찬란한 장엄을 볼 때에는 대장부상 갖출 것을 생각하고

단정치 못한 사람을 볼 때에는 두타행 닦는 것을 생각하고

즐거움에 애착한 사람을 볼 때에는

법을 스스로 즐겨하고 환희심 일으킬 것을 생각하고

즐거움 없는 사람을 볼 때에는

하염없는 경계에 들어갈 것을 생각하고

환락하는 사람을 볼 때에는

항상 안락한 생활을 할 것을 생각하고

괴로워하는 사람을 볼 때에는 근본된 지혜 얻는 것을 생각하고

무병한 사람을 볼 때에는 병과 시끄러움 없앨 것을 생각하고

병난 사람을 볼 때에는 이 몸이 공적해지기를 생각하고

단정한 사람을 볼 때에는 불보살의 믿음 일으킬 것을 생각하고

누추한 사람을 볼 때에는

착하지 못한 일에 즐거움 내지 않을 것을 생각하고

은혜 갚는 사람을 볼 때에는

불보살에게 은덕 갚을 것을 생각하고

배웅하는 사람을 볼 때에는

악인에게 앙갚음 아니 할 것을 생각하고

스님네를 볼 때에는 조화롭게 유순해지는 것을 생각하고

바라문을 볼 때에는

영원히 범행(梵行)을 지니어 나쁜 짓 아니 할 것을 생각하고

고행하는 사람을 볼 때에는 끝나는 곳에 이를 것을 생각하고

근행이 좋은 사람을 볼 때에는

절개와 행실을 굳게 가질 것을 생각하고

철갑을 두른 사람을 볼 때에는

선행의 갑주로 무장할 것을 생각하고

착하지 못한 업을 볼 때에는 착해질 것을 생각하고

논란에 휩싸인 사람을 볼 때에는

여러 가지 논란을 꺾어 버리기를 생각하고

정당하게 사는 사람을 볼 때에는

깨끗한 목숨 얻는 것을 생각하고

임금을 볼 때에는 법왕이 될 것을 생각하고

왕자를 볼 때에는 법왕자로 태어 날 것을 생각하고

장자를 볼 때에는 온갖 일을 밝게 판단할 것을 생각하고

대신을 볼 때에는

바른 생각으로 모든 선행을 닦을 것을 생각하여야 하느니라.

또 성곽을 볼 때마다 옛 까삘라국 생각이 났었는데, 그때에도 다음과 같이 교육을 받고 달라졌습니다.

성곽을 볼 때에는 견고한 몸 얻을 것을 생각하고

서울을 볼 때에는 공덕 쌓는 것을 생각하고
숲 속에 있을 때에는 인천이 찬탄하는 것을 생각하고
마을에 들어갈 때에는 법계에 드는 것을 생각하고
남의 문전에 이를 때에는 불법의 문에 드는 것을 생각하고
남의 집에 들어갈 때에는 3세가 평등한 것을 생각하고
버리지 못하는 이를 볼 때에는
수승한 공덕행 할 것을 생각하고
능히 버리는 것을 볼 때에는 3도 버릴 것을 생각하고
발우가 빈 것을 볼 때에는 청정한 마음이 텅 빈 것을 생각하고
발우가 가득한 것을 볼 때에는
설법으로 만족 시킬 것을 생각하고
공경을 받을 때에는 불법 공경할 것을 생각하고
공경을 받지 못할 때에는 불선업 버릴 것을 생각하고
부끄러워하는 이를 볼 때에는
6근을 감추어 보호할 것을 생각하고
부끄러움이 없는 이를 볼 때에는
수치심 없는 것을 버릴 것을 생각하고
아름다운 음식을 만났을 때에는 소원 만족시킬 것을 생각하고
좋지 못한 음식을 만났을 때에는
삼매 맛 얻지 못한 것을 생각하고
부드러운 음식을 만났을 때에는
대비로써 훈습할 것을 생각하고
껄끄러운 음식을 만났을 때에는 탐애 끊을 것을 생각하고
밥 먹을 때에는 선정으로 선열식 삼을 것을 생각하고
맛있는 음식을 만났을 때에는 일미법을 생각하고
밥 먹고 나서는

할 일을 모두 마치고 불법을 구족할 것을 생각하고
법문을 말할 때에는
끊어지지 아니하는 변제를 갖추도록 생각한다.

경을 읽을 때나 발을 씻을 때도 철저히 교육을 받은 결과 그렇게
달라졌던 것입니다.

부처님을 뵙게 될 때에는 장애 없는 눈을 얻기를 생각하고
부처님을 뵈올 때에는 단정하고 엄숙한 몸 얻을 것을 생각하고
불탑을 볼 때에는 인천의 공경을 생각하고
탑을 뵈올 때에는 우러러 공경할 것을 생각하고
탑에 절을 할 때에는 대뇌의 발달을 생각하고
탑을 돌 때에는 사람 마음 거슬리지 아니 할 것을 생각하고
세번 돌 때에는 부지런히 정근 할 것을 생각하고
부처님 공덕을 찬탄할 때에는 모든 덕 구족할 것을 생각하고
부처님 상호를 찬탄할 때에는
불법에 이를 것을 생각해야 한다.

그리고 발을 씻을 때에는 신족통 구족할 것을 생각하고
누워서 잘 때에는
신체가 안락하고 마음에 요동이 없는 것을 생각하고
잠에서 깨어날 때에는 온갖 지혜 깨달을 것을 생각하라.

이렇게 마음을 쓰면 온갖 공덕을 얻고
일체의 보호를 받고 찬탄을 얻기 때문이다.

부처님께서는 난다가 이렇게 해탈했다는 소식을 듣고 칭찬하였습니다.

"아, 장하다.
진흙의 수렁을 건너고
감각적 쾌락에 의한 욕망의 가시를 부수고
어리석음의 파괴에 도달하면
수행승들은 고락에 흔들리지 않는다."

이렇게 난다비구는 여기서
열반에 이르는 성도의 다리를 건너
중생이 가슴을 찌르는 애욕의 가시를 빼고
아라한과를 건너 치암을 종식시키고
열반의 즐거움 속에서
세상의 흥·망·성·쇠를 더 이상 받지 않게 되었습니다.

지붕이 성기면 비가 새듯
자량을 단련하면 번뇌의 비가 흐르지 않듯
탐착, 성냄, 어리석음, 교만의 빗줄기를 벗어난 나무는
다시는 생사의 물에 빠지지 않으리라.

부처님은 이렇게 난다를 제도하고 그의 전생 이야기를 캄파타 자타카를 응용하여 궁중의 숲에서 풀 뜯어 먹던 당나귀가 암탕나귀를 만나 사랑하던 이야기를 죽미공주에 붙여 설명하자 난다는 다음과 같이 노래 불렀습니다.

"어느 날 갑자기

나는 나도 모르는 사이에
놀러 나갔다가
홍수를 만났다.

얼마쯤 떠내려가다가
어느 호숫가에 이르러
함께 떠내려가던 친구들과 이별하고
우물 속에 자리 잡았다.

궁전은 찬란하고 아름다웠으며
부드러운 저택은 천당과 같아
때가 되면 먹을 것이 저절로 오고
기후 풍토가 좋아 있을 것도 필요 없었다.

단지 종종 들려오는 소리에
더러 놀라기도 하였지만
안전한 방음벽 속에서
마음대로 뛰고 놀았다.

제23강 옥야경과 육방예경

오늘은 옥야경과 육방예경에 대하여 말씀드리겠습니다. 옥야경은 여성들과 관계된 경이고 육방예경은 남성들과 관계된 경입니다.

1. 옥야경(玉耶經)

부처님께서 싸밧티시 기원정사에 계실 때 수닷다장자가 와서 말씀하셨습니다.

"부처님 저희 집에 문제가 있는데 해결해 주실 수 있을까요?"

"무엇입니까?"

"저희 며느리 옥야는 전통적인 부호의 딸로 인물도 잘나고 외교도 능란하나 우리를 신흥재벌로 보고 업신여깁니다.

친정에 있을 때는 바라문교를 신앙하였는데 내가 불교를 믿으니 매우 못마땅하게 생각하고 있고 특히 내가 돈을 벌어 고독한 사람들을 주로 살피고 있는데 '천인(賤人)들은 살펴보아야 결과가 없다'고 외면하고 있습니다.

부처님은 수닷타의 말을 듣고 수닷타 장자의 집을 방문하였으나 과연 모든 권속이 나와 부처님을 뵙고 공경하는데도 옥야만은 나올 생각도 않고 있었습니다. 그 후 얼마 있다가 또 부처님께서 그의 집에 들렀는데 마침 그 때는 옥야가 옆구리에 종기가 나서 심한 고통을 겪고 있을 때였습니다. 아무리 종들이 입으로 빨고 손으로 짜도 종기가 터지지 않아 화가 난 옥야는 '그것도 하나 짜지 못 한다'고 오히려 종들을 학대 하고 있었습니다.   .

부처님은 평상에 올라 앉아 옥야를 불렀습니다. 많은 사람들이 덩달아 나와 앉았습니다. 옥야는 부처님을 '누더기 옷을 입은 거지 중에서도 상거지'라고만 생각하였는데 그날따라 부처님의 존안을 우러러 보니 어딘지 모르게 숭고하면서도 위엄을 갖추어 얼굴에서는 자비가 흘러내리는 것만 같아 새삼스럽게 친근감을 느꼈습니다.

사실 옥야는 너무나도 극성을 부리다보니 집안의 종들까지도 모두 두려워하여 이 세상 모든 사람들이 다 자기로부터 멀리 떨어져 나가 버린 것 같아 진실로 인생의 고독을 마음속으로부터 절감하고 있던 때인데 마침 그 자비스럽고 위엄에 찬 부처님이 오셔서 자기를 부르는 소리가 친아버지, 비밀을 터 놓을 수 있는 벗과 같이 느껴져 오직 이 세상에서 제 편은 부처님 밖에 없는 것 같이 생각되었습니다.

"부처님 황송합니다."

"옥야야, 내 말을 들으라. 여자는 제 얼굴 잘난 것만으로 자랑삼아 교만하면 못쓴다. 사람의 아름다움은 얼굴에 있지 않고 마음에 있다. 이 마음이 아름다워야 모든 소행이 아름다워져서 타인으로부터 참된 존경도 받고 남편의 사랑도 받는 법이다. 만일 마음이 삐뚤어진 자가 얼굴만 믿고 그 얼굴에 팔려 여자 노릇을 제대로 하지 못하게 되면 사람 뿐 아니라 하인까지도 모두 싫어하여 이 세상에서 노리갯감이 되고 만다. 그렇지 않아도 여자에겐 3장(障) 10악(惡)이 있다.

3장이란,
① 어려서는 부모를 따라야 하고
② 커서는 남편을 따라야 하고
③ 늙어서는 자손을 따르는, 여러 가지 속박과 장애를 받는 것이다.

10악이란,
① 나면서부터 부모의 기쁨을 못 받고
② 남자처럼 교육을 못 받고
③ 혼인 때 부모님께 걱정을 끼치며
④ 마음이 항상 남을 겁내게 하고
⑤ 부모님과 헤어져 살아야 하며
⑥ 몸을 남의 집에 맡기게 되고
⑦ 임신의 고통을 겪어야 하고
⑧ 출산의 고통을 받으며
⑨ 항상 남편을 섬겨야 하며
⑩ 그래서 안정된 생활을 하기 어려운 것이다.
그런데 너는 그 가운데 얼굴 잘난 것만 믿고 거만을 부려 남편도 잘 섬기지 않고 부모도 잘 섬기지 않으며 종들도 학대하여 모두 너를 두려워하니 어찌 너에게 악의 종기가 생기지 않겠느냐!"

이 말을 들은 옥야는 큰 뉘우침과 부끄러움 때문에 견디지 못하고 울음을 터뜨리고 말았는데 너무나도 크게 흐느껴 우는 바람에 조금 전까지만 하여도 아무리 빨고 짜도 터지지 않던 종기가 속으로부터 확 터져 쏟아져 나왔습니다. 부처님은 달래듯 꾸짖듯 조용조용 타일렀습니다.

"옥야야, 슬퍼마라. 이제 너의 마음 가운데 쌓이고 쌓였던 모든 부정이 그 고름처럼 다 쏟아져 나왔으니 너에게 적은 없다."

비로소 옥야는 울음을 그치고 부처님께 예배한 뒤

"부처님 제가 참으로 잘못했습니다. 이제부터서는 공손한 마음으로 시부모와 남편, 종들을 내 몸 살피듯 하겠습니다. 그러니 어질고, 착한 여인의 길잡이가 될 만한 교훈을 일러 주십시오. 거울삼아 실현하겠습니다."

"착하다. 옥야야, 내 너를 위하여 말하리라. 남의 아내로서 행할 길에 다섯 가지가 있다.

① 어머니와 같은 아내니 남편 사랑하기를 마치 어머니가 자식 사랑하듯 하는 것이고

② 신하와 같은 아내니 남편 섬기기를 신하가 임금을 섬기듯 하는 것이며

③ 누이와 같은 아내니 남편 생각하기를 친오빠와 같이 하는 것이고

④ 노비와 같은 아내니 남편 섬기기를 종이 주인을 섬기듯 하는 것이며

⑤ 아내와 같은 아내니 비록 몸은 서로 다를지라도 한 마음이 되어 집안을 잘 다스리는 것이다.

옥야야, 또 시부모와 남편을 섬기는데 세 가지 악한 길과 다섯 가지 착한 길이 있으니 세 가지 악한 길은,

① 해가 저물기도 전에 먼저 잠자리에 들거나 날이 밝아도 일어날 줄 모르고 남편이 꾸중하면 도리어 반발하는 것이고

② 맛있는 음식은 남보다 먼저 먹고 시부모나 남편에게는 아무렇게나 대접하고 요사한 생각을 일으키는 것이며,

③ 가정은 다스리지 않고 유흥 잡기에만 빠져 탐하고, 남의 허물을 들어 비방하고, 말을 삼가지 않고 함부로 지껄이고 남과 다투기를 즐기며 친척들의 눈밖에 나서 그들에게 멸시를 받는 것이니 이것은 마땅히 버려야 할 것이다.

다음 다섯 가지 착한 길이란,

① 밤에는 늦게 자고 아침에는 먼저 일어나고 여자의 범절을 갖추어 단정하고 공손해야 하고 또 좋은 음식을 시부모와 남편에게 먼저 받드는 것이고,

② 시부모나 남편으로부터 꾸중을 듣고 잘 참을 줄 알고 그에 대하여 원한을 갖지 않는 것이고,

③ 한 마음 한 뜻으로 남편을 지키고 자신의 보살핌이 미치치 못하는 것을 뉘우칠지언정 삿된 마음으로 죽었으면 좋겠다는 생각을 가지면 못쓰고,

④ 항상 시부모와 남편의 건강을 빌고 남편이 먼 길을 나가면 두 마음을 먹지 않는 것이다.

⑤ 남편의 잘못을 생각하지 말고 그 착함을 생각하며 집안 친척들과 화목을 도와 사람들의 사랑을 받도록 힘써야 하는 것이니, 이 다섯 가지는 마땅히 실천해야 할 것이다.

옥야야, 여자가 남의 아내로서 이 다섯 가지 행을 잘 알아 행하면 사람들의 존경과 사랑을 받고 그 집의 가족이 모두 번영하여 천신이 수호하므로 모든 재앙이 소멸되고 자손에게까지 그 덕이 미치지만 만일 그렇지 못하고 만일 남의 아내가 되어 세 가지 악을 범하게 되면 항상 남에게 미움을 받고 몸이 편안치 못하여 그로 말미암아 귀신의 무리들이 삿된 독으로 침범하여 재앙이 쉴 사이 없고 만사가 낭패로 돌아가고 마침내는 몸을 의지할 곳조차 없게 된다.

옥야야, 사람은 누구나 다 허물이 있다. 그러나 뉘우치고 다시 범하지 아니하면 그는 마침내 청정을 얻나니 그러므로 옥야야, 지난날을 후회하며 비탄에만 빠지지 말고 새 사람이 되어라."

옥야의 두 눈에서는 감사의 눈물이 맺혔습니다. 그동안 구박을 받고 저주스럽게만 생각하던 모든 종들도 이제는 옥야의 흐느낌을 보고 불쌍하게 생각하였으며 그의 마음으로부터 멀리 떨어져 갔던 시부모와 남편도 측은이 여겨 처음 결혼했을 때와 같이 진실로 사랑하니 옥야는 그 후 3년 있다가 아들을 낳고 다시 또 3년 있다가 아들을 낳아 집안은 온통 천상의 낙원과 같았습니다.

전통적인 바라문들은
① 세습적인 특권을 누리고
② 관직진출을 독점하고 있었으며
③ 군이나 무역을 먼저 받는 특권을 가지고 있었습니다.

그러나 신흥재벌들은

① 찰제리 왕족, 평민, 노예의 차별현상을 평등적으로 생각하고
② 여성들에 대한 학대를 점진적으로 풀어주고 있었고
③ 적·서의 차별을 점점 해소해 가고 있었습니다.

　　이것은 모두 불교의 자주·평등사상에 영향을 받은 바 큽니다.
옥야는 전통적 관습에 얽매어 있는 양반이었고 급고독장자는 신
흥재벌에 해당되었기 때문에 옥야의 신변 변화는 시대적 상황에
영향 받은 바 크다고 하겠습니다.

　　인욕은
히말라야산에 피는 꽃 이름입니다.
눈보라 속에서 잘 참고 이겨내
열매를 맺기 때문입니다.

　　수행자는
세상의 모욕과 박해를 참고
억울함을 용서하고
끝까지 이겨내어 목적을 달성해야 합니다.

　　푼나가 수나파란타 지역으로 포교 나갈 때
그쪽 사람들이 거칠고 포악하다는 것을 알고
말리는데도 가서 분노하지 않고
법을 펴다가 순교하였습니다.

　　그러므로 인욕자는
자신의 이익과 피해

친구와 적의 이익과 피해를 생각하지 않습니다.

울음은 아이의 힘이고
분노는 여인의 힘이고
무기는 도적의 힘이고
영토는 왕의 힘이고
남의 잘못을 보는 것은 바보의 힘이고
주의 깊은 사색은 지혜인의 힘이고
외톨이 되는 사유는 지식인의 힘이고
다른 사람의 악행을 보고 참는 것은 수행자의 힘입니다.

2. 육방예경(六方禮敬)

하루는 부처님께서 탁발을 하고 오시는데 싱갈로 바다로란 젊은 청년이 깨끗이 목욕을 하고 머리를 빗은 뒤 동·서·남·북·상·하를 향하여 열심히 절을 하고 있었습니다.

그래서 부처님께서 물었습니다.

"어찌하여 그렇게 절을 하고 있는가?"

"우리 아버지께서 돌아가실 때 이렇게 하라고 유언하셨기 때문입니다."

"성자의 율에는 그렇게 의미 없는 일이 있을 수 없다. 그대 아버지께서 이렇게 절을 하고 있으면 바른 스승을 만나 바른 깨달음을 얻을 수 있으리라 생각하였기 때문에 그렇게 말씀하신 것일 것이다."

하고 다음과 같이 설해 주었습니다.

"성자의 길에는 네 가지 더러운 행을 떠나서 네 가지 이유 때문

에 악업을 짓지 않고 재물을 상실하는 여섯 가지 원인을 행하지
아니하면 열 가지 죄악에서 벗어나 6방을 잘 지킨 것이 된다.

　　그러면 네 가지 더러운 때란 무엇인가
　　첫째는 생명 있는 것을 헤치는 것이고
　　둘째는 주지 않는 것을 가지는 것이고
　　셋째는 천한 욕정에 빠지지 않는 것이고
　　넷째는 거짓말 하지 않는 것이다.

　　그리고 다시 네 가지 이유는
　　① 탐욕
　　② 진애
　　③ 우치
　　④ 거만이며

　　여섯 가지 원인은
　　① 음주에 빠져 방일하는 것
　　② 길가에서 장난치고 목적 없이 돌아다니는 것이고
　　③ 남의 제삿집에 가서 도박하고
　　④ 저급한 일에 만족하고
　　⑤ 나쁜 동무와 사귀고
　　⑥ 게으른 것이 그것이다.

　　싱갈로 바다라야, 술에 빠져 방일하면 저축을 잃고 싸움만 늘어
나게 하고 병의 원인을 낳고 명예를 손상시키며 숨겨야 할 곳을
드러내고 지혜를 경감시키는 여섯 가지 화가 있다.

또 때 아닌 때 길가에서 장난하고 목적 없이 돌아다니면 자신에게나 그의 처자에게 재산에 대한 보호가 없게 되고 나쁜 일이 있으면 의심을 받게 되고 실제 그렇지 않은 말썽이 그에게 생기고 많은 괴로움의 법이 그를 둘러싸게 되는 등 여섯 가지 화가 있게 된다.

싱갈로 바다라야, 제례(祭禮)의 객석에 들어가 시간가는 줄 모르고 지내면 어디에 춤이 있나, 어디에 노래가 있나, 어디에 먹을 것이 있나 그런 것을 구하기 위해 헤매며 재물과 시간을 잃고 또 도박에 정신이 빠지면 이길 때는 원한을 만들고 얻은 재물을 잃을까 두려워 마음에 근심이 생기고, 실질적 저축을 잃고, 법당에 들어가면 그의 말을 믿는 사람이 없고, 벗은 그를 업신여기며, 혼인을 거절당하여, 도박꾼은 아내를 얻을 자격이 없다 비난 받는다.

또 나쁜 친구와 사귀면 자신도 악에 물들어 교활하고 남의 것을 탐하여 속이고 포악한 나쁜 친구들과 같이 되고, 게으름에 젖으면 사사건건 구실을 만들어 추우면 춥다, 더우면 덥다, 이르면 이르다, 늦으면 늦다, 혹은 배가 고프면 배가 고프다, 배가 부르면 배가 부르다 하여 업무에 등한하여 마침내 이익이 떨어져 간다. 그러므로 이러한 화를 입는 사람은 마땅히 의로움을 잃어 행복을 도둑맞게 된다.

그러나 싱갈로 바다라야, 다음과 같은 사람은 사실은 원수지만 벗과 비슷한 자임을 알라.

① 무엇이든지 가지고 가는 자
② 말이 교만한 자

③ 감언이설이 많은 자

④ 방탕의 반려가 되는 자이다.

첫째, 무엇이든지 가져가는 사람은 종류를 가리지 않고 가져가고 작은 것을 주고, 큰 것을 얻으려 하고 두려움에서 일을 하고 사리사욕만 위해서 일한다.

둘째, 말이 교묘한 자는 과거 미래에 우정이 있는 듯이 가장하고 무의미한 애교를 부리면서 일단 해야 할 일이 눈앞에 닥쳐오면 곧 모양이 변한다.

셋째, 감언이설이 많은 자는 다만 상대방의 나쁜 일에만 보조를 맞추고 좋은 일에는 동의하지 않고 그 사람 앞에서는 칭찬하고 돌아서면 비웃는다.

넷째, 방탕의 길동무가 되는 자는 술에 빠져 헤어나지 못하고 돌아다닐 때 좋은 벗이 되며, 때 아닌 때 거리에 돌아다니고 제례 수용의 객석에 들어가 시간가는 줄 모르며 도박장에서 가까운 벗이 된다. 이러한 네 가지 사람들을 어진 사람들은 적이라 미리 알고 그들을 멀리 피한다.

그러나 싱갈로 바다라야, 다음의 네 종류는 마음씨가 착한 사람들이다.

① 힘센 후원자

② 즐거우나 괴로우나 항상 변하지 않는 자

③ 착한 말만 하는 자

④ 동정이 있는 자이다.

첫째, 힘센 후원자가 되는 자는 친구가 곤경에 처했을 때 그의 재산을 지켜주고 두려워 할 때 비호자가 되어주며, 필요할 때는 내가 필요로 하는 두 배 이상의 재산이라도 줄 것이다.

둘째, 즐거우나 괴로우나 변하지 않는 벗이란 자기의 비밀을 말해주고 그가 간직한 비밀을 숨겨 주고 궁핍할 때도 버리지 않고 친구의 이익을 위해서는 목숨까지도 버릴 수 있는 벗이다.

셋째, 착한 말만 하는 벗이란 죄가 생기는 것을 막고 선한 일을 행하게 하고 아직 듣지 못한 것을 듣게 하고 하늘나라 길을 가르친다.

넷째, 동정이 있는 벗은 친구가 쇠약했을 때 기뻐하지 않고 그의 융성을 기뻐하며 비방하는 사람을 막아내고 찬양하는 사람을 칭찬한다.

이와 같은 네 가지 벗은 실로 내 벗이라고 어진 사람은 미리 알고 이러한 벗들에게 봉사한다.

싱갈로 바다라야, 성자의 율로서 6방이라 함은 동방은 부모, 남방은 스승, 서방은 처자, 북방은 친구, 하방은 노예, 상방은 사문이라 이해된다.

동방의 아버지는 자식들에 의해 부양된다. 양육을 맡은 자식들은 양친을 부양하고 양친을 위해서 일하고 집안에서 가축들을 상속함과 더불어 그 상속을 바로 하고 또 모든 돌아가신 선조의 영(靈)에 대하여 때에 따라 공물을 바친다. 그렇게 아이들에 의하여 봉양 받는 부모는 자식들을 사랑하는 까닭에 그 자식들을 죄악으로부터 멀리하고 착한 일을 행하게 하고 기능을 훈련시키며 적당한 배우자를 맞아 시기를 알아 양도시킨다. 이와 같이 하여 동방은 수호되고 안온하여 포외(怖畏)가 있을 수 없다.

남방의 스승은 제자에 의하여 봉사된다. 서서 절하고 가까이 섬겨 순종과 급사(給事)를 받는다. 또 스승은 좋은 훈련법으로 제자를 가르치고 지켜지고 있는 것을 잘 지켜지게 하며, 모든 학예를 습득케 하여 친구들과 아는 사람들 사이에서 칭찬을 받으므로 남방은 수호되며 안온하고 두려움이 없이 된다.

서방의 처자는 남편에 의해서 봉사된다. 남편은 경의와 예의와 불사(不邪)함과 권위를 주고 또 장식품을 준다.
반대로 아내는 가정을 잘 정돈하고 일꾼들에게 친절하고 정숙하며 재산을 잘 지키고 모든 일에 대해 교묘하며 또 근면하다.

북방의 친구는 좋은 집안의 자제들에 의해서 봉사된다. 보시에 의하여, 좋은 말에 의하여, 좋은 행에 의하여, 협동 정신에 의해서 서로서로 봉사된다.
따라서 그는 좋은 가문의 자제들을 사랑하여야 한다. 곤경에 처했을 때 재산을 지켜주고 두려워할 때 비호자가 되며 곤궁할 때 버리지 않고 그 밖의 동족도 함께 존중한다.

하방의 노예는 주인에 의하여 봉사된다. 힘에 따라 적당한 일을 주고 양식과 급부를 주며 병이 났을 때는 약을 주어 위로하고 맛있는 음식을 주고 휴식을 주어 편히 쉬게 하되 마음에 불안함이 없도록 해야 한다.
반대로 노예는 주인을 존경해야 한다. 아침이면 주인보다 먼저 일어나고 밤에는 나중에 자리에 누우며 주어진 물건만 받고 그 일을 잘하고 그 주인의 명예와 칭찬을 제고해 주어야 한다.

끝으로 상방의 사문은 모든 사람들에 의해서 봉사된다. 친절한 행동, 친절한 마음에 의하여 문호를 닫지 않고 음식물을 준다.
반대로 사문은 모든 선을 행하게 하고 착한 마음으로 사랑하고 모든 일을 분명하게 하고 또 천상에 나는 길을 인도한다.

이와 같이 해서 상방은 수호되고 안온하고 두려움이 없다.”

싱갈로 바다라야는 생전 처음 듣는 이 거룩한 성자의 말씀을 진심으로 받들고 다음부터는 그러한 형식적인 예의보다는 진실한 행동으로써 6방을 지켜 모두 안온하고 두려움이 없게 하였습니다.

시간적으로 보면 지금은 2500년전에 비하면 많은 생활의 변화가 있었습니다. 그래서 고리타분한 옛날 풍습은 소용이 없는 시대가 되었습니다. 식생활은 물론 주거생활도 주택에서 아파트로 달라졌습니다.

그러나 사람은 크게 변한 것이 없습니다. 생활양식은 다소 달라졌지만 인간 그 자체와 가족, 일가친척 또한 전혀 무시할 수 없게 되어 있습니다. 그러므로 시집 장가 안 가고 독신생활로 편한 대로 살아간다 하더라도 인간과 인간, 인간과 자연과의 법칙은 크게 달라진 것이 없습니다.

육방예경이나 옥야경의 법은 우리들 생활에 가장 밑받침이 될 수 있는 교훈이니, 이 교훈을 통해 모두 행복한 생활을 이룰 수 있도록 노력해 주시기 바랍니다.

부처님께서 깐라다까니바빠에 계실 때 우빠세나가 명상을 통하
여 환희를 얻자 부처님께서 찬탄하였습니다.

"삶을 괴로워하지 않고, 죽음에 슬퍼하지 않는
그 경지를 본 현자는 슬픔 속에서 슬퍼하지 않는다.
존재의 갈애를 끊고 마음의 적멸을 이룬 수행승은
태어남의 윤회를 부셔 다시는 태어나지 않을 것이다."

매일 강가에서 목욕하고 주문을 외우는 바라문 교인들

제24강 마등가의 사랑과 능엄경

1. 아난다의 여인

아난은 성질이 여자처럼 부드럽고 순박하며 자애롭고 청백 단아하여 많은 사람들로부터 친근감을 주고 또 두뇌가 뛰어나 한번 들으면 잘 잊어버리지 아니하여 부처님의 시봉자가 되었습니다.

원래 큰스님 시봉은 말이 많기 때문에 성도 후 20년 동안은 나가존자(那迦尊者), 나기다대덕(那耆多大德), 미기야(謎耆耶), 우파바(優波婆), 사가다(沙迦多), 이차족(離車族), 수나하다(須那訶多) 등이 서로 번갈아 가며 하다가 성도 후 27년 만에 부처님을 시봉하는 이는

① 부처님께서 입던 옷을 물려 입지 않고,
② 부처님께서 남기신 음식을 먹지 않고
③ 부처님의 별청에 따라가지 않는다는 조건을 전제로 아난존자가 계속하여 하기로 되었습니다.

그러나 아난다는 인물이 뛰어나 종종 여자들의 유혹을 받아 교

단에 물의를 일으켰습니다. 어느 여름 날 탁발하러 갔다가 목이
말라 우물에서 물을 긷는 처녀에게 물을 청했습니다. 그는 아주
신분이 얕은 챤달라(旃陀羅) 집안의 딸이라 신분이 높은 사람들과
는 대화를 할 수 없었으므로 물을 청하는 사람을 쳐다보지도 못하
고 물었습니다.

“스님은 부처님의 제자가 아닙니까?”

“그렇습니다.”

“그렇다면 어떻게 우리 같은 챤달라가 물을 드릴 수 있겠습니
까?”

“출가인에게는 계급이 없습니다.”

처녀는 그 상냥한 음성에 달빛처럼 고운 아난다를 보고 연모의
정을 일으켰습니다. 더구나 이 세상 모든 사람들이 계급이 낮다
하여 심한 천대를 해 왔는데 ‘저렇게 훌륭하신 분이 물을 구한다는
것은 보통 인연이 아니다.’ 생각하고 곧 정결히 물을 떠 존자의 발
밑에 붓고 손을 씻은 뒤 다시 한 그릇을 떠서 대접하였습니다. 그
런데 그 처녀는 어쩐지 그를 잊을 수가 없었습니다. 다시 또 물을
청하러 올까 하여 여러 날 동안 우물가에 나가 기다렸으나 결국
오지 않아 그만 병이 나고 말았습니다.

어머니는 사정을 알고

“그렇게 높은 분이 너 같은 것을 거들떠보겠느냐?”

꾸짖었지만 소용이 없었습니다.

하는 수 없이 그의 어머니는 생각했습니다.

‘어렵게 기른 귀한 딸을 구해야지.’

하고 그들이 전통적으로 내려오는 마토키야신의 주술로 아난다

를 집으로 불러들이기 위해 깨끗이 목욕재계한 후 단을 차리고 주위에는 소똥을 바르고 향기 좋은 향을 사다 뿌리고 맑은 물을 떠다놓고 화단(火壇)을 차려 불을 붙인 뒤 정성스레 주문을 외웠습니다.

그때 마침 걸식 나왔던 아난다가 몽유병 환자처럼 멍하니 그녀의 집 앞에 가서 서 있었습니다. 어머니 옆에 앉아 있던 챤달라의 딸은 어쩔 줄 모르고 뛰어 나가 아난다의 손목을 잡고 그의 침실로 들어갔습니다. 그리고 아난다를 자리에 눕히고 온갖 수단과 방법으로 그 마음을 흥분시켰습니다. 정신을 잃었던 아난이 눈을 떠자세히 보니 이는 기원정사가 아니고 마을 집 처녀의 방이라 깜짝 놀라 일어나며 기원정사를 향해 합장하고 부처님을 생각하니 곧 마토키야신주의 힘이 없어지고 곧 부처님의 지혜 광명이 솟아나와 기원정사로 돌아올 수 있었습니다.

2. 마등가의 고백

아난존자를 놓친 챤달라 딸은 더욱 미친 사람처럼 날 뛰었습니다. 이튿날 절문 앞에 숨어 있다가 아난존자가 밥을 빌러 나오자 그의 뒤를 따라 다녔습니다. 이를 안 아난다가 곧 행걸을 중지하고 절로 들어오자 그도 따라 절로 돌아와 부끄러운 줄도 모르고 부처님께 사뢰었습니다.

"부처님 나를 아난다스님의 아내가 되게 하여 주십시오. 죽어도 소원입니다."

부처님은 사랑을 하는 사람이나 사랑을 받은 사람이나 모두 불쌍하게 생각했습니다.

“챤달라의 딸이여, 꼭 그대는 아난다의 아내가 되고 싶은가?”

“예, 부처님 어떠한 고행이 있어도 잘 참고 견디겠습니다.”

“그렇다면 너의 부모에게 가서 출가를 해도 좋다는 허락을 받아 오너라.”

챤달라는 기뻐 날뛰며 집에 돌아와 부모님의 허락을 받고 니승(尼僧)교단에 들어가 하다이 비구니 밑에서 공부하였습니다. 부처님은 어느 날 그의 공부가 어지간히 익은 것을 보아 대중 앞에 부르고 물었습니다.

“너는 지금도 아난다를 사랑하느냐?”

“사랑합니다.”

“아난다의 어느 곳을 사랑하느냐?”

“눈도 사랑하고 귀도 사랑하고 입도 사랑하고 아난다의 마음, 생각, 뜻 등 모든 것을 사랑합니다. 그러나 이제 그 아난다는 아홉 구멍에서 구정물이 흐르고 궂은 냄새가 나고 마음과 생각과 뜻은 시시각각으로 변하여 잠시도 영원성이 없는 것을 알고 오직 도반으로 스승으로서 존경하며 사랑할 뿐입니다.”

“그러면 너는 어찌하여 처음 본 아난다를 그렇게까지 사랑하게 된 줄 아느냐?”

“예. 그의 인품과 자질에도 있지만 사실은 전생에 저의 남편이었기 때문입니다. 오래 전부터 부부의 연을 맺어 오다가 3생전에는 왕이 되어 후궁들을 많이 거느리자 제가 첫째 부인으로서 병이 났습니다. 치료가 불가능하여 무당을 불러 굿을 했는데 그 무당이 나의 속을 너무 깊이 알아 양어머니를 삼은 것이 결국 그 다음 생부터 그의 딸로 환생하게 되어 전생에도 결혼을 하지 못했습니다. 그런데 금생에서 만나 보니 몸과 마음이 크게 끌려 그 지경에까지 이르렀습니다. 그러나 이미 출가한 수행자이니 저 또한 스님의 뒤를 따르는 것이 좋겠다 하여 마음을 고쳐 먹은 것입니다.”

“장하다. 챤달라녀여, 진실로 너는 부처님의 제자로다.”

그리하여 마등가는 비구니 가운데 총명 제1 비구니가 되었습니다.

3. 아난다의 참회

(1) 칠처징심(七處徵心)

한편 아난다는 ‘내가 부처님을 항상 가깝게 모시고 있으면서도 부처님의 행을 잘 익히지 못한 까닭에 이런 불상사가 생겼다.’ 하고 대중 앞에 참회하고 더욱 정진하여 훌륭한 법제자가 될 것을 다짐하였습니다.

그러나 아난다는 부끄러워 대중 앞에서 고개를 들지 못했습니다. 그래서 부처님께서 물었습니다.

“아난다야, 네 그 부끄러운 마음이 안에 있느냐, 밖에 있느냐?”

“안에도 있지 않고 밖에도 있지 않습니다.”

“그러면 눈 속에 들어 있느냐, 캄캄한 장부(臟腑) 속에 들어 있느냐?”

“눈 속에도 들어있지 않고 5장 6부 속에도 들어 있지 않습니다.”

“그러면 어디 있을까? 6근 6진(六根六塵)이 합하는데 있을까, 중간에 있을까?”

“그 어느 곳도 종잡을 수 없습니다.”

이것이 능엄경의 칠처징심(七處徵心)입니다.

마음의 주소를 안팎(在內 在外) 찬근(攢根) 장암(藏暗) 수합(隨合) 중간(中間) 무착(無着)으로 밝힌 것입니다.

4. 진심결택(眞心決擇)

여기서 아난존자가 의심이 생깁니다. 마등가가 나를 보고 한 마음 일으킨 마음은 무슨 마음이고 내가 그에게 끌려 다니는 마음은 무슨 마음인가?

"본래 한 생각 일으키지 아니했을 때 그 마음이 진심(眞心)이고 한 생각 일으킨 마음이 망심(妄心)이다. 망심은 인연 속에서 나타나는 것이고 진심은 무념 속에 존재하는 것이다. 마치 밀가루는 수제비가 되든지 국수가 되든지 아무런 생각이 없는 것인데 사람이 수제비 해먹자, 국수 해먹자 하면 국수가 되고 수제비가 되는 것과 같다."

"그렇다면 망심을 일으키지 않으려면 어떻게 해야 합니까?"

"허망한 마음이 허망한 마음인 줄만 알면 거기에 끄달릴 것이 없다. 단지 망심인 줄 모르기 때문에 거기에 끄달려 다니는 것이다. 그래서 옛 사람들이 지(止) 관(觀) 정려(靜慮)를 닦았다.

'지'는 일단 그치는 것이니 길을 건너갈 때 발길을 멈추는 것이고, '관'은 살펴보는 것이니 신호등을 보는 것이다. 그리고 빨간 등인가 노란 등인가 아니면 파란 등인가를 보아서 가도 괜찮을 것 같으면 가는 것이 정려(靜慮)인 것이다. 그러니 이 셋은 솥의 세 발과 같아서 모든 일을 할 때는 신호등을 관하여 보고 해야 하느니라."

"아 그것이 바로 삼마디 위빠사나 선이군요."

"그렇다. 네가 지금 스님이 되어 나를 따라 다니고 있지만 네 마음속에서 우러나 공부하는 것이 아니고 나의 모습이나 1200 대중의 에워싸여 사는 모습, 그리고 여러 사람들에게 존경받는 모습만 보고 출가한 것은 모두가 망상이고 싸리뿟따가 앗사지의 밥 비는 모습을 보고 물어 '모든 것이 인연 따라 났다가 인연 따라 멸한다.' 한 말을 듣고 자기의 사상과 비교하여 친구 목갈라나 존자와 함께 와서 발심 출가한 것은 진심인 것이다.

원래 마음에는 참 마음과 거짓 마음이 없는 것이다. 그런데 그 마음을 쓰는 사람의 생각을 따라 참과 거짓, 선과 악이 갈라지는 것이니 하나의 칼이 쓰는 사람에 따라 사람을 죽이기도 하고 살리기도 하는 것과 같다."
"그렇다면 진이 곧 망이요 망이 곧 진이겠습니다."

그때 옆에 앉아있던 빠쎄나디 왕이 말했습니다.
"부처님, 제가 어렸을 때 어머님 등에 업혀 갠지스강을 건넜을 때는 강이 넓고 매우 큰 것 같이 느껴졌으나 지금 와서 보니 그렇게 큰 것 같지가 않습니다."
"크고 작은 것은 달라도 보는 마음은 달라진 것이 없습니다. 물은 비가 오면 불어나고 가물면 줄어들지만 그 물을 보는 마음은 하나도 달라지지 않았기 때문입니다. 그래서 몸은 늙어도 마음은 늙지 않는다 하는 말이 생겨난 것입니다."
"그렇습니다."

견(見)은 허공과 같아
① 동요하지 않고
② 불어나고 줄어드는 것이 없고
③ 가고 오는 것이 없기 때문에 유실되는 일이 없습니다.

그러므로 견은

④ 돌려보낼 수 없고
⑤ 혼란하지 않으며
⑥ 걸림이 없습니다.

또 견은

⑦ 나눌 수도 없고
⑧ 그 양을 헤아릴 수도 없습니다.

만약 견에서 견을 여의면 진과 망이 한꺼번에 보입니다.
그런 줄만 알면
① 5온이 이 몸 가운데서 여래를 보고
② 6근에서 여래를 보고
③ 6경에서 여래를 보고
④ 6식에서 여래를 보고
⑤ 지·수·화·풍·공·식·견(地·水·火·風·空·識·見) 7
대에서 여래를 볼 것입니다."

여기서 대중들이 한 소식을 얻고 부처님을 찬탄하였습니다.

"묘하고 깨끗하고 흔들림 없는 부처님이시여,
당신께서 증득하신 능엄삼매야 말로 희유하나이다.
억겁의 전도망상은 소멸하고
아승지겁(阿僧祇劫)도 아니 지나고

있는 그 자리에서 바로 성불케 하시니
넘어진 자를 일으켜 주시고
장님이 눈이 뜨인 것 같습니다."

5. 세계와 중생이 달라지는 이유

그때 아난존자가 물었습니다.
"부처님 뵙고 듣는 마음은 그렇다 하더라도 세계와 중생은 어찌
하여 이렇게 천차만별로 이루어졌나이까?"
"지옥·아귀·축생·인·천·수라도 마찬 가지다.
지옥은 화 잘 내는 것이 태어나는 장소이고
아귀는 탐욕 중생이 태어나는 장소이고
축생은 어리석은 중생이 태어나는 장소이고
인간은 정직한 중생이 태어나는 장소이고
천당은 착한 중생이 태어나는 장소이고
아수라는 투쟁 중생이 태어나는 장소이다."

(1) 지옥중생
"똑같이 화를 내어도

① 음습(婬習) 때문에 화를 내는 자는
　철상, 동주 지옥에 떨어지고
② 탐습(貪習) 때문에 화를 내는 자는
　타타, 파파 지옥에 떨어지고
③ 만습(慢習) 때문에 화를 내는 자는
　혈하, 열사 지옥에 떨어지고

④ 진습(瞋習) 때문에 화를 내는 자는 도산,
  검수 지옥에 떨어지고
⑤ 사습(詐習) 때문에 화를 내는 자는
  축계, 가쇄 지옥에 떨어지고
⑥ 광습(誑習) 때문에 화를 내는 자는
  똥, 오줌 지옥에 떨어지고
⑦ 원습(怨習) 때문에 화를 내는 자는
  비식, 옹성 지옥에 떨어지고
⑧ 견습(見習) 때문에 화를 내는 자는
  고문, 조병 지옥에 떨어지고
⑨ 광습(狂習) 때문에 화를 내는 자는
  합산, 경마 지옥에 떨어지고
⑩ 송습(頌習) 때문에 화를 내는 자는
  업경, 화주 지옥에 떨어진다.”

대개 이들이 화를 내는 것은 ① 보고 ② 듣고 ③ 맡고 ④ 맛보고 ⑤ 접촉하고 ⑥ 생각하는 것이 교차하는 데서 이루어지므로 지옥의 과보도 육교보(六交報)로 달라지는 것이다.

(2) 아귀중생
“다음 아귀중생은

① 물(物)을 탐하여서 생기면 괴귀(怪鬼)가 되고
② 색을 탐하여서 생기면 발귀(魃鬼)가 되고
③ 미혹하여 생기면 매귀(魅鬼)가 되고
④ 한이 맺혀 생기면 고독귀(蠱毒鬼)가 되고

⑤ 억지를 부려 생기면 여귀(癘鬼)가 되고
⑥ 거만하여 생기면 아귀(餓鬼)가 되고
⑦ 거짓말하여 생기면 염매귀(魘鬼)가 되고
⑧ 밝은 것을 탐하여 생기면 망량귀(魍魎鬼)가 되고
⑨ 성취를 위하여 생기면 역사귀(役使鬼)가 되고
⑩ 파당을 만들어 생기면 전송귀(傳送鬼)가 된다."

(3) 축생중생

"또 축생은

① 물(物)에 붙어 태어나면 올빼미가 되고
② 바람에 붙어 태어나면 박쥐가 되고
③ 짐승에 붙어 태어나면 여우가 되고
④ 충류에 붙어 태어나면 독사뱀이 되고
⑤ 기(氣)에 붙어 태어나면 개, 돼지가 되고
⑥ 무식해서 태어나면 가죽이 두꺼운 축생이 되고
⑦ 어두운 것을 좋아하여 태어나면 쥐, 두더지 같은 것이 되고
⑧ 전령에 붙어 태어나면 소, 말 같은 것이 되고
⑨ 주술에 붙어 태어나면 봉황, 기린이 되고
⑩ 망량귀가 죽어 태어나면 무골충이 된다."

(4) 인간세계

"다음 사람은
① 올빼미가 죽어 태어나면 완악한 사람이 되고
② 구징(咎徵)이 죽어 태어나면 어리석은 사람이 되고
③ 여우 종류가 죽어 태어나면 심술궂은 사람이 되고

④ 독한 종류가 죽어 태어나면 용렬한 사람이 되고
⑤ 회충 종류가 죽어 태어나면 미천한 사람이 되고
⑥ 잡아먹기 좋아하는 것들이 태어나면 유약한 무리가 되고
⑦ 피복 종류가 죽어 태어나면 노도하게 되고
⑧ 응시 종류가 죽어 태어나면 글 잘 아는 사람이 되고
⑨ 휴장 종류가 태어나면 총명한 사람이 되고
⑩ 문장 잘 하는 종류가 죽어 태어나면 통달한 사람이 된다.”

(5) 신선세계

“그리고 신선은

① 약 먹기 좋아하는 사람이 태어나면 지행선(地行仙)이 되고
② 약을 개발하는 사람이 태어나면 비행선(飛行仙)이 되고
③ 금색을 견고히 한 사람이 태어나면 유행선(遊行仙)이 되고
④ 혈기가 왕성한 사람이 태어나면 공행선(空行仙)이 되고
⑤ 진액이 견고한 사람이 태어나면 천행선(天行仙)이 되고
⑥ 정색이 견고한 사람이 태어나면 통행선(通行仙)이 되고
⑦ 금주가 견고한 사람이 태어나면 도행선(道行仙)이 되고
⑧ 사색을 즐겨하는 사람이 태어나면 조행선(照行仙)이 되고
⑨ 교구를 즐겨하는 사람이 태어나면 정행선(精行仙)이 되고
⑩ 변화를 즐겨하는 사람이 태어나면 절행선(絶行仙)이 된다.”

(6) 천상세계

“천상도 마찬 가지다.

① 처첩의 은애를 버리지 못하였으나

사음에 흐르지 않는 자는 4왕천이 되고

② 대중의 의견에 따라 청정하게 살면 도리천이 되고

③ 해와 달에 관계없이 자기의 광명 속에서 살면 염마천이 되고

④ 3재가 미치지 못하는 곳에 살면 도솔천에 태어나고

⑤ 욕심이 미박하면 화락천에 태어나고

⑥ 욕심 속에 있으면서도 욕심을 초월하면 타화자재천이 되고

⑦ 음욕과 상념을 여의면 범중천에 태어나고

⑧ 윤리도덕을 잘 지키면 범보천에 태어나고

⑨ 범중·범보를 통솔하게 되면 대범천에 태어나고

⑩ 어떤 것의 침해를 받지 않고 진정한 삼매를 얻으면 초선 3천에 태어나는데

작은 빛을 가지고 살면 소광천

많은 빛을 가지고 살면 무량광천

빛을 음성으로 사용하여 살면 광음천, 극광천에 가서 태어난다.

다음 2선 3천에 올라가면 소정천·무량정천·변정천에 가서 나고 복의 많고 적음을 따라서 복생천·복애천·광과천·무상천에 태어나기도 하고 4선을 닦아 다시는 이 세상에 태어나지 않게 되면 4선 4천에 태어나는데 무번천·무열천·선견천·선현천·색구경천에 태어나게 된다.

또 그 위에 공무변천과 식무변천·무소유천·비상비비상천이 있으나 모두 이것은 욕과 색, 무색의 소유심 때문에 업과를 받는 것이므로 생사를 해탈하려면 무루진과(無漏盡果)를 얻어야 하는 것이다."

(7) 수라세계

"아수라는 천수라 · 공수라 · 지수라 · 해수라가 있는데 요즈음 군대로 말하면 육 · 해 · 공군, 해병대와 같다. 평화 시에는 천인과 같지만 전쟁 시에는 지옥 · 아귀 · 축생과 같기 때문이다.

아난은 비로소 자기 마음이 어느 곳으로 왔다 갔다 하고 있는 것인가를 확실히 알아 다시는 윤회의 세계에 들지 않으려 노력하였습니다.

이것이 능엄경 열 권의 내용입니다. 물론 뒤에 가서 50 가지 마군이를 가리는 50 변마사가 있고, 또 청정한 율의로 3매를 닦아 도를 깨달은 25원통 경계가 있지만 우리 강의에서는 이 정도로 능엄경의 내용을 소개하겠습니다.

단지 부처님께서 싸게야국 데바다하 마을에 계실 때 이교도들의 주장에 대하여 다음과 같이 말씀하신 것이 있습니다.

"어떤 수행자들은 사람이 죽은 뒤에는 지각은 손상되지 않는다 주장하고, 또 어떤 사람은 단멸 · 절멸한다 하고, 거기서 다시 열반을 주장하기도 한다. 왜냐하면 그들은 그 지각을 ① 물질적인 것 ② 비물질적인 것 ③ 물질적이기도 하고 비물질적이기도 한 것 ④ 물질, 비물질적인 것이 아니다 하기도 하고 ⑤ 유일성 ⑥ 다양성 ⑦ 유한한 것 ⑧ 무한한 것이라 하여 세계를 자아로 착각하고 있는 사람도 있다. 그러나 나는 그 모든 것은 시간 속에 변이상속하고 인연 따라 모였다 흩어지는 것에 불과하다고 말한다."

제25강 수가장자의 인과업보차별경

1. 개가 된 아버지를 제도한 아들

부처님께서 기수급고독원에 계실 때 토오데야(都提)의 아들 앵무 마납의 집으로 탁발을 가시니 흰 개 한 마리가 평상 위의 금 쟁반의 밥을 먹다가 짖었습니다. 부처님께서 말했습니다.

"네가 어찌 나를 보고 짖을 수 있느냐. 전생에도 그러하더니?"

흰 개는 매우 성이 나서 평상 밑으로 들어가면서 몹시 짖다가 지쳐 쓰러졌습니다. 밖에 나갔다가 돌아온 마납이 개를 앉고 쓰다듬으면서

"누가 너를 이렇게 괴롭게 했느냐?"

하니 보고 있던 사람들이 말했습니다.

"부처님께서 개에게 꾸짖는 말을 하여 그렇게 되었습니다."

이에 분개한 앵무 마납은 부처님을 크게 꾸짖고 비방하러 기수급고독원으로 갔습니다. 그때 마침 부처님께서는 많은 대중을 거느리고 설법하고 있다가 그가 오는 것을 보고 말했습니다.

"저 자는 반드시 악도에 떨어질 것이다. 저 자는 속도 모르고 여래를 비방한 죄다."

그런데 앵무 마납이 와서 항의하였습니다.

"어찌 당신은 남의 개를 그렇게 괴롭게 할 수 있습니까?"

"그 개는 그냥 개가 아니라 바로 전생의 너의 아버지이니라."

앵무 마납은 더욱 크게 화를 내며 항의하였습니다.

"어떻게 우리 아버지가 우리 집 개로 태어날 수 있다는 말입니까. 우리 아버지는 살아서 사당에 재를 지내고 큰 신을 섬겼으며, 일체중생을 위해 대 보시회도 가졌는데…"

"큰 재도 지내고 보시회도 가졌으나 교만심이 있어, 닭·개·돼지·승냥이·나귀를 거쳐 지옥에까지 가게 되었다. 내 말을 믿을 수 없거든 네가 집에 가서 실험해 보라."

"어떻게 실험을 합니까?"

"아버지께서 평상시 잡수시던 밥그릇을 다른 그릇과 뒤섞어놓고, '아버지께서 진실로 우리 아버지가 틀림없다면 당신의 밥그릇 밥을 찾아 잡수세요.' 하고 일러보아라."

그래서 집에 와서 부처님 시키는 대로 하려 하였으나 말이 잘 나오지 않았습니다. 그래서 떡 버티고 서서 개에게 말했습니다.

"이놈아. 네가 우리 아버지냐. 진짜 우리 아버지라면 네 밥그릇의 밥을 찾아 먹어보라."

그런데 개는 두 눈을 동그랗게 뜨고 있다가 눈물을 주르르 흘릴 뿐 밥 먹을 생각을 하지 않았습니다. 그래서 다시 점잖게 무릎을 꿇고 합장하고 조심스럽게 말했습니다.

"아버님. 진실로 당신이 우리 집 개로 태어나셨다면 당신 밥그릇의 밥을 찾아드십시오."

말이 끝나자 개가 한참 쭈그리고 있더니 껑충 뛰어 금쟁반의 밥을 먹기 시작했습니다. 그리고 다시 부처님이 시키는 대로 그의 어머니 밥그릇(철그릇)에도 밥을 담아 부엌에 놓아두니 온 집안을 두세 바퀴 돌다가 그만 부엌으로 들어가 밥을 찾아 먹었습니다. 너무도 신기한 일이라 감격한 앵무 마납은 부처님께 나아가 잘못을 참회하고 물었습니다.

"어떻게 하면 아버지를 구제할 수 있겠습니까?"

"아버지가 좋아하는 대로 하라."

"어떻게 아버지가 좋아하는 대로 합니까?"

"너희 아버지는 바라문교 신자로서, 많은 신도들을 이끄는 회장이었기 때문에, 바라문교 경전을 읽으면 좋아하리라."

그래서 집에 와서 머리를 빗고 경전을 읽으니 두 발을 모으고 온 뜰을 껑충 껑충 뛰어다녔습니다. 그래서 다시 한 번 어머니 밥그릇을 통하여 확인한 뒤 부처님을 찾아 가니 부처님께서 물었습니다.

"틀림없느냐?"

"틀림없습니다."

"그럼 그만 개의 목숨을 천도하는 것이 좋겠느냐. 조금 더 살다 가 가는 것이 좋겠느냐?"

"너무 나이가 어리니 조금 더 살다 가게 하는 것이 좋겠습니다."

"그럼 3개월 동안 지극 정성으로 살피어라. 그리고 너희 아버지가 평상시 좋아하던 일과 음식을 해주고 맨 마지막에는 여러 대중들을 초청하여 공양하라."

그리하여 앵무 마납은 매일 아침 냉수에 목욕하고 바라문 경전을 읽었습니다. 개는 경전 읽는 소리만 나면 마당에 나아가 뛰고 춤을 추었습니다. 이렇게 3개월 동안 지극정성으로 아버지를 모신 앵무 마납은 마지막 날 부처님과 여러 스님들을 초청하여 공양하였습니다. 그리고 마지막 법문을 청했습니다.

이때 부처님께서는 '수명의 장단과 병의 다과, 모습의 호오(好惡), 위덕(威德)의 유무, 종족의 귀천, 재물의 유무, 우치(愚痴)의 유무가 모두 자기의 업을 따라 나타난다고 말씀하시고, 너희 아버지는 전생에 바라문 교인이 되어 이교도를 보고 화내기를 좋아하고, 욕하고 싸우기를 즐기다가 죽어 개가 된 것이다. 다행히 효자 아들을 두어 그 업보를 벗어나게 되었으니 다시는 악도에 떨어지지 아니할 것이다."

하였습니다.

그로부터 앵무 마납은 다시는 인과를 부정하지 않고 철저히 인과를 믿으며 3보에 귀의하였습니다.

<중아함경 제44권, 3. 근본분별경 앵무경(수가장자경)>

2. 여러 가지 인과 이야기

아버지 개를 제도한 수가장자는 그의 친구들과 함께 틈만 있으면 부처님을 찾아 공양하고 질문하였습니다.

(1) 콩 심은 데 콩 나고 팥 심은 데 팥 난다

"금생에 출세하여 귀한 벼슬자리에 올라 많은 사람들을 다스리는 사람은 어떤 연고입니까?"

"그 사람은 전생에 불상을 조성하였거나 개금불사한 공덕이다. 전생에 닦아서 금생에 받는 것이니 높은 벼슬자리와 빛나는 왕관이나 훈장을 부처님께 구할지니라. 부처님께 귀한 금으로 단장하는 개금불사는 바로 자기 자신의 몸단장이니, 그러므로 부처님 위하는 것이 제 몸 보살피는 것이다. 높고 귀한 벼슬자리가 쉽다고 말하지 말라. 전생에 힘들어 닦지 못한 일이 어디서 오겠느냐.”

“말 타고 교자나 가마를 타면서 편한 생활을 하는 사람들은 여러 사람 위해 험한 길을 넓게 닦고, 깊은 물에 다리 놓아 적선공덕한 인연이다.”

“금생에 남자로 태어나 인격이 높고 후덕하여 다른 사람들로부터 존경을 받는 사람은 전생에 3보를 믿고 널리 법을 전한 공덕이다.”

“금생에 지혜가 있어 학덕이 수승한 사람은 전생에 부처님의 경전을 널리 보시하여 불법 배우는 사람들에게 많은 도움을 준 공덕이다.”

“베푸는 일 가운데 가장 으뜸가는 공덕은 법(法)을 베푸는 것이 으뜸이고”

“건강한 몸으로 안락하게 잘 사는 사람은 전생에 병든 이에게 좋은 약을 보시한 공덕이고”

“금생에 착한 사람이 고통을 당하고 사는 경우는 아직 선업의 과보가 나타나지 않았기 때문이다.”

“금생에 부부가 화목하고 귀자다복한 사람은 전생에 불단(佛壇)을 장엄하는 당번을 시주한 공덕이고”

"금생에 목소리가 아름다워 사람들을 즐겁게 해주는 사람은 전생에 사찰의 범종을 만드는 데 구리와 놋쇠를 시주한 공덕이다."

"금생에 웃음을 잃지 않고 행복하게 살아가는 사람은 전생에 예쁜 꽃을 잘 가꾸어 여러 사람을 즐겁게 한 공덕이니라."

"금생에 훌륭한 스승이 되어 남을 가르치는 사람은 전생에 불경을 설할 때 깨끗한 마음으로 실행한 공덕이고"

"금생에 아름다운 용모와 건강한 육체를 가지게 된 것은 전생에 아름다운 꽃과 향기로운 향을 부처님께 공양한 공덕이고"

"고대광실 좋은 집에서 사시사철 사는 사람은 전생에 높은 산에 암자 짓고 정자 세운 공덕이고"

"헐벗은 사람 많은데 일평생을 능라금수 비단옷을 입고 사는 사람은 전생에 공부하는 스님 위해 가사시주 하였던 공덕이고"

"금생에 눈빛이 밝고 예쁜 사람은 전생에 부처님 도량에 인등을 밝힌 공덕이고"

"금생에 무병장수한 사람은 전생에 죽어 가는 생명을 살려준 방생의 공덕이고"

"금생에 양부모를 모시고 근심걱정 없이 살아가는 사람은 전생에 스승을 잘 모시고 부처님의 말씀을 신봉한 공덕이고"

"금생에 의식이 풍족하여 부귀와 영화를 누리는 사람은 전생에 재물을 탐내지 않고, 인색하지 아니하여 기꺼이 가난한 사람들에게 보시하고 희사한 공덕이고"

"금생에 3보에 깊이 귀의하는 사람은 공덕은 사람들로 하여금 생사윤회의 고통으로부터 벗어나도록 도와준 공덕이고"

"금생에 장군이 되어 백만 대군을 거느리는 사람은 전생에 법당 지을 때 대들보를 시주한 공덕이고"

"그러므로 금생에 욕망을 다스리는 것은 일체의 고통으로부터 벗어날 수 있는 길이기 때문이고"

"금생에 귀가 먹어 소리를 못 듣는 사람은 전생에 불경 읽는 소리를 듣고 귀를 막은 인과이다."
"금생에 말 못하는 벙어리가 된 사람은 전생에 부모를 욕하고 삼보를 비방한 과보이고"

"금생에 눈에 장애가 있는 사람은 전생에 길을 묻는 나그네에게 고의적으로 잘 못 가르쳐준 인과이고"

"금생에 행하는 것이 천박하고 비천하여 인간답게 살지 못하는 사람은 전생에도 어리석어 보시공덕을 행하지 못했고 선행(善行)을 권하지 않은 까닭이고"
"금생에 삐쩡다리를 한 사람은 전생에 길가는 사람을 막아 놓고 발로 찬 과보이고"

"금생에 사람들에게 천대받고 놀림 당하는 자는 전생에 부처님 말씀을 부정하고 의심한 과보이고"

"금생에 남의 종이 되어 평생토록 손발이 닳도록 부림을 당하는 사람은 전생에 아랫사람이나 짐승을 몹시 학대하고 괴롭힌 과보이고"

"금생에 꼽추가 된 사람은 전생에 부처님께 예불하는 사람보고 비웃은 인과이고"

"이 세상에 말과 소로 태어난 것은 전생에 남에게 진 빚을 갚지 아니하고 게으름을 피운 과보이고"

"금생에 팔을 못 쓰는 사람은 전생에 그 손으로 삼보 기물을 훼손하고 악업을 지은 과보이고"

(2) 깨닫는 것이 곧 불법이다

"이 세상의 개와 돼지는 전생에 남을 속여 해치고 욕심 부린 과보이고"

"금생에 몸이 쇠약해서 병이 많아 고통 받는 사람은 전생에 불전(佛前)에서 고기와 술을 먹으면서 불도량을 더럽히고 남에게 악취를 뿌린 과보이고"

"이 세상에 살림 잘하고 음식 솜씨 좋아 칭찬 받는 어진 아내는 전생에 부처님께 정성껏 공양한 공덕이고"

　"금생에 부부간에 화목하여 백년해로하는 사람은 전생에 부처님의 경전을 많이 인쇄하여 여러 사람들에게 보시하고 신의와 약속을 잘 지킨 공덕이고"

　"금생에 남의 생명을 죽이거나 물건을 훔친 죄로 무서운 감옥살이를 하는 사람은 전생에 남의 사정을 생각지 않고 인정사정없이 악업 짓던 과보이고"

　"금생에 굶어 죽는 사람은 전생에 쥐구멍 뱀구멍을 때려 막은 과보이고"

　"금생에 자식들과 일가친척으로부터 학대받는 사람은 지난 세상에 어린 자식 돌보지 않고 외간 남자와 바람핀 과보이고"

　"금생에 처자식에게 학대 받는 사람은 전생에 처자식을 돌보지 않고 주색잡기에 정신이 팔려 가족을 울린 과보이고"

　"금생에 방탕한 자식을 두어 피눈물 나는 고통을 받는 사람은 전생에 자신의 방탕한 행위를 자식들에게 보인 연고이고"

　"이 세상에서 남과 싸우기를 좋아하고 매사에 불평불만이 많은 사람은 그는 전생에 여러 사람을 괴롭힌 인과이고"

　"금생에 남편을 잃고 과부가 되어 혼자 고독하게 사는 사람은 전생에 병약한 남편을 괄시하고 학대한 업보이고"

"금생에 아내를 잃고 상처한 홀아비 신세는 전생에 약한 여자를 구박하고 학대한 업보이고"

"금생에 고독한 신세로 거지가 되어 구걸행각을 하는 사람은 전생에 인색하여 탁발하는 스님을 박대하고 게으름을 피워 일하기를 싫어한 과보이고"

"금생에 조실부모하여 고아로 살아가는 사람은 전생에 부모에게 불효하고 웃어른을 업신여긴 과보이고"

"금생에 키가 작은 난쟁이 몸을 받은 사람은 전생에 부처님 도량에서 나무나 꽃을 마구 꺾어 버린 과보이고"

"금생에 부처님의 법문을 들을 수 없게 된 사람은 욕망과 성냄과 어리석음에 깊이 빠져 살아간 사람이고"

"금생에 앉은뱅이로 거동이 불편한 사람은 전생에 부처님 경전을 흙바닥에 던진 과보이니라."

"금생에 독사나 맹수에게 물린 사람은 전생에 부처님을 거역하고 무력으로 원수를 갚았던 과보이고"

"금생에 단명하여 일찍 죽는 사람은 전생에 뭇 생명을 함부로 살상하여 여러 사람을 괴롭힌 과보이고"

"금생에 몹쓸 병에 걸려 신음하는 사람은 전생에 부처님 도량에 함부로 더러운 오물이나 가래침을 뱉어 불결하게 만든 과보이고"

"금생에 불쌍한 죽음을 당하는 사람은 전생에 연약한 아녀자를 숲속에 끌고 들어가 욕보인 과보이고"

"금생에 몸에서 불결한 냄새가 나는 사람은 전생에 가짜 향을 팔았거나 대중 앞에 더러운 모습을 보인 연고이고"

"금생에 살다가 눈이 갑자기 어두워진 사람은 전생에 부처님 도량의 인등을 일부러 깨뜨린 과보이고"

"금생에 얼굴이 누추하여 보기 흉한 사람은 전생에 부처님 도량을 더럽히고 잘난 사람을 시기하고 질투한 과보이고"

"벼락 맞고 불타죽는 사람은 전생에 되·말과 저울 눈금을 속인 과보이고"

"금생에 갑작스런 재난으로 불구의 몸이 되거나 가족을 잃고 슬퍼하는 사람은 전생에 부처님의 인과를 믿지 아니하고 많은 사람들의 뜻을 거역한 연고이고"

"금생에 성(性) 불구가 되어 더러운 피고름으로 고통 받는 사람은 전생에 부부 이외의 사람과 사음을 행한 과보이고"
"금생에 제명대로 못살고 자살하는 사람은 전생에 개천이나 연못에 독약을 풀어서 물고기를 잡은 과보이고"

“금생에 코가 납작하여 보기 흉한 사람은 전생에 염불하는 것을 보고 흉보고 비웃던 과보이고”

“비구의 옷을 입고 몸이 불타는 고통을 당하는 사람은 전생에 수행은 하지 않고 신자들의 시주를 받아 편안히 먹고 입으며 여러 가지 악행만 저지른 과보이고”

“사람들이 진실만을 말하거나, 자기감정을 다스리고 억제하거나, 작은 것이라도 정성스럽게 공양 올린 그것만 가지고 천상에 태어나는 것은 아무리 작은 것일지라도 착하고 어진 마음으로 행하는 데서 얻은 과보이다 하였습니다.”

지금 부처님의 말씀을 들어보면 대개의 모든 복보가 3보와 연관이 있는데, 부처는 마음을 깨달은 사람이고, 법은 진리이며, 스님은 화합이기 때문입니다. 자기 자신도 깨닫지 못하고 법질서도 지키지 못하며, 대중과 화합하지 못한 사람이 어떻게 복을 받겠는가 생각해 보십시오. 불법은 불법(佛法)이 아니라 깨닫는 것이 곧 불법(佛法)인 것입니다.

감각적 욕구의 대상과
탐욕적 정신의 번뇌
여러 가지 생존에 대한 결함을 알아
거기서 벗어나려는 마음이 출리(出離)입니다.

어렵지만 참고
바랄 만한 대상을 극복하고

마음에 맞지 않아도 참고 받아들이며
존재를 있는 그대로 부정하지 않고 받아들이면
행복은 그 안에서 나게 될 것입니다.

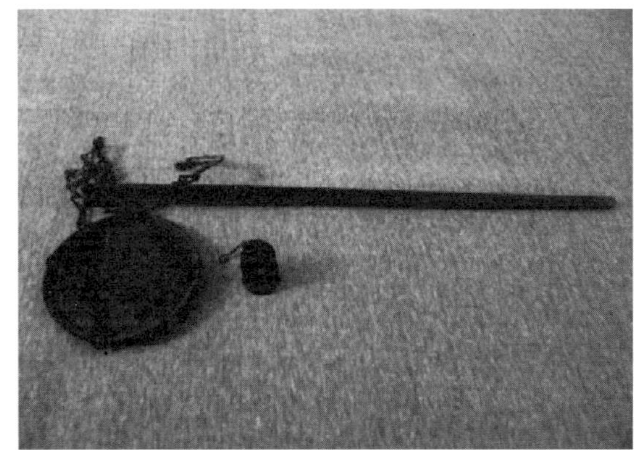

제26강 수보리의 깨달음과 금강경

부처님께서 사위성 기수급 고독원에 계실 때 수닷다 장자가 청하였습니다.

"부처님 저희 가족 가운데 수보리라는 청년이 있는데, 태어날 때부터 좋은 꿈을 꾸고 태어나 선생(善生), 선길(善吉), 선업(善業), 선현(善現)이라 불렀는데, 마지막 태어날 때는 허공의 큰 창고가 텅텅 빈 것을 보고 태어나 순약다, 빈 창고, 빈 궤짝이라 하여 공생(空生)으로 부르기도 하였습니다. 태어날 때부터 울음을 그치지 않아 집에서 쫓겨났고, 마을에서도 쫓겨나 지금은 온 산천을 헤매고 다닙니다."

"3계 25유의 중생들 삶이 너무 불쌍해서 울고 다니는 것이니 너무 걱정하지 말라."

"그렇다면 불쌍한 수보리를 구해주십시오."

그래서 수보리를 데려왔더니 수보리는 기수급고독원으로 걸어오면서도 막대를 휘두르며 소리를 내어 울었습니다. 부처님께서 물었습니다.

"거, 우는 놈이 누구인고!"

순간 깨닫고 부처님께 물었습니다.

"선남자 선여인이 아뇩다라삼먁삼보리심을 일으킨 자는 어떻게 살아야 하며, 어떻게 번뇌망상을 항복받아야 합니까?"

"일체중생을 모두 제도하여 무여열반에 들게 하되 아상, 인상, 중생상, 수자상(我相, 人相, 衆生相, 壽者相)을 내면 아니 되느니라. 왜냐하면 보살이 상에 머물러 보시하면 생사에 떨어져 해탈할 수 없기 때문이다. 만약 상에 주착하지 않고, 보시, 지계, 인욕, 정진, 선정, 지혜(布施, 持戒, 忍辱, 精進, 禪定, 智慧) 등 6바라밀(波羅蜜)을 행하면 그 복덕이 허공과 같으니라."

그때 수보리가 의심을 일으켰습니다.

"부처님은 전생에 부처가 되기 위하여 상을 가지고 법을 구한 것이 아닙니까?"

그러므로 부처님께서 그 의심을 제거해 주기 위하여 이치대로 사실대로 보아야 한다고 여리실견분(如理實見分)을 설해주셨습니다.

"수보리야, 너의 생각이 어떠냐. 부처님의 참 마음을 모양으로 볼 수 있겠느냐?"

"여래께서 말씀하신 몸은 몸이 아니므로 마음은 모양으로 볼 수 없습니다."

"그래 존재하는 모든 것은 다 시간 따라 변해가는 것이니 만약 모든 존재가 모양 아닌 것으로 보면 보는 놈이 그대로가 곧 부처인 것이다."

이것을 한문으로 번역한 말씀이,

"범소유상(凡所有相), 개시허상(皆是虛相)

약견제상비상(若見諸相非相) 즉견여래(卽見如來) 입니다.

왜냐하면 마음은 시간과 공간을 초월해 있기 때문입니다.

그때 수보리가 다시 물었습니다.
"이렇게 깊고 깊은 말씀을 하시면 말세중생이 믿을 수 있을까요?"
"중생이 중생이 아니다. 여래 멸후 500세 때에도 이 경전을 믿고 깨끗한 믿음을 일으키는 자가 있을 것이니 한 부처님이나 두 부처님, 3, 4, 5 부처님께서 선근을 심은 것이 아니라 이미 한량없는 천만 부처님 계신 곳에서 선근을 심었기 때문에 이러한 글귀를 듣고 바로 한 생각 속에서 청정한 믿음을 일으킬 수 있는 것이다."
하시고,
"여래는 그러한 것을 다 보고 알고 있다."
그러므로 아상, 인상, 중생상, 수자상뿐 아니라 법상(法相), 비법상(非法相)까지도 내면 아니 된다 한 것입니다.

아상은 족보상이고, 인상은 이력상이며, 중생상은 선행상이고, 수자상은 장수상이며, 법상은 명자상이고, 비법상은 명자상에 고집하는 것입니다. 그래서 4상도 취하지 않고 법상, 비법상도 취하지 말라 한 것입니다. 법상은 법에 집착하는 것이고, 비법상은 열반상에 집착하는 것입니다. 실로 불법은 마치 배와 같아 사람을 건네주었으면 그 배에 집착할 것이 없는 것 같이, 법도 오히려 버려야 하는데 하물며 비법이겠습니까.

그때 수보리가 대중 가운데 있다가 이튿날 부처님께서 밥 때가 되자 옷을 입고 발우를 가지고 사위대성에 들어가 밥을 비는데, 그

성중에서 차례로 탁발을 마치시고 본자리로 돌아와서 밥을 잡수시고 옷과 발우를 거두어 놓으시고는 발을 씻고 자리를 깔고 앉으시는 것을 보고

"아, 불법은 말로 하는 것이 아니라 저렇게 하는 것이로구나."

하고 새삼스럽게 깨달음을 얻었습니다. 부처님은 만승천자의 아들인데 밥이 없어 밥을 빌겠습니까. 밥을 빌어봐야 밥을 해먹고 사는지, 죽을 쑤어먹고 사는지, 그것도 없어 밥도 하지 못하고 있는지 중생들 속을 알 수 있지 않습니까.

그렇기 때문에 부처님께서는 어느 집에 초청을 받아 공양을 가서 시주자가,

"무엇 더 필요한 것이 없습니까?"

물으면,

"아무개 마을 어느 동네 갔더니 밥도 하지 못하고 아파있는 사람을 보았습니다. 그 마을에 음식과 약을 보내주십시오."

하여 세상의 가난을 구했습니다. 지성인일수록 자기 하는 일에 집착하여 밥을 다 차려놓고,

"밥 잡수세요."

하고 불러도

"조금만 기다려. 조금만 기다려."

하며 옆에 사람까지 식은 밥을 먹게 하는 사람이 있습니다. 수보리도 과거에 이러한 일을 수없이 반복하였던 사람이기 때문에 부처님께서 밥 때가 되어 복장을 단정히 하고 시중에 나가시는 것을 보고,

"불교는 곧 때에 맞추어 옷 잘 입고 밥 잘 먹는 것이로구나."

하는 것을 깨달았습니다.

우리들은 평상시 밥을 먹을 때 속옷 바람으로 앉아서 이런 이야기, 저런 이야기로 세상의 시비를 논하는데, 이 세상에서 가장 귀한 생명의 양식을 보충하면서 세상의 시비에 빠져서야 되겠습니까. 그래서 부처님은 지혜로운 사람의 행을 가르치기 위하여 복장을 단정히 하고 밥을 빌고, 빌어 온 음식도 나누어 드셨던 것입니다. 이 풍습은 지금도 변함이 없이 이행되고 있습니다. 남방불교에서는 얻어 온 음식을 한데 모아 4분식 합니다.

① 한 몫은 병들어 밥을 얻으러 가지 못한 도반에게 주고,
② 한 몫은 가난하여 밥을 짓지 못하는 거지들에게 주고,
③ 한 몫은 자신이 먹고,
④ 한 몫은 미물, 곤충, 축생들에게 줍니다.

우리는 개나 돼지에게 먹다 남은 찌꺼기를 거두어 주는데, 남방불교에서는 개, 돼지, 염소, 심지어 파리들에게도 맑고 깨끗한 음식을 줍니다. 이렇게 해서 한 사람도 굶주리는 사람이 없기 때문에 중국이나 한국처럼 "츠판나(吹飯來), 밥 먹었느냐?" 하는 인사가 없습니다. 대신에 "니르바나(涅槃). 행복하세요."가 기본 인사가 됩니다.

그런데 부처님은 밥을 비실 때 때를 알고 나가시고, 또 평등심으로 빈부를 가리지 아니 했습니다. 시간은, 하루에 한 때 먹는 밥이지만 중생들이 밥을 지어 먹을 때 즉 부담을 주지 않고 쉽게 밥을 얻을 수 있는 시간, 즉 진시(辰時)에 나갔으니, 요즈음 시간으로 보면 아침 7시부터 10시 사이입니다. 순서적으로 일곱 집 밥을 빌었으니, 많으면 번거롭고, 작으면 부족할 염려가 있었기 때문입니다.

밥을 얻는 데는 먹기 위해서 얻는 경우도 있었지만 수행자들에게 하심법(下心法)을 가르치기 위한 데 목적이 있었습니다. 부잣집 아들들이 출가하여 쌀이 무엇인지, 밥이 무엇인지도 모르는 사람이 있었는데 그들에게 밥을 빌게 하여 전날의 음식을 새삼스럽게 감사하고 거기에 거만한 마음을 버려 하심 공경하는 이치를 가르치고자 하는 데 목적이 있었습니다.

거지들은 밥을 얻는 그 자리에서 대부분 음식을 먹지만 부처님 제자들은 반드시 한 자리로 가져와 여러 사람이 얻은 것을 골고루 나누어 먹게 하였습니다. 어떤 사람은 밥을 얻으러 갔다가 조금도 얻지 못하고 왔기 때문입니다. 당시 사회는 바라문, 찰제리, 바이샤, 수드라 등 4성계급으로 나누어져 끼리끼리 동네를 이루고 살았고, 천인들은 감히 양반들을 대할 수 없었는데, 부처님 제자들은 4성계급이 함께 출가하여 동일석씨(同一釋氏)로 살았기 때문에 사회평등의 이치를 말없이 교육하는 것도 되었습니다.

살다보면 하루저녁 사이에 갖가지 사건이 생겨 어느 곳에도 호소할 데가 없는 사람들도 있었는데, 스님들이 밥을 얻으러 오면 자연스럽게 문의하여 문제를 해결할 수 있는 기회를 가졌으므로 어떤 마을에서는 미리 음식을 준비하여 기다리고 있는 경우도 있었습니다. 우리나라에서는 1960년도부터 탁발이 금지되어 문전상담이 거의 없어진 상태인데, 부처님 당시는 매일 매일 밥 얻으러 오는 스님들과 상담하여 여러 가지 어려운 문제를 해결하였으므로 상담소가 따로 필요 없게 되었습니다.

불교에서 사용하는 '화주(化主)', '권선(勸善)' 이란 말이 바로 부처님 당시의 걸식(乞食)에서부터 생긴 것이니, 화주는 '교화하는 사람'이고, 권선은 '선행을 권하는 사람'입니다. 권자가 있어야 선행하는 사람이 있고, 교화를 받지 못하면 깨달음을 얻을 수 없습니다. 라디오, TV, 강연, 설법도 좋지만 개인상담은 진실로 은근하여 고민하는 중생들에게 좋은 약이 될 수 있는 것입니다.

실로 수보리는 부처님의 일거일동에서 많은 것을 깨달을 수 있었습니다. 사람들은 밥을 먹고 설거지를 뒤로 미루는 경향이 있는데, 부처님께서는 그 자리에서 깨끗이 치워 파리나 모기 등 잡균들이 번식하지 않게 하였고, 찌꺼기 하나 버리지 않아 쥐나 뱀, 지네 같은 미물, 곤충 등이 함부로 서식하지 못하게 하였습니다.

그리고 밥을 다 잡수시고는 옷과 발우를 정돈해 놓고 발을 씻고 자리를 깔고 앉으셨는데, 옷과 발우를 정돈한 것은 주위환경을 깨끗이 한 것이고, 발을 씻은 것은 거동의 행습을 가르친 것입니다. 어디든 다녀오면 반드시 발을 씻고 방을 훔치게 되어 있지만 걸음을 걸어 다녀온 발에도 감사하고 쓸데없는 망상을 깨끗이 청소하는 방편이 됩니다.

내가 80년대 불란서를 갔더니 그곳의 불자들이 밖에 나갈 때는 반드시 아래를 내려다보고 인사를 하고, 또 다녀와서도 인사를 하여 처음에는 우리보고 인사를 하나 했더니 나중에 보니 혼자 있을 때도 인사를 하였습니다. 그래서,

"누구에게 인사를 합니까?"

하고 물었더니.

"각하선(脚下禪)도 모르십니까?"

하고 도리어 반문하였습니다. '각하선'이란 불자가 출행을 할 때

자신의 다리와 발을 보고, '조심해서 가자. 가서 좋은 일하고 오자." 하고 자신에게 다짐하는 것이고, 다녀와서는 '잘 다녀와서 고맙다.' 하고 인사하는 것이라 하였습니다. 참으로 놀랄 일입니다. 우리들은 평상시 자리하고 앉아야만 선이 되는 줄 알지만 유럽에서는 오래 전부터 행·주·좌·와, 어·묵·동·정을 그대로 선으로 실천하고 있었습니다.

그러나 부처님께서 자리를 깔고 편히 앉으신 것은 자신의 자리에 맞추어 잘 앉으신 것입니다. 부모는 부모자리에, 자식은 자식자리에, 스승은 스승자리에, 제자는 제자자리에 각각 앉아 자기 할 일에 충실하면 이 세상은 편안해지게 됩니다. 그런데 부모가 자식자리에, 스승이 제자자리에 앉으면 세상이 뒤집혀지게 되어 있습니다.

부처님은 일단 공양을 마치시고 자리에 앉으시면 부처님께서 해야 할 일을 하시고, 오후에는 잠깐 쉬었다가 제자들의 거처를 방문하여 개인지도를 하시고, 초하루 보름에는 대중법회를 보시고, 저녁에는 신천(神天)들을 위해 특별법회를 보셨으며, 새벽에는 경행을 하셨습니다.

수보리는 이렇게 부처님의 법다운 행을 보고,
"이것이 바로 반야를 체득한 여래의 행이로다."
하고 '다음부터는 질문을 할 때 아무렇게나 하지 말고 꼭 법답게 하여야지.' 하고 대중 가운데 있다가,
① 일어나서(卽從座起)
② 복장을 단정히 하고(偏袒右肩)
③ 오른쪽 무릎을 땅에 꿇고(右膝着地)

④ 합장공경(合掌恭敬)하고

⑤ 부처님을 찬탄한 뒤에(希有世尊 如來善護念 諸菩薩 善咐囑 法菩薩)

⑥ 질문을 하였습니다.(發菩提心者 云何住 云何降伏其心)

그러면 부처님도 그냥 법문을 하시는 것이 아니라,

① 선재선재라 하시며 청법자를 칭찬하고(善哉善哉)

② 자기 입장을 가부간에 말하고(如汝所說 如善護念諸菩薩 善 咐囑諸菩薩)

③ 주의를 환기시키고(汝今諦聽)

④ 설법해 주실 것을 승낙하고(當爲汝說)

⑤ 설법의 대강을 말씀하시면(發菩提心者 如是住如是降伏其心)

⑥ 청법자가 그렇게 할 것을 답변하였습니다.(唯然世尊 願樂欲聞)

이것이 청법자와 설법자간의 자세입니다.

그때 또 수보리가 의심을 하였습니다.

"과거 모든 부처님들도 진리를 닦고 익혀 얻은 것이 아닌가?"

그때 부처님께서는 도리어 수보리에게 물었습니다.

"여래께서 아뇩다라삼먁삼보리를 얻어 설법한 것이 있다고 생각하느냐?"

"무유정법(無有定法)이 아뇩다라삼먁삼보리이고 또한 무유정법이 부처님의 설법입니다."

왜냐하면 일체 성현들은 무위법으로 모든 것을 차별하지만 근기 따라 4제(諦), 12인연(因緣), 3법인(法印) 등 여러 가지 법을 설하기 때문입니다. 털끝만큼이라도 차이가 나면 하늘과 땅의 차별이 생깁니다. 그러나 이 세계에는 여러 종류의 중생들이 살기 때문에 정법도 사법이 될 수 있고, 사법도 정법이 될 수 있습니다. 모든 부처님들이 반야를 의지하여 이 세상에 출현하였지만 참된 깨달음은 물 속의 달을 건져본 사람만이 알 수 있습니다. 그래서 "불법이 불법이 아니다." 한 것입니다.

　　한 마음을 깨달아 생사를 벗어나는 데는
　　① 수다원이 있고
　　② 사다함이 있고
　　③ 아나함이 있고
　　④ 아라한이 있습니다.
　　똑같은 마음으로 정토를 장엄해도 했다는 사람이 있고, 했다는 상이 없는 사람이 있는데, 세속사람들은 상이 많기 때문에 '내가 너희들을 위하여 이렇게 하였다' 하지만, 출세간 사람들은 수월도량(水月道場)에 공화불사(空華佛事)이기 때문에 그런 상을 내지 않습니다.

　　보살이 불국토를 장엄할 때는 장엄했다는 생각도 갖지 않고, 색·성·향·미·촉·법(色·聲·香·味·觸·法)에 걸림 없이 청정한 마음으로 장엄하기 때문에 그 같은 글귀와 뜻이 들어있는 경이 있다면 천인이나 아수라 등이 받들어 모신다 하였습니다. 왜냐하면 그 경전 속에는 부처님과 존중하는 제자들이 들어있기 때문이고, 다이아몬드와 같은 반야가 들어 있기 때문입니다.
　　이 말을 들은 수보리는 비로소 눈물을 흘리며
　　"지혜의 눈으로 보는 사람이 아니면 알 수 없겠습니다."
　　하고 장차 말세에 이 법을 믿고 실천하는 사람이 있다면 '진실로 희유한 사람이 될 것입니다' 말하여 과거 500세 인욕선인이 되어 4상을 내지 않은 것에 대하여 말씀했던 것입니다. 그래서 부처님은 · 진실로 희유한 사람이라는 것입니다.

① 왕자로 태어난 것도 희유하고

② 32상 80종호를 갖춘 것도 희유하고

③ 온갖 호화생활 속에서도 출가심을 일으킨 것도 희유하고

④ 6년 고행한 것도 희유하고

⑤ 도를 깨쳐 성불한 것도 희유하고

⑥ 이 세상 모든 종교인들이 자기 종교만 옳고 남의 종교는 그르다 하는데, "불법이 불법이 아니다" 하여 이 세상 모든 집착을 털어 버린 것도 희유하고

⑦ 상을 내지 않고, 견을 갖지 않으며, 출가대중과 똑같이 평등공양하고, 평등행을 하신 것도 희유하고

⑧ 맨발로 천하를 주유하여 진리를 펴시는 것도 희유하고

⑨ 친·불친을 가리지 않고 이 세상을 온통 자기 집으로 아시고

⑩ 모든 중생들을 자기의 가족으로 알고 사시는 것도 희유하고, 이 모든 것이 희유하였습니다.

그러나 수보리는 또 의심합니다.

"이렇게 상을 여의고 바른 법을 닦는다 하더라도 과보는 면하기 어려운 것이 아닌가?"

"억지로 참는 것은 인욕이 아니다. 하나의 밀가루가 수제비가 되든 국수가 되든 하나인 줄만 알면 무엇으로 변하더라도 걱정할 것이 없다. 일체 유위법(有爲法)은 꿈과 같고, 환과 같으며, 물거품, 그림자, 이슬, 번개와 같기 때문이다."

하여 이렇게 27번 묻고 답변한 것이 〈금강반야바라밀다경〉이 된 것 입니다.

그래서 금강경은 무주(無住) · 무상(無相) · 무착(無着)의 보살경으로 모든 상과 견에서 벗어나야 제대로 된 보시 · 지계 · 인욕 · 정진 · 선정 · 지혜의 6바라밀을 실천할 수 있다 한 것입니다. 마치 우리 마음은 대나무 속처럼 비어 있으나 불면 소리가 나고, 밑 없는 배와 같아 형태가 없으나 그것을 타면 곧 생사의 바다를 건너갈 수 있는 배가 되므로 수보리는 여기서 철저히 깨닫고 허공과 같이 텅텅 빈 마음으로 티끌 속에 있으면서 천지를 싸고 하나 속에 있으면서도 전체를 감싸는 지공제일(知空第一) 수보리존자가 된 것입니다.

내가 1960년초 원주 불심사에서 절을 지어 낙성식을 하러 갔는데, 갈 때 서울에서 당시 동국대학교 이사장이신 기산 큰스님과 대학원장이신 권상로 박사님, 불교문화연구소 소장이신 김동화 박사님 등 쟁쟁한 학자와 법사님들을 모시고 갔습니다.

가서 보니 주지 강상준 스님은 전 월정사 주지스님인데, 이분은 제헌국회의원 이종욱 스님의 상좌로 오직 부처님 마음만을 의지하여 살겠다 하여 절 이름을 '불심사'라 지었다 하였습니다. 이종욱 스님은 동국대학교 이제창 교수님의 아버지로 잠시 몸이 불편하여 누워 계셨는데 사회자에게 부탁하였습니다.

"한국불교는 전래로 금강경을 소의경전으로 하고 있으니 오늘 이 자리에 오신 법사님들께서 골고루 한 말씀 하시고 가실 수 있도록 하라."

그래서 주제는 '금강경'으로 정하고 여덟 분의 법사스님께 말씀
드렸습니다.

"오늘의 주제는 금강경입니다. 여덟 분의 법사님들께서 5분씩
시간을 드리오니 알아서 법문해 주시기 바랍니다."

대중들은 흥분하였습니다.

"상하 양권 32분을 어떻게 5분씩 여덟 사람이 한단 말이냐. 오늘
법문이야 말로 부처님 이후 가장 희유한 법문이 될 것 같다."

합원대중이 귀를 기울이고 시간되기를 기다렸습니다.

"오늘 법문은 기산 대종사께서 먼저 테이프를 끊으시겠습니다.
모두 함께 일어서서 청법게를 해주십시오."

차경심심의(此經甚深義)
대중심갈앙(大衆心渴仰)
유원대법사(唯願大法師)
광위중생설(廣爲衆生說)

하고 나니 법상에 올라 계신 기산 큰스님께서
"금강반야바라밀다로다."
하고 내려 오셨습니다. 청법게까지 다하는 데 5분이었습니다.

"다음에는 대학원장 권상로 박사님입니다."
"금강경은 600부 반야경 가운데 577 번째 경전으로 무상(無相),
무주(無住), 묘유(妙有)로써 반야의 체·상·용을 밝힌 것이다."

"다음은 문화원장 김동화 박사님입니다."

"인도말을 중국에서 번역할 때 여러 스님이 번역하였는데, 쿠차국 구마라지바스님과 북위 보리유지, 진나라 진제스님이 번역한 것은 똑같이 이름이 금강반야바라밀이고, 수나라 달마굽다가 번역한 것은 이름이 금강능단반야바라밀경이며, 당나라 현장스님이 번역한 것은 능단금강경이고, 의정스님이 번역한 것은 능단금강반야바라밀경입니다. 그런데 그것을 양나라 무제의 아들 소명태자가 32분으로 나누어 유포하였습니다."

"다음은 전 해인사 주지셨고, 현 서울 사간동 법륜사 강사로 계신 변설오 스님 법문입니다."
"그동안 금강경을 해설한 사람이 전 세계적으로 8백여 분이 넘지만 중국과 한국에서는 함허득통선사가 지은 5가해 설의를 제1로 치고 있으니, 5가해는,
　① 6조혜능대사의 구결(口訣)
　② 야부도천선사의 원송(○頌)
　③ 예장종경선사의 제강(堤綱)
　④ 규봉종밀선사의 찬요(纂要)
　⑤ 쌍림부대사의 찬(贊)이 그것입니다.
청중은 쥐죽은 듯 조용했습니다.

"다음은 화운사 조실 김대은 스님의 법문이 되겠습니다."
"인도에서는 무착스님이 미륵보살에게 기도하여 80행 게를 얻으니 첫 구절은 '교호의응지(巧護義應知)'이고, 맨 끝 구절은 '득무구자재(得無垢自在)'인데, 무착스님은 그것을 읽고 6근이 6경을 의지하여 6식을 형성하여 살고 있으나 그 이름과 모양에 집착하면 참 삶이 될 수 없으므로 18주위(住位)를 형성하였고, 그의 동생 천

친은 수보리와 부처님과의 문답이 27번 왔다 갔다 한 것이 금강경
이므로 중생의 의심 27 가지를 끊어 준 것이 금강경이라 하여 27의
단(疑斷)으로 설명하였습니다.”

“다음은 불심원 원장 철운종사께서 법문해 주시겠습니다.”
“함허스님이 말씀하시기를,
‘여기 한 물건이 있으니
이름과 모양이 없으나
옛과 지금에 관통하고

티끌 속에 있으면서도
동·서·남·북·상·하를 다 싸고 있다
안으로 여러 가지 묘한 것을 담고 있으면서
밖으로 뭇 근기를 다스리고 있다.

3재의 주인이 되고 만법의 왕이 되어
탕탕하며 그 무엇으로도 비유할 수 없고
높고 높아 그에 짝할 이 없다 하였으니
싱그럽지 아니합니까.

고개를 수그리고 들 때마다 맑고 밝고
보고 들음에 그 소리가 은은하고
그윽하지 아니합니까.

하늘 땅보다도 먼저 하여 그 시작이 없고
하늘 땅보다도 늦게 하여 그 끝을 알 수 없다.

비었는지, 있는지
나는 그 까닭을 알 수 없다'
하였습니다."

"다음은 동국대 전준열 교수님께서 하시겠습니다."
"우리 부처님께서 저 한 개를 얻고 널리 중생들을 관찰하니 똑같이 가지고 있으나 어리석어 알지 못하고 있으므로 '기특하다' 찬탄하시고, 생사의 바다에 밑 없는 배를 띠우고 구멍 없는 피리를 불어 그 묘한 소리가 천지를 진동하니 귀머거리가 듣고, 마른 풀들이 거듭 살아나 대지함생이 각기 있을 곳을 얻게 되었다 하였습니다. 그러므로 지금 우리가 설하고 있는 금강반야바라밀경은 묘한 법음이 흐른 것이고 진리의 바다가 요동친 것입니다. 금강의 날카로운 칼로 아인의 숲을 헤치고, 지혜의 햇빛이 어두움을 밝히니 아공·법공·구공의 안개가 모두 개이게 되었습니다.

단상(斷常)의 구렁을 벗어나 진실의 세계에 오르니 만행의 꽃이 1승의 열매를 맺었습니다. 말과 말은 물 먹은 칼과 같고, 글과 글은 물을 뿌려도 불지 않습니다. 끝없는 법문을 유출하여 무수한 인천의 스승들을 배출하고 있으니 그들이 곧 대감능이요, 규봉밀이며, 야부, 종경, 부대사가 아니겠습니까!"

"자 그러면 끝으로 상준 주지스님께서 종결을 내리겠습니다."
"저의 스승 종자, 육자 대종사께서 이곳에 올라오지 못했으니 금강경 4구게를 스님 대신 읊어 드리겠습니다."
하고 다음과 같이 읊었습니다.

범소유상 개시허망 (凡所有相 皆是虛妄)

약견제상비상 즉견여래 (若見諸相非相 卽見如來)

모든 존재는 시간 따라 흘러가고
공간 따라 모였다 흩어지므로 허망하다.
그러나 그 허망한 것을 보아 아는 놈이 있으니
그것이 곧 여래다.

약이색견아 (若以色見我)
이음성구아 (以音聲求我)
시인행사도 (是人行邪道)
불능견여래 (不能見如來)

만약 색으로써 나를 보고
음성으로써 나를 구한다면
이는 삿된 길을 가는 사람
능히 여래를 볼 수 없다.

일체유위법 (一切有爲法)
여몽환포영 (如夢幻泡影)
여로역여전 (如露亦如電)
응작여시관 (應作如是觀)

일체 모든 법은
꿈과 같고 요술, 물거품, 그림자와 같으며
이슬, 전기와 같으니
마땅히 이렇게 보라.

이렇게 하여 40분 동안에 금강경 1권을 다 듣고, 불공 시식한 뒤 공양을 한 일이 있습니다. 실로 모든 경전은 종이나 먹으로 된 것이 아닙니다. 한 글자를 전개하지 않아도 항상 빛을 발하고 있는 것입니다.

아유일권경(我有一卷經)
불인지묵성(不因紙墨成)
전개무일자(展開無一字)
상방대광명(常放大光明)

나에게 한 권의 경이 있으니
종이와 먹으로 이루어진 것이 아니다.
한 글자도 전개하지 않으나
항상 큰 광명을 놓고 있다.

사위국기수급고독원에서 출토된 부처님

제27강 샷차까의 논전과 신통경연대회

1. 제1차 논전

부처님께서 마하와카아 숲 쿠타가라승원에 계실 때 여러 가지 생각을 가진 외도들이 웨살리국에 들어오면 릿차위 왕자들이 그들을 불러 논쟁하기를 좋아하였습니다.

하루는 500 가지에 능숙한 행각사문이 웨살리에 들어와 소문이 퍼졌는데, 또 다른 여자 외도사문이 500 가지에 능하여 논전을 펴기로 하였습니다. 7천명이 넘는 릿차위 왕자들이 한 장소에 모여 그들이 논전하는 모습을 보았으나 결국에는 결론이 나지 아니했습니다. 그래서 제안했습니다.

"두 분이 결혼하여 아이를 낳으면 1천 가지 견해를 가진 아들과 딸이 태어날 것이니, 그렇게 되면 두 분의 생활과 자식들의 교육비를 우리가 부담하겠으니 가정을 이룩하십시오."

그래서 두 사람은 결혼하여 아들 하나와 딸 넷을 낳았습니다. 딸들의 이름은 샷차, 롤라, 아파다리카, 빠팃차다였으며, 아들 이름은 싸찻까였습니다. 과연 자식들은 출생하여 모두 1천 가지 견해를 완성하고, 이곳저곳을 다니면서 논전을 벌였습니다. 그런데 그의 어머니는 딸들에게 일렀습니다.

"너희와 논전하여 이기는 남자가 있으면 결혼하되, 만일 출가사문이 이길 때에는 그의 제자가 되어라."

그런데 하루는 싸왓티시에 이르러 나뭇가지를 땅위에 꽂고 선전하였습니다.

"누구든 우리와 함께 논전을 벌일 사람이 있으면 나타나라."

싸리뿟따가 지나가다가 그것을 보고 나뭇가지를 뽑아 가지고 가니 아이들이 보고 삿차와 롤라에게 알렸습니다.

"부처님 제자 싸리뿟따가 나뭇가지를 뽑아 갔습니다."

"어느 곳에 계시느냐?"

"제타동산에 계십니다."

그들은 금녀의 집인 줄 알면서도 제타동산 급고독원으로 들어갔습니다. 싸리뿟따는 스님들과 장애 없는 장소에 자리를 정하고 승속 1만 명이 넘는 관중들이 보는 가운데서 논전을 벌렸습니다.

"무엇이고 물으시오."

4명의 여인들이 무엇이고 물으면 마치 양날을 가진 칼이 백합 줄기를 싹둑 싹둑 잘라 버리듯 거침없이 대답하였습니다. 그 질문이 네 여인들을 통틀어 1천 가지에 이르자,

"저희들은 더 이상 물을 말이 없습니다."

"그렇다면 내가 한 가지만 묻겠노라."

하고 싸리뿟따가 물었습니다.

"이 세상 모든 것이 모두 한 가지로 돌아가는데, 그 한 가지는 어느 곳으로 돌아가는가?"

“……”

답변을 하지 못하고 스스로 항복의 백기를 들었습니다. 그리고 말했습니다.

“우리 어머니께서 만약 스님들과 토론하여 지면 그 분의 제자가 되라고 하였습니다.”

“그러나 이곳은 비구스님들이 사시는 곳이니 저쪽 왕사 비구니 처소에 가서 마하빠자빠띠의 제자가 되라.”

하여 네 딸이 그곳으로 가서 부처님 제자가 되었습니다.

실로 비구니 교단에서는 대단한 실력자들을 얻은 것입니다. 500명의 비구니들이 출가하여 스님이 되었으나 고작 남자 스님들의 수행 방법을 흉내 내는 것에 불과하여 불법에 대한 별다른 흥미를 느끼지 못하고 있었는데, 일천 가지 견해를 가진 삿차와 롤라 형제가 들어옴으로써 새로운 학문에 눈을 뜨게 되었습니다.

한편 비구니 승단에 들어온 네 자매는 존경하는 싸리뿟따와 싸리뿟따의 스승 부처님이 함께 계시다는 말을 듣고 더욱 더 열심히 공부하여 새로운 경지를 개척하게 되었습니다.

2. 제2차 논전

그런데 외아들 삿차까는 웨살리 시민들로부터 성자 대접을 받으며 호화롭게 살고 있었는데, 하루는 밖에 나갔다가 부처님 제자 앗사지가 탁발하는 광경을 보았습니다. 삿차까가 서 있다가 앗사지에게 물었습니다.

“그대의 스승은 누구인가?”

"고따마입니다."

"무엇을 가르치는가?"

"무아법(無我法)을 가르치고 계십니다."

그 소리를 듣고 삿차까는 쾌재를 불렀습니다.

"지금까지 우리는 모든 것을 유아(有我)하다고 가르쳐 왔는데 저들은 무상 무아를 주장하고 있구나. 내 제자들을 거느리고 가서 코가 납작하게 만들어 주리라."

이렇게 생각하고 돌아와 7천명의 왕족들에게 선전하였습니다.

"아무 날 내가 석가모니를 보기 좋게 때려눕힐 터이니 누구고 와서 보시오."

이 선전을 듣고 7천명의 왕족들과 1만 명의 사람들이 모여 부처님이 계신 마하와나 승원으로 갔습니다. 부처님은 미리 아시고 마하와나 숲속에 들어가 대비정(大悲定)에 들어 있었습니다. 승원은 자리가 좁아 1만 명 이상이 앉기가 어려웠기 때문입니다. 삿차까는 그들 대중들과 함께 부처님을 찾아뵙고 문안한 뒤 적당한 장소에 앉아 물었습니다.

"고따마시여, 당신은 당신의 제자들에게 어떻게 가르치십니까?"

"5온은 무아하다고 가르친다."

"이 세상 모든 존재는 땅을 의지하여 있고, 땅은 산과 물, 그리고 하늘을 의지해 있는데, '내'가 없다면 모든 존재들이 무엇에 의지하여 살 수 있습니까?"

"불은 땅을 의지하고, 땅은 물을 의지하며, 물은 바람을 의지하여 존재하나, 바람은 여러 가지 원소가 모여 세력을 형성하고 있으므로 그 원소의 내력을 보면 결국 색은 무아한 것이다."

"감수작용, 상상작용, 의지작용, 분별작용도 마찬 가지입니까?"

"그렇다. 감각작용은 눈이 색을 보고, 귀가 소리를 듣고, 코가 냄새를 맡고 일어나는 것이지만, 그 소리와 냄새는 시시각각으로 변해가는 것이어서 그 속에 '나'라는 것이 들어 있을 수 없다."

"그렇지 않습니다. 색은 나에 의해 인식되고 소리와 냄새, 맛도 그러하기 때문에 '나'는 실제 존재하는 것입니다."

"그렇다면 색에게 명령해 보아라. '색아 이리 나오너라.' '색아 커졌다 작아졌다 해 보아라.' '왜 너는 예쁘고, 너는 예쁘지 않느냐?'"

삿차까는 가슴이 뜨끔하였습니다. 실제 그 색 속에는 내가 들어 있지 않기 때문입니다.

"왜 말이 없느냐? 소리와 냄새, 맛, 감촉과 생각도 마찬 가지이다. 진실로 그 속에 내가 들어있다면 명령하는 대로 움직여야 할 것이 아닌가!"

삿차까는 그만 코가 댓자나 빠졌습니다. 부처님은 기회를 놓치지 않고 다시 한 번 물었습니다.

"삿차까여, 색은 영원한가, 무상한가?"

"무상합니다."

"무상한 것은 괴로움인가, 즐거움인가?"

"괴로움입니다. 저는 그 동안 허상에 빠져 있었습니다. 그러나 이제 새로운 방법으로 공부하여 외딴 곳의 중생들을 빠짐없이 제도하겠습니다. 저의 공양을 받아주십시오."

그리하여 그곳에 모인 모든 사람들은 이튿날 삿차까가 내는 공양에 동참하여 복된 자리가 되었습니다. 그때 릿차위의 왕자 담무까가 비유를 들어 말했습니다.

"연못 속에 사는 게 한 마리가 자신의 모습을 자랑하기 위해 나왔다가 동리 아이들에게 잡히어 한발 한발 발이 모두 떨어져 나가고, 몸통까지 부서져 버렸습니다."

"담무까야, 한 번의 실수는 병가상사라 하지 않더냐. 삿차까의 실수도 이것이 기초가 되어 장차 200년 뒤에는 스리랑카에 가서 태어나 깔라붓다 락카타난 장로가 되어 라자동굴에서 안식일을 보내고 있는 티싸왕을 제도할 것이다."

그래서 그들은 삿차까를 업신여기지 않고 본당으로 돌아와 스승의 예를 극진히 하였습니다.

위차위 왕자들도 이렇게 승부의 관념에 빠져 나라가 망할 때까지 그 관념을 버리지 못하였으며, 불법을 믿어도 건성으로 믿어 실속이 없었습니다. 지금도 웨살리에는 부처님의 사리탑지가 있고, 부처님께서 법문하시던 자리가 있으나 주민들이 직접 신행단체를 모아 신행하는 곳은 그리 많지 않습니다. 단지 일본불교의 영향으로 원숭이 강변 옆에 큰 선방이 만들어져 국제적인 수행자들이 모여 있을 뿐입니다.

그러나 웨살리에서 제2회 불전결집이 이루어졌고 또 유마거사의 생활불교가 싹을 텄기 때문에 새 시대 새 불교가 거기서부터 시작되지 않았는가 기대하는 사람들이 많습니다.

3. 부처님의 유행과 포교

부처님은 웨살리에서 다섯 번의 안거를 마치고 아쿨라 산을 향해 떠났습니다. 부처님께서 여행을 하는 경우는 크게 두 가지로 나누나, 실제는 세 가지 경우로 나누어 설명합니다.

첫째는 급히 제도할 사람이 있으면 거리의 원근(遠近)을 따지지 않고 속행(速行)하는 경우이고 둘째는 안거를 마치고 다른 장소로 떠날 때 대중스님들과 같이 천천히 걸어가면서 인연 있는 중생들을 제도하는 방법입니다. 대개 이렇게 여행하실 경우 하루에 4km에서 8km를 걸어가셨습니다. "비구들아, 세상의 평화와 번영 행복을 위해서 유행하라. 옷과 발우, 음식, 약을 구하기 위해 유행 할 수도 있으나 진실로 중생을 어여삐 여기고 불쌍히 여겨 그들을 찾아본다면 기본적인 음식은 저절로 생길 것이니 미리부터 걱정하지 말라."

다시 세 번째 방법이란 ① 마하만달라 ② 맛지마만달라 ③ 안토만달라 입니다.

첫째 마하만달라는 가장 넓은 영역을 이르는 여행입니다. 대개 그때 당시 안거는 5~6월부터 9~10월까지 우기 석 달을 거친 뒤 9~10월 보름날이 되면 자자의식을 거행하고, 그 이듬해 5~6월까지 9개월간 약 좌우로 300요자나 900리 길에 해당하는 장소의 주민들이 부처님을 뵙고 공양하고 문답할 기회를 가집니다.

때로 한 마을의 능력으로는 부처님과 많은 부처님 제자들의 공양이 불가능할 때는 이웃 두세 마을이 합하여 공동으로 공양을 올리고 법문을 듣는데, 거기에는 가난한 사람, 부유한 사람의 차별이 없었습니다. 모두가 뜻을 모아 공동으로 공양하기 때문에 평등공양이 됩니다.

둘째 맛지마 만달라는 중간 정도 큰 지역을 여행하는 일인데, 함께 공부하던 사람들이 아직 확실하게 깨달음을 얻지 못했을 때 그 공부를 깨뜨리지 않게 하기 위해서 여행기간을 줄이는 것입니다.

그러니까 이것은 출발 자체가 늦기 때문에 많이 가야 600리 정도 여행하는 것입니다.

셋째 안토만달라는 수행자의 수행 진도가 가장 더딘 사람들이 많을 경우 안거 해제를 두 달 내지 석 달 늦게 하여 마하만달라의 3분의 1 정도 밖에 유행하지 못하는 것입니다.

그런데 유행할 때 부자들은 별도로 청하여 공양하기도 하지만, 여러 마을이 합동으로 공동 공양함으로 공동복전이 되기도 하고 또 병든 이나 호적도 없는 거리의 천사들이 일년 내내 저축한 돈으로 공양을 하여 마음속에 한을 푸는 자들도 많았습니다.

특히 오랫동안 병을 앓다가 부처님이나 스님들을 뵙고 위안을 받아 병이 낫는 경우도 있고, 기다리고 있다가 임종을 하거나 스님들의 독경 소리를 듣고 해탈하는 경우도 있었습니다.

그래서 사람들은 조상들의 천도와 자손들의 축복을 위해 스님들의 만달라행을 고대하는 사람들이 많았고, 어떤 사람들은 만사를 제치고 5, 6개월씩 스님들을 따라 다니면서 수행하는 사람들도 있었습니다.

4. 마쿨라산에서 여섯 번째 안거

마쿨라산은 바닷가에 위치한 경치가 좋고 또 주위가 벚꽃나무 숲으로 둘러 싸여 공부하기에 좋은 곳이었습니다. 이곳 수행지에서 안거할 때는 저녁 늦게 천신들이 몰려와서 법문을 듣고 갔기 때문에 일반적으로 인간사회에서 이루어지는 일은 없었습니다.

한때 여기서 안거를 마치고 라자가하로 갔는데, 그곳의 어떤 부호가 갠지스강가로 물놀이를 갔다가 커다란 백단향 나무가 떠내려 오는 것을 주워 가지고 와서 발우 하나를 만든 뒤 50m가 넘는 높은 대나무 끝에 올려놓고,

"누구든 신통이 있는 이는 이것을 가져가라."

하였습니다. 그는 생각하기를,

"지금 이 세상에는,

① 백 번째 노비로 태어난 푸라나 카샤파

② 꼬살라 마을 마구간에서 태어난 막칼리 고살라

③ 사람의 머리털로 짠 옷을 입고 다니는 아지타 케사캄발라

④ 캇차야지나 출신 팟쿠다 캇차나

⑤ 벨랏타의 아들 산자야 벨랏타 풋타

⑥ 번뇌를 부정하는 니칸타 나타풋타 등 유명한 사람들이 많은데, 신통이 있는 자라면 누구든지 저 그릇을 가져가라."

소문이 퍼지자 6사 외도의 제자들이 몰려와서 여러 가지로 변명하며 자기 스승을 위해 그 발우를 달라고 사정하였으나 부호는 막무가내였습니다. 제6일이 지나 제7일째 되는 날 목갈라나 존자와 핀돌라 존자가 탁발하러 갔다가 이 소문을 듣고 서로 권했습니다.

"다른 사람이 할 수 없다면 우리가 한 번 해 볼까요. 저 사람들이 모두 가짜 아라한 밖에 없다고 말하는데 한번쯤은 본때를 보이는 것이 필요치 않을까!"

"그래. 자네가 한번 해보게."

"그래도 부처님께서 인정하신 신통제1 목건련존자께서 해 보시지요."

"나는 이미 잘 알려진 사람이니 알려지지 아니 한 사람이 한 번

해보라고."

그리하여 핀돌라 존자가 먼저 입선하여 제4선의 경지에 들어간 뒤 자신이 딛고 있는 돌판을 높이 떠오르게 한 뒤 4방으로 2km 이상을 세 바퀴 돌고나서 발우를 가지고 내려왔습니다.

사람들은 바위가 땅위로 떨어지면 집이나 소, 사람이 그대로 박살이 난다고 들판으로 나가는가 하면 들판에서 집으로 들어오는 사람들로 온 동네가 엉망진창이 되었습니다. 그래서 핀돌라는 발우를 가지고 부처님께 자랑스럽게 바쳤습니다. 발우 속에는 1근도 넘은 황금 덩어리가 들어 있었습니다.

그러나 부처님께서 경계하셨습니다.

"물론 주인이 허락한 것이니 가져온 것은 잘못된 것이 아니나, 사람들이 스님들만 보면 '신통력을 한번 보여달라' 사정할 것이니, 너와 같이 신통력을 부리는 사람은 상관없지만 그렇지 못한 사람은 어떻게 할 것이냐. 그러니 앞으로는 기적을 나타내지 말라."

"그렇습니다, 부처님. 불교 공부를 하는 것은 생사로부터 해탈하는 데 목적이 있는 것이지 신통을 부리는 데 목적이 있는 것이 아니나, 초심자들이 보면 나도 신통을 부리는 것을 공부하겠다고 본래 목적을 망각할 염려가 있으니 다시는 신통력을 나타내지 않겠습니다."

하고 발우와 금을 다시 본래의 주인집에 가져다주었습니다.

원래 이 외도는 종교를 신앙하지 않고 종교를 오히려 무시하고 있던 사람인데, 핀돌라의 신통력을 보고,

"저렇게 어린 제자들도 신통력을 부리는데 하물며 선각적인 선배들과 교주 석가모니 부처님이야 말 할 수 있겠는가."

하고 1250명을 초청하여 공양하였습니다.

그러나 부처님께서 제자들에게 신통력을 금지하였다는 말을 듣고 외도들이 쾌재를 부르자 빔비사라왕이 물었습니다.

"세존님, 어찌하여 제자들에게 신통력 부리는 것을 금지하셨습니까?"

"신통력은 바른 도가 아니기 때문입니다. 신통력은 일개 기능으로 6감 중 한두 가지 기관에 정신을 통일하여 나타낸 것이므로 생사의 대사를 해결하는 것과는 관계가 없습니다. 사람들이 목적지에 가다가 중간에 구경거리가 있다하여 길을 가지 않는다면 목적지에 도달할 수 있겠습니까. 그리고 신통력이 있다고 남의 밭에 들어가 과일을 마음대로 따 먹는다면 임금님께서는 허락할 수 있겠습니까?"

"아니 될 일이지요."

"그래서 금지한 것입니다. 만약 꼭 한번 해야 할 일이 있으면 제자들에게 금지했으니 할 수 없고, 내가 한번 보여드리겠습니다."

이 소문을 듣고 외도들은 부처님께서 싸왓티로 가신다는 말을 듣고 싸왓티 임금님께 건의하였습니다.

"요즘 여러 가지 종교가 비온 뒤 죽순처럼 나타나 세상을 시끄럽게 하고 있으니 한번 신통 경연대회를 열어 거기서 성공한 사람을 우대하기로 합시다."

"좋은 생각입니다."

그래서 빠쎄나디왕은 칸담바 망고나무 동산에서 기적경연대회를 개최하기로 하고 수백 개의 천막을 쳤습니다.

부처님께서 오시자 물었습니다.

"부처님, 진짜 신통력은 있는 것입니까?"

"신통에서 신(神)이란 사람들의 마음이고, 통(通)이란 천신의 지혜를 말하니, 누구나 천신처럼 착한 마음을 가지고 정사(正邪)를 가릴 수 있는 지혜가 있으면 가능합니다."

"그러면 그런 신통력에는 몇 가지가 있습니까?"

"천안통, 천이통, 타심통, 숙명통, 여의통, 누진통 등 여섯 가지가 있습니다.

첫째 천안통(天眼通)은 육도중생의 생사고락과 일체중생의 갖가지 모습 및 장애의 유무를 아는 것이고,

둘째 천이통(天耳通)은 육도중생의 고통 하는 소리, 즐겁고 기뻐하는 소리를 멀고 가까움에 관계없이 다 아는 것이고,

셋째 타심통(他心通)은 중생들이 마음속으로 생각하고 있는 것을 미리 아는 것이고,

넷째 숙명통(宿命通)은 전생에 무슨 일을 해서 금생에 이런 과보를 받고 있는 것을 아는 것이고,

다섯째 여의통(如意通)은 몸이 크고 작은 것을 마음대로 하여 날새처럼 날아 산과 바다를 마음대로 유행하는 것이고,

여섯째 누진통(漏盡通)은 세상의 온갖 견해와 생각을 깨달아 다시는 이에 미혹하지 아니함으로 아라한처럼 무생의 법을 증득하는 것입니다."

"그렇다면 이것을 한번 보여 어리석은 중생들을 깨우쳐 줄 수 있도록 하옵소서."

하여 약속한 날 망고나무 동산에 가시게 되었습니다.

수천 명의 사람들이 지정된 장소에 모이자 6사외도로 부터 하나하나 신통을 보이기 시작하였습니다. 어떤 분은 몸에서 연기를 피

우고 불과 물을 나타내고, 비둘기 담배를 꺼내서 구경 온 사람들께 나누어 주었고, 어떤 분은 하늘로 높이 올라 걷기도 하고 눕기도 하며 거꾸로 서기도 하고, 어떤 이는 물속을 가르고 물 위를 걷기도 하고, 어떤 이는 빵 하나를 가지고 수천 개의 빵을 만들어 모든 사람에게 나누어 주기도 하며, 어떤 이는 깨진 유리 위에서 맨발로 걷고 물동이를 이고 작두 위를 걸었으며, 어떤 이는 핀돌라처럼 바위 덩어리를 밟고 신통력을 나타내어 광장을 세 바퀴 돌아 박수갈채를 받기도 하였습니다.

그런데 그때 빠쎄나디 임금님께서 망고 하나를 부처님께 드리면서 잡수시고 마음대로 해 보라 하였습니다. 그러자 부처님은 망고를 잡수시고 그 씨를 손바닥 위에 올려놓고 응시하니 손바닥 위에서 망고 씨가 싹이 터서 2, 3m 자랐습니다. 부처님께서 명령하였습니다.

"이 나무를 저곳에 심으면 석 달 후에는 열매가 열려 먹을 수 있을 것이다."

이를 본 사람들은 모두 놀라 "석가모니불·석가모니불"을 하며 서로 가까이 와서 만지려 하였습니다. 그때 제타 동산에는 1천 명의 부처님의 화신이 나타나 누구나 부처님을 만지면서 대화할 수 있었습니다.

그때 제석천왕과 대범천왕이 와서 말했습니다.

"부처님, 중생들 하자는 대로 하다가는 가루도 남지 않게 되어 있습니다. 이 순간 도리천에 올라가 어머니를 제도하도록 하십시오."

그리하여 마쿨라산에서 모습을 감추고는 3개월 후에 북인도 상카시아로 내려오시니, 그래서 45회 안거 중 유일하게 천상 안거가 제7 번째 있게 된 것입니다.

제28강 도리천궁의 마야부인

도리천은 욕계 6천중 제2천으로 33천이라고 부릅니다. 남섬부주 위 8만 유순 되는 수미산 꼭대기에 있습니다. 중앙에 선견성이란 큰 성이 있는데, 4면이 8만 유순씩 되는 큰 성이 있고, 이 속에 제석천왕이 살고 있습니다. 매 반달마다 선법당에 모여 법답고 법답지 못한 일을 평론합니다. 이곳 사람들의 키는 1유순이고, 옷의 무게는 6수(鉄)이며, 수명은 1천세이고, 이곳의 1주야는 인간의 100세가 됩니다.

마야천녀는 산투시타 천신으로 이미 천당 사람이 되어 전생 일을 잘 알므로,

"내 아들 싯다르타가 훌륭한 부처님이 되어 여기까지 왔구나."

찬탄하면서도 법문을 듣고 깨달음을 얻을 생각은 하지 않았습니다. 그래서 부처님께서 입으로부터 한량없는 광명을 놓아 지장보살을 불렀습니다. 마야부인이 물었습니다.

"보름달 같은 얼굴에 바다와 같이 맑고 깨끗하신 손 안에 구슬은 3천대천 세계를 비춥니다. 똑같은 여자인데 머리를 깎고 법장을 집고 있는 것은 무슨 까닭입니까?"

“고통 중생들을 건지기 위해 지옥에서 교화를 펴고 있습니다.”

하고 지옥의 참상을 낱낱이 설명하였습니다.

“염부제 동쪽 철위산(검은산) 밑에는 대아비(무간)지옥을 중심으로 4각지옥·비도지옥·화전·협산·통창·철거·철상지옥 등 무수한 지옥이 있는데, 그들이 과보를 받는 것은 말로 다할 수 없습니다. 동으로 가도 벽이고 서로 가도 벽이고 남북·상하가 온통 벽으로 되어 나아갈 문이 없는데 호랑이, 늑대, 사자 등이 쫓아오면 이리저리 도망 다니다가 잡혀먹고 하늘에는 길이 없고 허공에서는 화살이 몸뚱이를 꿰뚫어 불을 냅니다. 철로 된 수레가 그 위로 갈고 가면 나중에는 두 산이 합쳐져 흔적도 없어져 버리는데 이렇게 하루에 만 번 죽었다가 만 번 살리기 때문에 숨을 제대로 쉬지 못하고 삽니다.”

마야부인은 이 말을 듣고 눈물을 흘리며,

“나도 중생들의 길잡이가 되어야겠다.”

하고 즉시 화엄경 53선지식 가운데 한 분(마야부인 천주광)이 되어 구도중생들의 길잡이가 되고 있습니다.

부처님께서 말씀하였습니다.

“어머니 마야부인이시여, 보리심을 발하십시오. 내 마음이 부처인 것을 믿고 남의 마음도 부처인 것을 믿되 한 생각으로 지혜를 개발하여 마음에 동요가 일어나지 않게 하옵소서. 항상 깨닫는 마음에서 물러나지 않으면 진리를 수호하고 세상을 보살피는 마음이 청정한 계심(戒心)으로 큰 원을 세우게 될 것입니다.”

나 또한 옛날에 세간을 먼저 여의고 머물 데 없이 머물며 6처를 벗어나 온갖 애착을 벗어버리고 깨끗한 법신을 형성하여 환(幻)과 같은 몸을 나타내고 있으나 중생들의 고통 하는 소리만 들으면 눈물이 저절로 납니다.

"참되고 한결 같은 마음이 이치대로 살아가려면 어떻게 해야 되는지요?"

"항상 법을 관하되 허공처럼 그 마음을 깨끗하게 하여 귀한 사람이 되어야 합니다. 만 가지 선행을 닦아 세상 사람들이 편리하게 살아갈 수 있도록 복과 지혜를 구족하고 바른 마음에서 물러남이 없이 천진한 마음으로 마치 관정을 받은 왕자가 임금님의 행을 본받아 가는 것 같이 조심스럽게 나아가야 합니다."

"그렇게만 된다면 누구나 환희심으로 세상을 살아갈 수 있겠군요."

하고 3개월 동안 천인들을 교화하는 부처님의 법문을 들었습니다.

이때 부처님께서 지장보살에 대한 이야기를 들려 주셨습니다.

"지장보살은 과거 무수겁 전에 한 장자의 아들이 되어 천복만복(天福萬福)을 꽉 채우신 사자분신구족만행여래 부처님을 뵙고,

'나도 저와 같은 상호를 구족하였으면 좋겠다.'

하자

'그렇게 하고자 하면 6도중생을 빠짐없이 구제하라.'

하였습니다. 이에 서원을 세웠습니다.

'미래세가 다하도록 헤아릴 수 없는 중생을 다 제도하고 불도를 이루겠습니다.'

그래서 그 모습이 구족만행여래와 꼭 같이 되었습니다.

또 옛날 옛적 각화정자재왕여래가 세상에 출현하였을 때 어머니께서 3보를 믿지 않고 삿된 마음으로 정법을 비방하는 것을 듣

고 바른 신앙을 권유하였으나 듣지 않고 있다가 죽어서는 무간지
옥에 들어가 있었습니다.

　딸이 어머니를 생각하고 각화정자재왕여래 불상이 모셔진 절에
가서 지극한 마음으로 정성을 드렸더니 허공에서 소리가 났습니
다.
　'너희 어머니를 만나고 싶거든 집에 가서 단정히 앉아 각화정자
재왕 부처님 이름을 부르면 알 수 있을 것이다.'
　성녀는 즉시 공양을 올리고 집에 가서 각화정자재왕여래의 불
명을 부르니 갑자기 몸이 떠 어떤 바다에 도착하였는데 끓는 바닷
물 속에서 사나운 짐승들이 무엇인가를 건져 먹는데 자세히 살펴
보니 죄인들이었습니다. 무서워 눈을 가리고 있으니 무독귀왕이
와서 물었습니다.
　'그대는 누군가?'
　'남섬부주에서 어머니를 구제하러 온 바라문녀입니다.'
　'그대 어머니 이름은 무엇인가?'
　"아버지는 사라선이고, 어머니는 열제리입니다."
　'그렇다면 걱정할 것 없다. 성녀께서 불전에서 기도하던 날 아침
고통 받던 중생들과 함께 이고득락(離苦得樂) 하였다.'
　그리하여 그 뒤로부터
　'저들 모든 중생을 제도하기 전에는 성불하지 않겠습니다.'
　하고 지옥 문전을 전전하며 교화를 펴고 있습니다."
　"그러면 그 많은 중생들을 혼자서 교화하고 있습니까. 아니면
성녀와 연관이 있는 권속들이 있습니까?"
　"석가모니 부처님께서 제도하다 남은 여러 악습중생을 제도하
기 위하여 갖가지 방편으로 교화하고 있는 나의 권속들이 수를 헤

아릴 수 없습니다. 남자, 여자, 천, 귀신, 산림, 용, 천원(川源), 하수(河水) 등이 똑같이 부처님의 원력을 가지고 악업중생들을 제도하고 있습니다.”

“성자시여, 사바세계 지은 중생들의 업에는 어떤 것이 있습니까?”

“부모님께 불효하고 형제간에 불화하여 부처님도 믿지 않고 3보를 비방, 경전을 존경하지 않고 상주들을 침범하고 스님들께 누명을 씌우고 절 안에서 사악하고 도둑질하고 거짓말한 것에 대해서는 말로 다할 수 없습니다.”

그때 부처님께서 지장보살을 찬탄하였습니다.

“지장보살에게는 3덕 7지의 덕이 들어 있습니다. 3덕이란 지덕(智德), 단덕(斷德), 은덕(恩德)을 말하는데 ‘지덕’이란 옳고 그름을 판단하지 못하고 있을 때 여러 가지 지혜로써 정·사(正·邪)를 판단하여 배은망덕하지 않게 하고 ‘단덕’이란 영원히 악을 끊고 선덕을 형성하게 하는 것이고 ‘은덕’이란 천지, 자연, 부모, 일가 친척의 은혜를 알고 갚게 하여 세상의 업을 가볍게 해주는 것입니다.

그리고 7지의 뜻은

첫째 땅이 능히 만물을 성장시키듯 일체 중생을 설법으로 성장시키고

둘째 토지가 모든 생물을 섭수하듯 묘한 법으로 깨달음의 성품 나오게 하고

셋째는 큰 산이 흙과 들을 그곳에 실어 꽃을 피우고 열매를 맺게 하듯 중생들을 고통의 바다에서 실어 저 언덕에 이르게 하고 있습니다.

넷째 온갖 토지가 만물을 생장하듯 지장보살은 모든 선행을 통해서 일체중생을 안고 있으며

다섯째 온갖 흙이 일체 만물을 지속적으로 이끌어 가듯 지장보살은 불퇴의 정진으로 일체만물을 유지시키고 있고

여섯째 토지가 만물의 의지처가 되듯 일체 만물의 의지처가 되고

일곱째 땅의 성품이 원래 견고하여 어떠한 바람에도 흔들림 없듯 그 심성이 다이아몬드와 같아 어떤 것에도 무너지지 않으면서도 어떤 악도 모두 끊어내는 능력을 가지고 있습니다.

그때 염라왕 중 10대 명왕이 나타나 말했습니다.

"사바세계 중생들은 가만히 놓아두면 시간과 공간속에서 죄악을 지으니 염라국에서는 10재 일을 만들어 각기 해당되는 중생들이 그 중 반이라도 선행을 실천하도록 하고 있습니다.

정월 5월, 9월의 초하루 보름에는 도살을 금하고 채소음식을 먹으며 독경 염불하게 하는데 이날은 각 지옥의 사졸들이 업경대(業鏡臺)를 가지고 사바세계를 유행하며 그 선악을 판단하기 때문입니다. 말하자면

1 일은 정광부처님 재일이니 도산(刀山) 지옥 진광(秦光)대왕의 원불(願佛)이고,

8일은 약사부처님 재일이니 화탕(鑊湯) 지옥의 초강(初江)대왕의 원불이며,

14일은 현겁천불(賢劫千佛)이니 한빙(寒氷) 지옥 송제(宋帝) 대왕의 원불이고,

15일은 아미타불(阿彌陀佛)이니 검수도산(劍樹刀山)지옥 五관(官) 대왕의 원불이다.

18일은 지장(地藏)보살이니 발설(拔舌)지옥 변성(變成) 대왕의 원불이고,

23일은 대세지(大勢至)보살이니, 독사(毒蛇)지옥 태산(泰山) 대왕의 원불이고,

24일은 관세음(觀世音)보살이니, 탑추(剎碓) 지옥 태산(泰山) 대왕의 원불이며,

28일은 노사나(盧舍那) 부처님이니, 해거(解鋸)지옥 평등(平等) 대왕의 원불이고,

29일은 약왕(藥王) 보살이니 철상(鐵床) 지옥 도시(都市)대왕의 원불이며,

30일은 석가부처님이니 흑암(黑暗) 지옥 五도전륜(道轉輪)대왕의 원불이다.

제1, 진광대왕에게는 경오(庚午), 신미(辛未), 임신(壬申), 계유(癸酉), 갑술(甲戌), 을해(乙亥)생이 해당되니 그들은 마땅히 매월 초 하룻밤 정광불을 섬기고 부처님 이름 천 번씩을 부르면 도산지옥을 면한다 하였고,

제2, 초광대왕께서는 무자(戊子), 기축(己丑), 경인(庚寅), 신묘(辛卯), 임진(壬辰), 계사(癸巳)인이 해당되니 8일날 약사부처님을 섬기고 염불하면 화탕지옥을 면한다 하였으며,

제3, 송재대왕에게는 임오(壬午), 계미(癸未), 갑신(甲申), 을유(乙酉), 병술(丙戌), 정해(丁亥)생이 해당되니 14일 현겁천불을 섬기고 염불하면 한빙지옥을 면한다 하였고,

제4, 五관대왕에게는 갑자(甲子), 을축(乙丑), 병인(丙寅), 정묘(丁卯), 무진(戊辰), 기사(己巳)생이 해당되니 15일 아미타불을 섬기고 염불하면 칼날지옥을 면한다 하였고,

제5, 염라대왕에게는 경자(更子), 신축(辛丑), 임인(壬寅), 계묘(癸卯), 갑진(甲辰), 을사(乙巳)생이 해당되니 18일 지장보살을 섬

기고 염불하면 발설지옥을 면한다 하고,

제6, 변성대왕에게는 병자(丙子), 정축(丁丑), 무인(戊寅), 기묘(己卯), 경진(庚辰), 신사(辛巳)생이 이에 해당하니 23일 대세지보살을 섬기고 염불하면 독사지옥을 면한다 하였고,

제7, 태산대왕에게는 갑오(甲午), 을미(乙未), 병신(丙申), 정유(丁酉), 무술(戊戌), 기해(己亥)생이 해당되니 24일 관음보살을 섬기고 염불하면 탑추지옥을 면한다 하였고

제8, 평등대왕에게는 병오(丙午), 정미(丁未), 무신(戊申), 기유(己酉), 경술(庚戌), 신해(辛亥) 생이 해당되니 28일 노사나부처님을 섬기고 염불하면 해거지옥을 면한다 했으며,

제9, 도시대왕에게는 임자(壬子), 계축(癸丑), 갑인(甲寅), 을묘(乙卯), 병진(丙辰), 정사(丁巳)생이 해당되니 29일 약왕보살을 섬기고 염불하면 철상지옥을 면한다 하고,

제10, 五도전륜대왕에게는 무오(戊午), 기미(己未), 경신(庚申), 신유(辛酉), 임술(壬戌) 생이 해당되니 30일 석가모니 부처님을 섬기고 염불하면 흑암지옥의 고통을 면한다 하였습니다.

당장 깨달음을 얻게 하지 못한다 할지라도 선을 권하고 악을 징벌하면 어리석은 마음은 굴려 지혜로운 사람이 되기 때문입니다."

지장보살이 찬탄하였습니다.

세존차일기염라(世尊此日記閻羅)
불구당래증불타(不久當來證佛陀)
장엄보국항청정(莊嚴輔國恒淸淨)
보살수행항청정(菩薩修行恒淸淨)

세존께서 옛날 염라대왕께 수기하시기를

오래지 않아 부처가 되어
항상 깨끗한 보배나라를 장엄하고
맑은 보살들과 수행한다 하셨는데
진실로 이를 두고 하신 말씀 같습니다.

1. 앙쿠라 천신과 인다카 천신

그때 앙쿠라 천신과 인다카 천신이 그곳에 와서 법문을 듣고 말했습니다.

"저는 옛날 우파사카라 왕자와 데와갑바공주의 막내 아들로 10명의 형들에게 면제받은 세금으로 보시행을 행하여 이곳에 태어났습니다. 그리고 저 인다카 천신은 아니룻다 대장로에게 쌀밥 한 그릇을 공양한 인연으로 열 가지 특징을 가진 천신이 되어 있습니다.
같은 천인이지만

① 천상의 색,
② 천상의 소리,
③ 천상의 냄새,
④ 천상의 맛,
⑤ 천상의 감촉,
⑥ 천상의 수명,
⑦ 천상의 권속,
⑧ 천상의 용모,
⑨ 천상의 부유,
⑩ 천상의 권력이 누구보다도 뛰어났습니다.

　그런데 앙쿠라 천신은 어느 곳에 가더라도 자기 자리를 힘없는 사람들에게 내주어 편의를 제공하였기 때문에 여기서도 뒤에 오는 사람들에게 자리를 내주어 12요자나나 떨어져 있었습니다. 그래서 부처님께서 물었습니다.

　"그대는 어찌하여 멀리 떨어져 가는가?"

　"아닙니다. 나는 암흑에서 불교를 믿어 다른 사람들에게 자리를 양보함으로써 불법을 가까이 할 수 있었고, 인다카는 설법공양을 하여 직접 부처님의 배를 채우게 하였으니 차별이 있지 않겠습니까?"

　"그렇습니다. 같은 씨앗이지만 기름진 땅에 심는 것과 거친 땅에 심는 것이 이렇게 차이가 있는 것이니 장차 그대들의 덕과 믿음이 모든 중생들에게 큰 본이 될 것입니다."

　앙쿠라 천신과 인다카 천신은 부처님께서 이와 같은 법문을 주고받는 그 자리에서 예류과(수다원) 성자가 되었습니다.

제29장 상카시아의 불교

1. 연화색 비구니의 공계 영접

이렇게 부처님께서 3개월간 도리천에 계시다가 싸리뿟따의 청을 받고 북인도 상카시아로 내려오니 16대국 가운데 8대국 임금님들과 이름난 제자 장자 거사들이 모여 있었습니다. 금계단과 은계단, 옥계단을 타고 제석천왕과 대범천왕의 시중을 받으며 내려오니 수많은 천중들이 따라와서 상카시아 일대가 전부 계단으로 형성되었습니다. 이것은 뒤에 아쇼카왕이 주위를 판 결과 4방 8km가 모두 계단으로 된 것을 확인하고 4방 2km 이내에 비석을 세우고 초막(草幕)을 형성한 것이 지금까지도 보호되고 있는 것으로 보아 알 수 있습니다.

그런데 그때 연화색 비구니가 큰 스님들 앞에 제석의 형태로 가장하고 나타나 있자 부처님께서 꾸짖었습니다.

"그대가 어찌하여 큰스님들 앞에 서 있는가!"

깜짝 놀란 연화색 비구니는 물러서면서 곧장 쓰러졌습니다. 부처님께서는 모두 자리를 정돈하여 앉도록 하고 자신은 뒤 연못에 가서 목욕을 하고 오셨습니다. 천당의 향기와 지상의 향기가 달라 가까이 맡으면 충격을 받기 때문입니다. 부처님께서 목욕하는 사이 연화색 비구니도 몸이 회복되어 7백 명 비구니 회중 가운데 앉아 있었습니다.

2. 불상과 불화의 유래

그때 마가다국 빔비사라왕이 인사를 하고 말씀 드렸습니다.

"거룩하신 세존님. 그동안 먼 거리 여행에 피곤하지 않으셨습니까. 저희들은 너무도 부처님을 뵙고 싶었습니다. 그래서 우진국왕은 전단향 나무로 부처님 키와 꼭 같은 상호로 부처님 상을 조성하여 아침 저녁으로 예배드리고 공양하였으며 저는 비단 위에 그림을 그려 모셨습니다."

하고 그 불상과 불화를 내 놓으니 부처님께서는 간단히 점안의식을 하였습니다.

"전단나무로 만든 중생상이라 얼굴은 다르고 모양 또한 다르지만 똑같이 훈기(薰氣)를 내어 시방세계에 5분신을 나투리. 육안을 성취하고 천안·혜안·불안·법안·10안·천안·무진안을 형성하고 청정·원만심을 구족하며, 천안통·천이통·타심통·신경통·숙명통·누진통·신통력·용맹력·자비력·보살력·여래력을 성취하여 미래 중생들의 의지처가 되어 만 중생을 제도하라."

하고,

개안광명진언

"옴 작수작수 사만다 작수미수다니 사바하"

안불안진언

'옴 살바라도 마하리니 사바하'

를 외우시니 불상과 불화가 그대로 산 부처님 같이 눈빛이 청정하고 원만하여 온 몸에서 5분향기를 풍겼습니다.

조상경에서는 이것이 불상과 불화의 유래라 하고 있습니다. 그런데 파키스탄에서는 유럽 마케도니아 알렉산더대왕이 인도에 왔다가 암비대왕의 후원을 받아 죽을 고비를 겪고 그 은혜를 보답하기 위해서 암비임금님이 신앙하는 불교의 교주를 태양신 머리위에 앉혀 불상이 조성되었다고 합니다. 그리고 그는 태양신의 날개로 모자를 만들어 쓰고 위태천신의 모습으로 39위 신장의 맨 앞에 나타나 불법을 호위할 것을 선언함으로써 신장탱화 맨 앞에 그 상을 그리게 되었다 합니다.

원래 불교는 무상(無常) 무아(無我)를 중심으로 하였으나 빔비사라임금님의 신앙심과 우진국왕의 공경심 때문에 불상불화가 생기고, 알렉산더대왕의 그리스문화와 오리엔탈문화를 복합시킨 헬레니즘문화를 형성하여 만인동포관, 세계평화관을 부처님 정신으로 실현하게 되었다 합니다.

그래서 부처님은 경계하셨습니다.
"원래 이 세상은 모양 없는데서 모양이 나타났으나 모양이 한번 나타나면 어리석은 중생들은 그 모양과 색상에 현혹되게 되어 있으므로 주의하라. 불상과 불화의 핵심은,
첫째 믿는 사람의 마음이 청정한 계행과 선정심, 지혜심, 해탈심에 근거하여 바르고 그른 것을 판단하여 어리석은 마음을 지혜롭게 하는 데 목적이 있으니 그 속에서 가피력을 입도록 하라.

둘째는 모든 부처님의 신통력을 몸소 체험할 수 있도록 수행하여 자신의 상호가 범부상에서 여래의 자비 원력상으로 바뀜으로써 중생의 길잡이가 되도록 하라.

그렇지 아니하면 잘못 불상과 불화를 빙자한 우상과 미신이 팽배하게 될 것이다.

불상은 신이 아니니 스승으로서 잘 모시고, 스승의 행을 본받으면 언젠가는 반드시 불상과 같이 되어 부처님의 원력과 보살들의 바라밀행으로 이 세상을 복되게 만들 것이다."

어떻습니까, 여러분? 여러분은 부처님의 방편을 의지하여 부처님의 기본정신에 어긋나지 않게 불교를 신행하고 있다고 생각하십니까. 오늘 이 시대에 있어서 불상 불화를 조성하던 불모(佛母)와 그것을 의지하여 불도를 닦고 있는 분들이 다시 한 번 생각해 보아야 할 교훈이 아닌가 생각합니다.

상카시아에는 오늘날 스리랑카와 미얀마 스님들이 절을 짓고 그 유적지를 잘 보호하고 있으며, 그 주위에 석가족들이 많이 살고 있으므로 동산불교대학 고 김재일 법사님께서는 그곳에서 그리 멀지 않은 곳에 초등학교, 중학교를 지어 부처님의 정신에 의한 교육을 시도하고 있습니다.

3. 수수마라기에서 옛 부모를 만나다.

부처님께서는 상카시아에서 법회를 마치시고 남아있는 여러 천신들에게 사리뿟따숫타에게 여러 가지 법문을 설하게 하고 자신은 여러 출가 권속들을 데리고 수수마라기라 근처 베사칼라 숲으로 가서 여덟 번째 안거에 들어갔습니다.

그때 그곳에는 나클라피투란 부호가 아내 마클라 마투를 데리고 살았는데 부처님을 뵙자마자,
"사랑하는 아들아, 네가 부모인 우리 곁을 떠나 그토록 오랫동안 방황하다 왔느냐?"
하고 통곡하였습니다.
부처님께서 그들의 슬픔과 만남의 기쁨이 가라앉을 때까지 기다렸다가 보디왕자 이야기를 들려주었습니다.

"옛날 파란타파왕이 코삼비국을 통치하고 있을 때 붉은 담요를 덮고 일광욕을 즐기던 왕비를 커다란 새가 물고 가다가 한 나뭇가지에 걸리자 그만 놓고 가버렸습니다. 그 나무 밑에 앉아 도를 닦던 은둔수행자가 사다리를 놓고 올라가 왕비를 구하고 보니 귀한 아이를 잉태한 여자라 데리고 보호하다 보니 진짜 귀한 왕자를 낳았습니다.

촉촉한 대기와 산악지대에서 낳았다고 하여 그 이름을 '우데나'라고 불렀는데 그가 왕자인 것을 안 수행자는 아이에게 코끼리 기르는 기술을 가르쳐 많은 부하를 양성한 뒤 돌아가신 임금님 이름을 부르며,
"나는 파란타파왕의 아들이다. 그 증거로는 여기 임금님과 왕후께서 사용하던 붉은 담요가 있다."
그렇게 하여 그는 왕위에 올랐으나 그의 적수 찬타팟조타왕의 딸 와술라닷타와 결혼하여 수수마라기라시로 이사 가서 보디왕자를 낳았습니다.

보디왕자는 코카나다 궁전을 짓고 하늘을 나는 비행체를 만들어 그의 장인과 가족들을 히말라야 근처로 날려 보냈습니다. 그리고 자신이 지은 궁전에 부처님을 초대하여 공양을 하기로 하였는데, 아기를 낳지 못했으므로 하얀 융단을 깔아 부처님께서 직접 밟고 궁안으로 들어오시게 하였으나 부처님은 조건부 융단이기 때문에 그것을 밟지 않고 그것을 거두어낸 뒤에 들어와 말했습니다.

"첫째 조건부 융단이기 때문에 밟지 않았고

둘째 임금님의 소원이 성취되지 아니하면 신심이 떨어질 것이고

셋째 외도들의 비방이 잇따를 것이며

넷째 속내를 모르는 제자들이 흉내 낼 염려가 있기 때문에 융단을 밟지 않았다."

하니 물었습니다.

"그렇다면 나는 어찌하여 애기를 낳지 못합니까?"

"임금님께서는 옛날에 상선을 타고 가다가 풍파를 만나 선원들은 모두 죽고 지금 왕후와 함께 외딴 섬에 표류하여 그 섬에 있는 새들과 새들의 알을 모조리 잡아먹고 삶아 먹어 중생들이 당신을 보기만하면 두려워 도망가므로 애기를 낳지 못하고 있으니 자비심을 기르세요.

그리고,

① 확신을 갖고 신앙을 가지고

② 목표가 달성될 수 있도록 건강한 몸을 가지고

③ 위선을 부리지 말고 허송세월을 보내지 말고

④ 목표가 달성될 수 있도록 꾸준히 노력하세요.

⑤ 지성이면 감천이라고 몸 안의 살기가 모두 빠질 때까지 사랑하는 마음을 기르세요. 그렇게 하면 반드시 왕자를 낳을 것입니

다.”

“감사한 말씀이나 타고난 성품과 기질이 좀처럼 고쳐지지 않습니다.”

“그러면 명상을 하십시오.

① 아라한이 될 수 있다는 확신과

② 나도 일체지를 얻을 수 있다는 확신을 가지고

③ 병 없이 건강한 골격과 신념을 지니고 있다는 것을 확신하고

④ 위선과 가식에서 벗어나,

⑤ 악을 제거하고 선을 실천하며

⑥ 지혜와 통찰력을 갖추십시오.

그렇게 하면

① 흔들리지 않는 마음이 아가마삿다(決定佛)

② 성자의 믿음이 아더가마삿다(道智)를 형성할 것이며

③ 바르고 원만한 깨달음이 오갑파나삿다(善根)를 형성하고

④ 3보의 덕성을 존중하는 파사다사다를 형성하여

이 네 가지가 원만해지면 아침에 도를 듣고 저녁에 깨달음을 얻을 수 있을 것입니다.”

보디왕은 그 자리에서 깨달음을 얻고 왕자의 탄생에 대한 생각을 털끝만큼도 가지지 않고 오직 백성들을 잘 보살피는 것으로서 필생의 사업으로 삼았습니다. 보디왕이 말했습니다.

“부처님, 저와 저의 아내는 좋은 기회를 두세 번씩 겪으면서도 전생의 업을 참회할 줄 몰라 기회를 놓쳤습니다. 그동안 저희들이 안팎 문단속을 철저히 하고 보초를 세워 집을 수호할 줄 알았으나

안으로 스스로 6근문을 단속하지 못하고 옆문을 활짝 열어 제 마음과 몸을 지키는 일에 대해서는 소홀하였으니 어찌 불제자라 할 수 있겠습니까. 저희들은 니꿀라피투 부부가 어찌하여 부처님을 보고 '아들아' 하였는지를 몰랐는데 이제 알고 보니 그분들은 고따마붓다의 전생 아버지, 어머니, 숙부, 백부로서 500생을 같이 살아왔기 때문에 '잃어버린 아들아!' 하고 부른 것을 이제야 알게 되었습니다."

하자 바라문은 부처님의 발우를 받아들고,

"여보 아들이 왔소. 어서 밥을 푸세요."

하고 지극한 마음으로 공양을 대접하자 부처님은 공양을 마치고 노래 불렀습니다.

"오랜 세월 함께 살아 정이 들다보면
하늘에서 연과 식물과 함께 자라듯
서로 엉켜진 흙과 물과 같이 되느니라."

4. 목갈라나와 마라

그때 목갈라나는 수수마라기라 근처 베사깔라 숲에 있었습니다. 갑자기 뱃속이 돌덩이처럼 굳어져 꼼짝달싹할 수 없었기 때문에 자세히 살펴보니 바로 대장 위에 작은 기생충이 들어가 있었습니다.

"마라야 나가라. 네가 거기서 나를 괴롭히고 있으면 결국 여래께 괴로움을 주는 것이고 너 자신에게 고통을 주는 것이다. 너는 내가 너를 모르고 있는 줄 알지만 나는 네가 생각하는 것까지 다 알고 있다."

그러자 마라는 곧 밖으로 나와 문밖에 숨어 있었습니다. 그러자 목갈라나가 말했습니다.

"네가 지금 문밖에 나와 있으니 네 냄새가 100요자나 밖에까지 퍼져 나가 천신들을 괴롭히고 있다. 너는 잘 모르지. 네가 전생에 나의 조카였다는 것을. 나도 그때는 너와 똑같은 마라였다. 쿠사 산다 부처님 당시 나는 두시마파였고 내 누이동생은 깔리였으며, 너는 그 누이동생의 아들이었다. 그러므로 너는 그때 나의 조카였었다."

그때 까꾸산다 부처님의 상수제자 위두라가 멸진정에 들어있는 것을 죽은 사람이라 잘못 보고 쇠똥들을 주워 그의 머리위에 올려 놓고 불을 질렀다. 그런데 위두라는 이튿날 아침 멸진정에서 깨어 나 마을로 밥을 얻으러 가니

"어제 화장했던 사람이 밥을 얻으러 왔다."

하며 그를 '죽었다 다시 살아난 자' 라 하여 이름을 '산지와' 라고 불렀습니다. 그리고 그들은 때를 지어 스님들을 수없이 괴롭혔으 니 때로는 돌멩이를 던져 몸에 상처를 내기도 하고 지나가는 스님 들께 표현하기 어려운 욕을 하여 망신을 주기도 하였습니다.

"빌어먹을 비구들아 까까머리는 밤송이 같구나.
나뭇잎 속에서 쥐를 기다리는 올빼미와 같고
강둑을 따라가며 물고기를 노리는 여우와 같으며
쓰레기 더미를 어슬렁거리는 당나귀와 같다."

그러나 스님들은 이렇게 망신을 당하면서도 까꾸산다 부처님의 4범주에 머물러 꼼짝달싹하지 않았습니다.

네 가지 범주란,
첫째는 우정에 바탕을 둔 친근함이고
둘째는 이타적 슬픔
셋째는 이타적 기쁨
넷째는 절대 평정심이다.

　마라의 권속들은 비구니들에게는 비구니들이 비방을 받을 만한 일과 비구에게는 비구들이 비방 받아야 할 일들을 교사하여 꾸밈으로써 백성들로 하여금 불법을 멀리하도록 꾀했으나 스님들은 조금도 흔들림이 없이 정진하였으므로 그들은 결국 죽어,

　① 6촉창지옥과
　② 뾰족창지옥
　③ 스스로 느끼는 지옥에 들어가
　지금까지도 과보를 받고 있는데,
　"너희들은 아직도 그 마음을 버리지 못하고 부처님 제자들을 괴롭히느냐."
　이 말을 들은 마라는 스스로 과보의 죄악과 미래의 악보를 생각하면서 흔적 없이 없어져 버렸습니다.
　부처님은 목건련을 칭찬하였습니다.

　"앞서 있었지만 있지 않게 되고
　앞서 있지 않았지만 있게 된다.
　있지 않았고 있지 않는 것이면
　그것은 지금 또한 존재하지 않는다.

① 안으로 형상에 대한 지각을 가지고
   밖으로 한계가 있는 미추(美醜)를 보며
   나는 알고 본다 지각한다.

② 안으로 형상에 대한 지각을 가지고
   밖으로 한계가 없는 미추를 보고
   그것도 초월해서 나는 알고 본다 지각한다.

③ 안으로 행상에 대한 지각 없이
   밖으로 한계가 없는 미추를 보나
   그것을 초월해서 나는 알고 보고 지각한다.

④ 안으로 형상에 대한 지각없이
   밖으로 한계가 없는 미추를 보나
   그것을 초월해서 나는 알고 본다 지각한다.

⑤ 안으로 형상에 대한 지각없이
   청·황·적·백을 보고
   밖으로도 그렇게 하되
   그는 그것을 초월해서 보고 있다.”

　나도 그러한 경험을 한 일이 있습니다. 나보다 나이가 더 많은
조카 사위가 폐암으로 경희대학병원에 입원하여 내가 거기서 법
회를 본다는 말을 듣고 찾아왔습니다.
　“삼촌, 나는 이제 60일도 채 남지 않았는데, 무슨 방법이 없을까
요?”

하여 의사와 의논해 보니 방사선을 쪼이면 잘하면 1년 정도 더 살수 있다하여,

"어차피 죽을 바에야 그렇게 몸부림치고 살 필요가 있겠는가. 가만히 있으면 3개월 정도는 편안히 살 수 있다 하니 좋은 약 한 재 지어 가지고 가서 기도하며 약을 정성껏 드시오. 당신은 태중에서부터 불교신자요. 요즈음 와서는 기독교 장로라 하니 죽으면 천당 아니면 극락이 결정되어 있으니 기도하세요. 오직 그동안 지은 죄만 참회하세요."

"어떻게 기도 할까요?"

"약을 책상위에 올려놓고 '내 너를 죽이기 위해 별 짓을 다 해왔는데, 이제 어차피 너와 내가 함께 죽게 되었으니 먹고 싶은 것 마음대로 먹고, 하고 싶은 것 마음대로 하여 다음 세상에는 원수지지 말자.' 하고 약을 잡수세요." 하였는데,

그 뒤 자그마치 6년을 더 살다가 81세로 선종하였으니 이것이 진짜 영험이 아니겠습니까. 어차피 가야 할 몸, 한번은 죽어야 할 몸인데, 지나치게 괴롭게 하지 마시고 선종하도록 다 같이 노력하여야 하겠습니다.

경전에 보면 같은 병이어도
① 영양실조로 걸린 병이 난 사람이 있고
② 기후풍토에서 걸린 병이 있고
③ 4대 부조화에서 얻은 병이 있고
④ 6근심식에서 얻은 병이 있고
⑤ 인과업보에서 얻은 병이 있다고 하였습니다.
영양실조에서 온 병은 잘 먹으면 낫고
기후풍토에서 온 병은 물과 바람, 온도를 잘 조절해야 한다고 하

셨으며,

4대 부조화에서 온 병은 습관을 고쳐 비타민 섭취를 골고루 잘 해야 된다 하고

6근심식에서 얻은 병은 몸과 마음을 평온하게 해주어야 한다 하였습니다.

동무 이제마씨가 어떤 사람의 약방문을 내려보내니

"밭 다섯 마지기, 논 여섯 마지기, 쟁기, 머슴 한 쌍, 소 한 마리, 돈 천냥"이라고 적혀 있었습니다. 이를 받아본 아들은 그 의원을 미친 사람이라고 생각하고 책상서랍에 넣어 놓았습니다.

그러자 어머니께서

"심부름 간 사람은 진작 왔는데 왜 약을 지어주지 않느냐?"

물었습니다. 아들이

"미친 사람 약방문을 보아서 무엇 합니까?"

하며 내어 보이니

"나는 이것만 있으면 병이 낫는다."

하며 해드렸더니 친정에 가 노부모를 모시고 90장수를 하였다 합니다.

자손 없는 부모를 시골에 모셔놓고 고관대작 집에서 밤낮없이 산해진미를 먹어도 마음이 편안치 못해 난 병이라 즉시 나은 것입니다. 약만 지어다 드리지 마시고 속에 무슨 병이 들었는지 한번 살펴보세요. 업병은 절대로 그냥 떨어지지 않는다 하였습니다. 진짜로 죄업을 참회하고 뉘우쳐야만 무서운 마귀도 떨어진다고 하였습니다.

제30강 사악한 이교도들과 깔라 3형제

　부처님께서 신통력을 나타내시고 도리천으로 올라가신 뒤 싸밧티성의 인심은 불교 일변도로 돌아가 이교도들의 민심이 흉흉해졌습니다.

　"도를 닦는 사람은 모두가 같은데, 부처님 제자들만 밥을 주고 우리에게는 밥을 주지 않으니 살 수 없도다."

　"그냥 이렇게 있다가는 굶어 죽기 십상이니 우리 함께 모여 대책을 세웁시다."

　하여 불교 이외의 모든 단체가 암암리에 모여 대책을 강구하였습니다.

　"첫째는 노골적으로 불법을 비방하는 것이고,

　둘째는 불승들의 흠집을 끄집어내는 것이고,

　셋째는 여기저기서 은근히 공격해 들어가는 것이었습니다.

　싸밧티시에 출처를 알 수 없는 어여쁜 여자가 있으니, 그녀를 통해 고따마에게 흠집을 내면 어떻겠습니까?"

　"누가 그 일을 담당하겠습니까?"

　"내가 연줄을 놓아 볼 테니 가만히 뒷돈만 대 주십시오."

그리하여 이교도들은 조직적으로 불교에 맞섰습니다.

1. 3층인간(三層人間)

실로 부처님의 전도생활은 매우 순조롭게 진행되었습니다. 모든 강물이 하나의 바다로 흘러가듯 차별 많은 사람들과 생각 많은 사람들이 오직 한 맛 불교의 바다로 몰려들고 있었습니다. 그러나 어떤 데서,

"내 아들을 빼앗아 간다."

또 어떤 데서는,

"내 제자를 빼앗아 간다."

하며 비방도 받았지만 부처님께서는 자기가 창설한 불교단을 키우기 위해서가 아니라 오직 진리의 자명성(自明性)만을 주장하여 일체의 삿된 생각들을 물리쳤으므로 그는 마치 큰 산의 바위가 바람에 움직이는 일이 없듯이 온갖 세상의 시비에도 동요되는 일이 없었습니다.

그러나 세상은 그렇지가 않았습니다. 명예와 이익을 위해서 아귀다툼하는 것이 세상사입니다. 인도에서는 예로부터 매년 3～5월간에는 수행자들을 위하여 거국적으로 공양하는 시기입니다. 이 3개월 동안은 일체 결혼까지도 금지되고 오직 수행자들을 위해 봉사하는 기간인데 사람들은 자기가 다니는 사원이나 절 이외에도 어느 곳이나 수행자가 있는 곳을 찾아다니며 공양했습니다.

따라서 그 때가 되면 특히 거짓 행자들이 머리를 풀어 늘어트리고 오랜 수행자처럼 깊은 산 동굴 속에 정좌하여 공양거리가 오기

를 기다렸습니다. 그런데 불교가 성행하면서 그러한 시주인들이 대부분 불사(佛寺)만을 찾게 되므로 그 옛날 거짓 행자들은 화가 났습니다. 그래서 자기의 공양거리가 적어진 거짓 행자들은 귀신 들린 사람처럼 무서운 마력을 가지고 부처님을 비방하기 시작했습니다.

어떤 날 부처님께서 새로 들어온 비구들을 데리고 제타동산 뜰을 걷고 있었는데, 술에 취한 거짓 행자 세 사람이 나타나 폭언을 했습니다. 첫째 행자는 부처님을 보고 자기도 모르는 사이에 "앗 죄송합니다." 하고 옆길로 달아났으나, 둘째 행자는 "아아 기분 좋다" 하고 콧노래를 부르며 지나갔습니다. 그런데 셋째 사람은 부처님을 보고도 본척만척 하며 "저게 다 뭐야. 야비한 자식들, 도대체 부처가 무엇 하는 것이야! 고따마면 고따마지. 나는 큰 술꾼이다. 남의 돈을 훔쳐 가지고 마시는 것도 아닌데 무엇이 잘못이야. 하하하 기분 좋다." 하고 덩실덩실 춤을 추었습니다.

부처님은 그들이 지나간 뒤 맑은 햇볕이 내려 쪼이는 봄뜰 아름답고 보드라운 잔디가 깔려있는 곳에 앉아 말했습니다.
"비구들아, 세상엔 상품·중품·하품의 물건들이 있듯 사람에게도 상품·중품·하품이 있다. 여기 지나간 세 주정꾼 가운데 첫 번째 사람과 두 번째 사람은 그래도 쉽게 깨달을 수 있으니 상품과 중품에 속한다. 그러나 세 번째 사람은 전혀 부끄러움이 없으니 어느 때에 깨달을 것인가. 깨달음이 늦고 어리석음이 많으므로 이는 하품 사람이다. 비구들아, 부끄러움을 아는 것은 수행의 첫걸음이다. 누구나 인간으로서 부끄러움이 없는 사람처럼 가련한 인간은 없다."

비구들은 그 말씀을 따라 부끄러움 없는 생활로 제타동산의 봄
빛 속에 평화스럽게 잘 지냈습니다.

2. 친챠의 죽음

싸밧티시에는 유행녀 친챠가 있었습니다. 수명의 외도 지도자
들이 모여 부처님께서 친챠에게 치욕적인 행위를 했다고 죄를 만
들어 씌우기로 하였습니다. 그리고 친챠를 꼬였습니다.
"그대는 몸에서 빛이 나고 뛰어나게 인물이 잘났으니 우리를 위
해 도움을 달라."
"어떻게 도움을 드리면 됩니까?"
"고따마 때문에 밥도 제대로 얻어먹지 못하게 되었으니, 너는 매
일 저녁때가 되면 곱게 단장하고 꽃을 들고 제타동산에 들어갔다
가 이른 아침이면 그곳에서 자고 나오는 식으로 꾸며라. 그리고
'나는 고따마의 향실에서 자고 온다'고 마을에 내려가 자랑하라."
"좋습니다."

그리하여 친챠는 매일 제타동산에 들어가 외도의 수도원에서
자고 아침 일찍 나왔다.
"어디를 갔다 오느냐?"
"나는 고따마의 유일한 애인이다. 부처님께 몸공양을 하고 온
다."
그런데 친챠의 몸이 점점 불어나게 되자 사람들은 수군거리기
시작하였습니다.
"정말로 고따마의 아이를 가진 것 같은데!"
이렇게 6개월이 넘게 돌아다니다가 갑자기 친챠가 자취를 감추

었습니다.

"어찌된 일이냐?"

찾아보니 친챠는 쓰레기 꽃 무덤 속에 묻혀 죽어 있었습니다. 외도들은 그 시체를 들것에 담아 들고 가 임금님께 고발하였습니다. 며칠 동안 싸밧티성이 들끓었습니다.

"고따마 수행자들은 위선자 수도인들이니 밥도 주지 말자."

때가 되어 밖에 나가도 욕만 먹고 의식을 구할 수 없었습니다.

"거짓 수행자들. 밥도 주지 말고 옷도 베풀어서는 아니 된다."

그런데 하루는 시외 작은 술집에서 술에 취한 두 사람들 사이에 싸움이 벌어졌습니다.

"네가 한방에 그녀를 날려 버린 게 아니냐? 그런데 또 나를 죽이려 달려드느냐?"

"네가 죽였지, 내가 죽였느냐?"

하고 죄인들이 서로 싸우며 살인을 하고 얻은 돈을 가지고 싸우고 있었습니다.

백주에 드러난 죄인들은 왕 앞에 불려가 그 배후를 소상히 밝히고 죽음을 면치 못했으며, 이로써 친챠의 사건은 이교도들이 혐오심에서 나온 것임이 알려져 불교수행자들은 숨을 돌리게 되었습니다.

그때 부처님께서 수행자들에게 말했습니다.

"많은 자가 몸에 가사를 걸쳤어도
악한 원죄를 따르고 자제하지 못하면
참으로 그들 악한 자들은

악한 행위에 의해서 지옥으로 끌려간다."

<법구경 지옥편>

또 그 후 유행녀 순다리는 바가지를 배에다 넣고 부처님 애기를 뱄으니 아기 날 자리를 만들어달라고 했다가 회오리바람이 곧 그 치마를 뒤집어 위장이 드러나자 그 자리에서 죽고 말았습니다.

3. 마하깔라의 깨달음

행상 마하깔라는 싸밧띠성을 지나가다가 부처님을 뵙고 막내 동생 쫄라깔라와 함께 출가하였습니다. 넉 달을 공부하여도 가닥이 잡히지 않기 때문에 집으로 돌아가게 되었습니다.

도중에 그들은 화장터에 한번 가보기로 하였습니다. 마하깔라는 화장장 움막에서 밤새도록 화장하는 사람들의 모습을 찬찬히 관찰하였습니다.

시체가 오면 나무 값을 받고 그 위에 시체를 올려놓고는 마지막 예를 표한 후 불을 놓으며 말했습니다.

"자 불 들어갑니다. 정신 차리세요. 이 불은 3독의 불이 아니고 일등삼매의 불입니다. 그 빛이 혁혁하여 3세를 비추고 그 불꽃 황황하여 시방에 통천합니다."

살이 무너지고 뼈가 튕겨 나오면 도끼와 몽둥이를 가지고 그것을 문질러 다시 불에 넣어 끝까지 태우고 말했습니다.

"한번 뒤집히고 두 번 뒤집히고 열 번 뒤집혀도 무상무공무불공(無相無空無不空), 이것이 여래의 진실상입니다."

"한 생각 깨달았으면 보십시오. 산하대지의 넉넉한 모습을! 열

개 백개로 빻아 던져도 어디로 갔는지 그 당처를 찾을 수 없습니다."

마하깔리는 들판산야에 흩어져 날아가는 뼈대로 '악'소리를 지르면서 그리고 타다 남은 뼈는 절구 속에 넣어 찧고 빻았습니다. 그리고 말했습니다.

"아, 저것이 사람이란 말인가. 그런데 그 동안을 참지 못하고 싸우고 빼앗고 울고 웃는다니…"

그런데 그곳에서 일하는 한 여인이 두 아이를 거느리고 움막 옆으로 와서 말했습니다.

"수행자이시여, 당신은 불타는 시체만 보지 말고 썩어 문드러지는 시체를 보십시오."

하고 산모퉁이로 데리고 갔습니다. 그곳에는 벌써 수 백단의 뼈대들이 산처럼 쌓여 흩어져 있고, 화장할 능력도 되지 않는 시체의 주인공이거나 그냥 태워 버리기에는 너무 아깝다 생각하는 사람들이 줄을 지어 와서 시체를 차례차례 놓고 갔습니다. 여인이 말했습니다.

"자세히 살펴보시면 세상이 얼마나 부정한 것인가를 알 수 있을 것입니다."

하고 떠났습니다.

이로써 마하깔리는

① 먼저 부풀어 오르는 시체를 보고 (膨脹想)

② 푸르게 물들어 올라오는 모습 (靑瘀想)

③ 고름이 가득하여 눈·귀·코·혀로 흘러나오는 모습(膿爛想)

④ 토막토막 무너져 내리는 모습 (斷壞想)

⑤ 짐승들이 나누어 먹고 남아 있는 모습 (食殘想)

⑥ 여기 저기 흩어져 있는 모습 (散亂想)

⑦ 사지가 끊어져 있는 모습 (斬折離散想)

⑧ 온 몸이 뻘겋게 피로 물들어 있는 모습 (血塗想)

⑨ 벌레들이 우글거리는 모습 (蟲聚想)

⑩ 해골만 하얗게 놓여 있는 모습 (白骨想)

그때 쫄라깔라는 집으로 달려가 여러 형수씨들과 아내에게 말했습니다.

"내일 모래 보름날이 되면 여러 스님들이 종해탈(終解脫)을 위해 이곳으로 모여 올 것이니 그때 대중공양을 하고 형님을 구해낼 생각을 하십시오."

그리하여 깔라 집안에서는 부처님께 청을 하여 1200대중을 공양하기로 하고 마을 잔치까지도 겸해서 하기로 하였습니다. 그리고 여러 여인들은 아름다운 옷으로 갈아입고 마하깔라의 옷도 준비하여 환속시킬 준비를 하고 있었습니다. 그런데 마하깔라는 마을에 들어와 모든 사람들에게 안부를 묻고 노래를 불렀습니다.

"아름다움에 탐닉하여 감관을 수호하지 않고
식사에 알맞은 분량을 모르고 게을러 정진이 없으면
바람이 연약한 나무를 꺾어 버리듯
악마가 그를 쓰러뜨린다."

그리고 그의 여인들에게 말했습니다.
"그 동안 내가 돈좀 번다고
당신들을 물건 취급하고
종 노릇 시킨 것을 매우 부끄럽게 생각합니다.

세상에 미련이 있으면
나를 기다리지 말고 어느 곳으로 가도 좋으니
눈치 보지 말고 자유롭게 사십시오."

하고 막내 쭐라깔라에게 말했습니다.

"혼탁을 여의지 못하고 가사를 걸친다면
자재와 진실이 없는 것이니 가사를 입을 자격이 없다."

그는 모든 재산을 중간 동생에게 넘겨주어 노예해방을 하도록
하고 남아 있는 모든 사람들을 관리하도록 하였습니다.

4. 직조공의 딸

부처님께서 알라비국 악갈라바 탑묘에 계실 때 알라비국 사람
들이 부처님을 초대하여 공양대접을 하였습니다. 부처님은 이에
감사하고 확실한 법문을 하였습니다.
"나는 삶은 불확실하고 죽음은 확실하다는 것을 알았다. 이렇게
아는 사람은 죽음에 대한 두려움이 없고 삶을 착하게 살 수 있다.
그렇지 못한 사람은 독사를 보고 공포에 떨듯 두려워한다."

그때 열여섯살 된 직조공의 딸이
"부처님 말씀은 틀림없다. 이 세상의 죽음에는 남녀노소가 없기
때문이다"
하고 베를 짜면서도 그에 대한 깊은 사색을 하였습니다. 그런데,
이튿날 날 밤 부처님께서 법문을 하신다 하여 막 집을 나서려하는

데, 아버지께서 말씀하셨습니다.

"얘야. 고객이 의복을 맡겼는데 한 뼘 가량 부족하니 이것을 채워주고 가거라."

그래서 부지런히 베를 짜 놓고 가니 부처님은 벌써 대중 가운데 앉아서 자신을 기다리고 있었습니다. 부처님은 소녀를 보자 물었습니다.

"소녀여, 그대는 어디서 왔는가?"

"저는 알지 못합니다. 저는 제가 태어난 곳을 모르기 때문입니다."

"소녀여. 그대는 어디로 가는가?"

"저는 압니다. 온 곳은 모르나 갈 곳은 분명히 압니다."

"그대는 알겠지!"

"저는 분명히 제가 죽을 것을 압니다. 그러나 언제 어디에서 죽을 것인지는 알지 못합니다."

"참으로 착한 여인이로다. 나는 저 소녀가 직조공의 딸인 것은 분명히 알지만 그의 본적이나 현주소를 물은 것이 아니고 전생의 주소와 미래의 일을 물었는데, 정확히 답해 주었다. 그런데 이런 뜻을 잘 알지 못하는 사람들은 오히려 우리들의 문답을 짜증스럽게 생각하는 사람도 있을 것이다. 머지않아 생사의 흐름에서 영원히 벗어난 아라한이 되리라."

과연 그녀는 며칠 후 베를 짜다가 북이 가슴을 쳐서 그 자리에서 죽었습니다. 그녀의 아버지는 슬픔에 젖어 식음을 전폐하고 있다가 부처님을 찾아가 호소하니 부처님께서 다음과 같이 위로하였습니다.

"백조들이 태양의 길을 따라

초월적인 힘으로 허공을 날듯
악마와 그 군대를 물리치고
현명한 님들은 세상에서 벗어난다.

<법구경 세속품>

5. 나옹스님과 누님

　우리나라에서도 이와 비슷한 이야기가 있습니다. 공민왕사 나옹스님이 훌륭한 인격을 가지고 있어 그의 가족들은 스님을 팔고 자신들은 직접 수행을 잘 하지 아니했습니다. 친누님께서 절에 와 계시면서도 걸레질 한 번 하지 않고 공양 때마다 밥만 꼬박꼬박 잘 먹었습니다. 대중들이 미워하자 스님께서 명령하였습니다.
　"오늘 저녁에는 우리 누님께 음식을 드리지 말라."
　밥종을 친 뒤에도 밥이 오지 않자 화가 난 누님은 문 밖에까지 나와서 기다렸습니다. 나옹스님이 공양을 마치고 오시면서 인사했습니다.
　"누님, 배부르십니까?"
　"밥은 자네가 먹었는데 내가 어찌 배가 부르겠는가?"
　"염불은 내가 하는데 어찌 누님이 극락갈 수 있습니까?"
　"허허, 염불도 목목이고 먹는 것도 마찬 가지구먼."
　하고 그 자리에서 깨달음의 노래를 불렀습니다.

　"생종하처래(生從何處來)
　사향하처거(死向何處去)
　생야일편부운기(生也一片浮雲起)
　사야일편부운멸(死也一片浮雲滅)

생사거래역여연(生死去來亦如然)
독유일물상독로(獨有一物常獨露)
담연불수어생사(湛然不隨於生死)

태어날 때는 어느 곳에서 왔고
죽어 갈 때는 어느 곳으로 가는가
태어난다고 하는 것은 한 떨기 뜬 구름이 이는 것 같고
죽어간다고 하는 것은 한 떨기 뜬 구름이 스러지는 것 같네
나고 죽고 오고 가는 것도 똑 같네
그러나 여기 한 물건이 있어 항상 홀로 드러나 있으니
맑고 깨끗하여 생사를 따르지 않네.

그래서 나옹스님은 누님을 업고 방에 들어가 진수성찬을 공양
하였다고 합니다.

이만한 실력이 있으니 그만한 상을 낼 수도 있었겠지만 그렇지
도 못한 분들이 공연히 흉내만 내면 누이와 동생이 함께 지옥에
들어간다 하였습니다.

청산은 나를 보고 말없이 살라하고
창공은 나를 보고 티없이 살라하네
욕심도 벗어놓고 성냄도 벗어놓고
물같이 바람같이 살다가 가라하네

<나옹스님 노래>

이 또한 나옹스님의 노래입니다.

BBS TV강의 ㈜

활안스님 붓다를 말하다

發 行 日 | 2013년 8월 12일

발 행 처 | 불교통신교육원
편   저 | 활안 한 정 섭

인   쇄 | 이화문화출판사
02-732-7091~3

발행처 | 477-810 경기도 가평군 외서면 대성리 산 185번지
전   화 | (02) 969-2410(금강선원)
등록번호. 76. 10. 20. 경기 제 6 호

값 15,000원